Nah dran ... 2

Alltagskultur | Ernährung | Soziales

Differenzierende Ausgabe
Baden-Württemberg

Autorinnen
Dorothea Dümmel
Ute Herrmann-Glöckle
Ulrike Klüppel
Laura von Pfister
Kathrin Auer

Schroedel
westermann

Nah dran ... 2
Alltagskultur | Ernährung | Soziales

Differenzierende Ausgabe Baden-Württemberg

mit Beiträgen von Irene Birzele, Sandra Brenner, Petra Meyer, Heinz-Ulrich Wolf

Zum Schülerband erscheinen:

Vorbereiten. Organisieren. Durchführen.
BiBox ist das umfassende Digitalpaket zu diesem Lehrwerk mit zahlreichen Materialien und dem digitalen Schulbuch. Für Lehrkräfte und für Schülerinnen und Schüler sind verschiedene Lizenzen verfügbar. Nähere Informationen unter **www.bibox.schule**

westermann GRUPPE

© 2017 Bildungshaus Schulbuchverlage
Westermann Schroedel Diesterweg Schöningh Winklers GmbH,
Georg-Westermann-Allee 66, 38104 Braunschweig
www.westermann.de

Das Werk und seine Teile sind urheberrechtlich geschützt. Jede Nutzung in anderen als den gesetzlich zugelassenen bzw. vertraglich zugestandenen Fällen bedarf der vorherigen schriftlichen Einwilligung des Verlages. Nähere Informationen zur vertraglich gestatteten Anzahl von Kopien finden Sie auf www.schulbuchkopie.de.

Für Verweise (Links) auf Internet-Adressen gilt folgender Haftungshinweis: Trotz sorgfältiger inhaltlicher Kontrolle wird die Haftung für die Inhalte der externen Seiten ausgeschlossen. Für den Inhalt dieser externen Seiten sind ausschließlich deren Betreiber verantwortlich. Sollten Sie daher auf kostenpflichtige, illegale oder anstößige Inhalte treffen, so bedauern wir dies ausdrücklich und bitten Sie, uns umgehend per E-Mail davon in Kenntnis zu setzen, damit beim Nachdruck der Verweis gelöscht wird.

Druck A^6 / Jahr 2021
Alle Drucke der Serie A sind im Unterricht parallel verwendbar.

Redaktion: Marion Martens
Umschlaggestaltung und Layout: Janssen Kahlert Design & Kommunikation GmbH
Druck und Bindung: Westermann Druck GmbH, Georg-Westermann-Allee 66, 38104 Braunschweig

ISBN 978-3-507-**46484**-1

Inhalt

Das Wahlpflichtfach Alltagskultur, Ernährung, Soziales ... 7

Alt und jung – zusammen leben ... 8

Gemeinsam statt einsam? ... 10
Lebensphase: Vom Säugling zum Kleinkind ... 12
Lebensphase: Alter ... 14
Konflikte gehören zum Zusammenleben ... 16
Kinder und ältere Menschen in guten Händen ... 18
Betreuungsangebote erkunden und bewerten ... 20
Im Alltag Hilfe anbieten ... 21
Kindern begegnen – Erfahrungen machen ... 22
Lernangebote für Kinder ... 23
Älteren Menschen begegnen – Erfahrungen machen ... 26
Methode: Eventmanagement: Eine Aktion planen und durchführen ... 27
Methode: Erstellen eines Event-Konzepts ... 28
Berufssteckbrief: Sozialassistent/-in (Sozialhelfer/-in) ... 29
Ausbildungsberufe im Sozialwesen ... 30
Lernbilanz ... 31

Arbeit und Freizeit ... 32

Ist das Arbeit? ... 34
Einstellungen zur Arbeit ... 35
Frauenarbeit – Männerarbeit? ... 36
Was die Vereinbarkeit von Privatleben und Berufstätigkeit erleichtern kann ... 38
Sicher in Arbeit und Freizeit: Versicherungen ... 40
Einen Haushalt managen ... 42
Methode: Expertenbefragung ... 45
Miteinander reden – Beziehungen pflegen ... 46
Freie Zeit gestalten ... 48
Mit Textilarbeit die Freizeit gestalten ... 50
Eine Freizeitaktivität bewerten ... 52
Lernbilanz ... 53

Fit im Alltag — 54

Fit und gesund	56
Vorsorge treffen	58
Erste Hilfe leisten – kein Problem	60
Stress lass nach	62
Meine Zeit sinnvoll nutzen	66
Kritische Lebensereignisse	68
Methode: Kontakt aufnehmen/Erkundungen durchführen und bewerten	70
So esse ich – mein Essverhalten als Teil meiner Persönlichkeit	72
Ruck zuck zubereitet – Convenience-Produkte	74
Mir schmeckt's – essen, was mir selbst gut tut	76
Lernbilanz	80

Schön sein und sich wohlfühlen — 82

Schönheit ist Ansichtssache	84
Was mein Schönheitsideal beeinflussen kann	85
Gepflegt sein und sich wohlfühlen	86
Sportbekleidung – Funktional und trendy	92
Zwischen Parfümproben und Gutscheincodes – Produkte clever vermarkten	94
Hält Werbung, was sie verspricht?	96
Lernbilanz	97

Global denken – lokal handeln — 98

Global denken – lokal handeln: Was heißt das für dich?	100
Was ist ein nachhaltiger Lebensstil?	102
Nachhaltig konsumieren: Pizza unter der Lupe	104
Nachhaltig konsumieren: Bekleidung unter der Lupe	106
Nachhaltig konsumieren: Geräte unter der Lupe	108
Nachhaltig konsumieren: Sich fortbewegen unter der Lupe	112
Reisen unter der Lupe	113
Verbraucherschutz	114
Online einkaufen	118
Verantwortungsvoll handeln in konkreten Situationen	120
Lernbilanz	121

INHALTSVERZEICHNIS

Jahrgang 10

Trends und Gesundheit — 122

Voll im Trend	124
Industrielle Lebensmittelproduktion	126
Methode: Versuche planen, durchführen und bewerten	128
Mit Gesundheit werben	130
Zusammenspiel von Wirtschaft, Politik und Konsument	134
Handeln statt reden	138
Lernbilanz	140

Lebensstil und Konsum — 142

Formen des Zusammenlebens	144
Verantwortungsvoll und nachhaltig leben – aber wie?	148
Finanzen managen	152
Ein Haushaltsbuch führen	153
Sicher ist sicher	160
Lernbilanz	162

Glossar	164
Bildquellenverzeichnis	167

Lernen mit dem Schulbuch

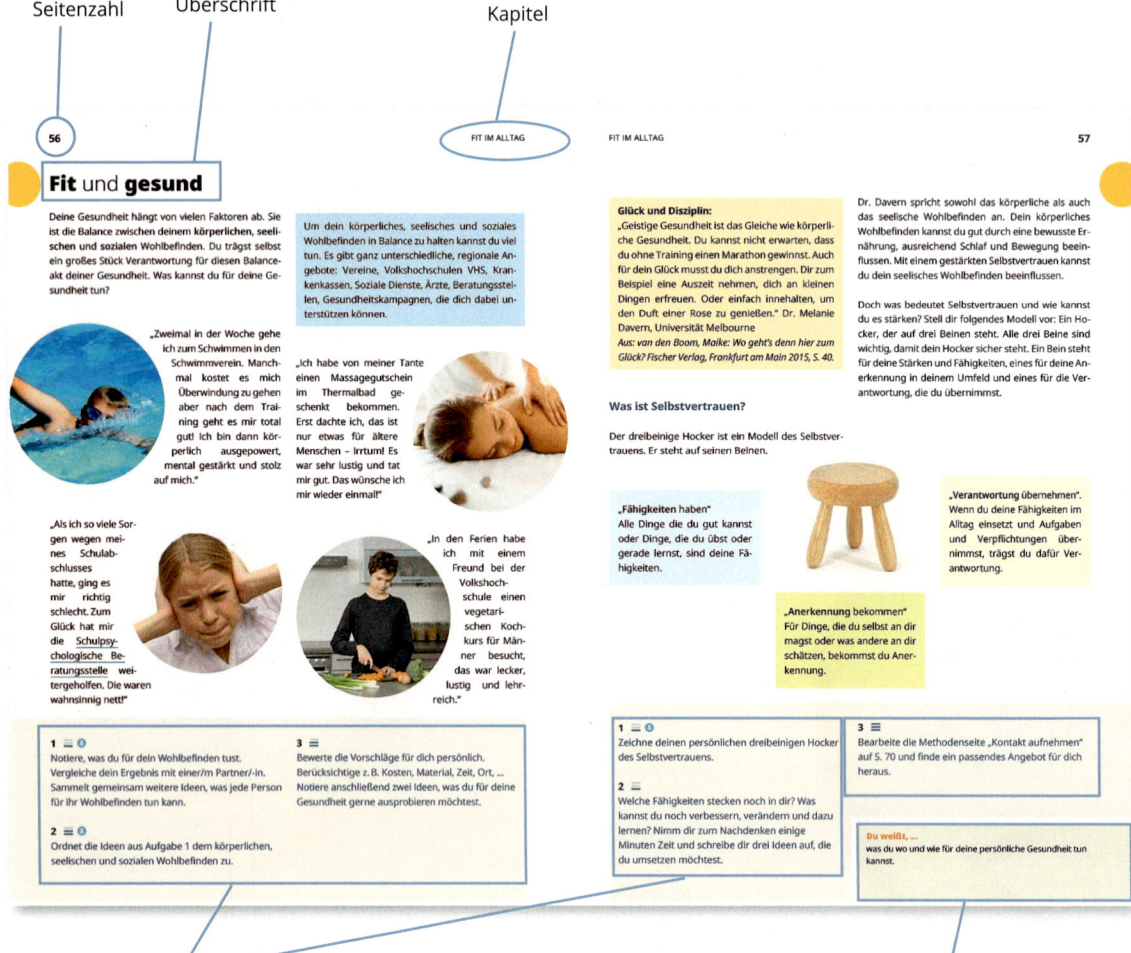

Seitenzahl — Überschrift — Kapitel

A Aufgaben, die mit dem Buch zu lösen sind
R Rechercheaufgaben
P Praktische Aufgaben

mit unterschiedlichen Schwierigkeitsstufen:
≡ Grundniveau
≡ Mittleres Niveau
≡ Erweitertes Niveau

Ohne Kennzeichnung sind Aufgaben, die sich auf alle Niveaus beziehen.

Das kannst und weißt du mindestens, wenn du die Seite bearbeitet hast.

»Hinweis zu den Methodenseiten:
Methodenseiten zeigen grundlegende Vorgehensweisen im Fach AES. Sie sind zur Bearbeitung der Inhalte in unterschiedlichen Kapiteln geeignet.

AES IST …

Das Wahlpflichtfach
Alltagskultur, Ernährung, Soziales

Wir kennen nun schon das Fach AES. Besonders gefällt uns, wenn wir praktisch arbeiten, uns mit Themen aus unserem Alltag beschäftigen, Erkundungen machen und selbstständig Lösungen für Alltagsprobleme erproben und bewerten.
Wir entdecken immer mehr, wo unsere beruflichen Schwerpunkte liegen.

Das Zusammenleben gestalten: Du erweiterst deine Fähigkeit, für andere etwas zu tun und mit anderen zu arbeiten.

Essen und sich gesund ernähren: Du lernst, wie man gesunde Mahlzeiten zubereitet und diese genießt.

Überlegt und nachhaltig konsumieren: Du lernst Möglichkeiten kennen, die Umwelt und Mitwelt zu schonen.

Praktische Erfahrungen sammeln und bewerten: Praktische Aufgaben stehen im Mittelpunkt. Sie helfen dir, deinen Alltag zu gestalten.

Sich beruflich orientieren: Du lernst Berufe kennen, die mit Ernährung oder Gesundheit zu tun haben.

Probleme lösen: Du lernst, wie man zu einem Problem vielfältige Lösungen findet und diese bewertet.

Etwas für die Gesundheit tun: Du lernst, welche Möglichkeiten es gibt, dich in der Freizeit und in der Schule gesundheitsbewusst zu verhalten.

Alt und jung – zusammenleben

Wie nehme ich als Jugendliche Kinder und ältere Menschen in meiner Umgebung wahr?

Welche Bedürfnisse haben Kinder, welche Bedürfnisse haben ältere Menschen?

Was tun, wenn es im Zusammenleben schwierig wird?

Welche Erfahrungen mache ich in der Begegnung mit Kindern und älteren Menschen?

Welche Möglichkeiten gibt es, Kinder und ältere Menschen zu betreuen und wie kann man diese Angebote bewerten?

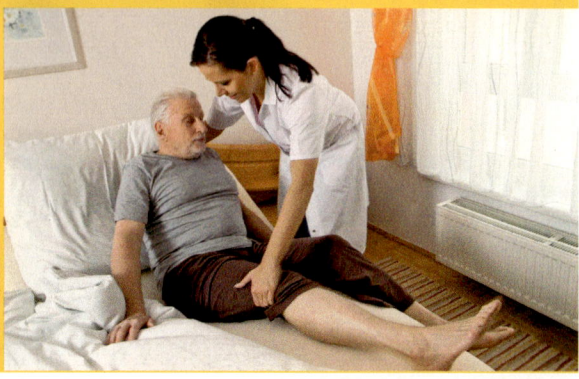

Als Jugendliche

habt ihr alle erfahren, wie es ist, ein Kind zu sein und viele von euch haben auch Erfahrungen mit älteren Menschen. Einige von euch überlegen sich, einen Beruf zu ergreifen, bei dem ihr mit Kindern oder älteren Menschen zu tun habt. Wenn sich ältere und jüngere Menschen begegnen, kann das für beide Seiten sehr bereichernd sein. Oft genug gibt es jedoch auch Konflikte, die aus den unterschiedlichen Bedürfnissen der Altersgruppen entstehen.

In diesem Kapitel ...
sollt ihr angeregt werden, eure unterschiedlichen Erfahrungen zu reflektieren und neue Erfahrungen zu sammeln. Ihr erkundet, was Kinder und ältere Menschen brauchen und vergleicht dabei eure Erfahrungen mit den Erkenntnissen aus der Kinder- und Altersforschung. Ihr könnt lernen, welche Möglichkeiten es gibt, Konflikte zu vermeiden oder diese zu bearbeiten. Außerdem recherchiert ihr Betreuungsangebote für Kinder und ältere Menschen und lernt, wie man diese bewertet.

Gemeinsam statt einsam?

Menschen sind auf andere Menschen angewiesen, und trotzdem lebt jeder Mensch anders. Manche leben allein, manche in der Familie mit Eltern oder auch mit den Großeltern. Es gibt Wohngemeinschaften, Heime und Mehrgenerationenhäuser. Wie man lebt, hängt von unterschiedlichen Faktoren ab. Bei aller Unterschiedlichkeit müssen bestimmte Bedürfnisse befriedigt werden, damit Menschen von einem „guten Leben" sprechen. In den folgenden Fallbeispielen lernt ihr verschiedene Situationen kennen, setzt euch mit den unterschiedlichen Bedürfnissen auseinander und vergleicht sie mit euren eigenen Lebenssituationen und Bedürfnissen.

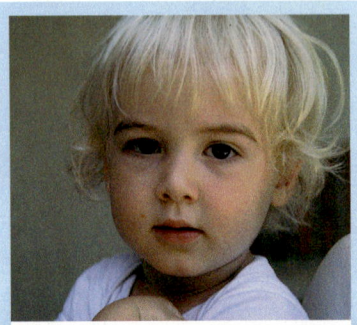

● Emil ist 2 ½ Jahre alt. Seine Schwester Merle ist 7 Jahre alt. Beide Eltern sind berufstätig. Emil wird morgens um 8 Uhr von seiner Mutter in die Kita gebracht und um 16.30 Uhr von seinem Vater abgeholt. In der Kita gibt es Mittagessen und danach machen die meisten Kinder Mittagschlaf. Emil spielt gerne mit Max und Jakob. Am liebsten spielen sie mit Autos. Emils Lieblingswort ist „alleine!". Gibt es aber Streit oder hat sich Emil verletzt, dann braucht er Trost von einem Erwachsenen. Auch alleine aufs Klo zu gehen muss er erst noch lernen. Emil kann sich Reime und Lieder schnell merken, obwohl er die Sprache noch nicht vollständig beherrscht. Mit Wachsmalkreiden kritzelt Emil am liebsten auf große Papierbögen.

● Amira ist in der 1. Klasse. Amira stammt aus Syrien und ist seit drei Jahren in Deutschland. Sie wird jeden Morgen von ihrer Mutter in die Schule gebracht. In der Pause spielt sie am liebsten mit den anderen Mädchen Gummitwist, Fangen spielen oder Verstecken. Das Raufen und Schreien der Jungs kann sie gar nicht leiden. Amira isst in der Mensa, aber vieles schmeckt ihr nicht, weil sie es nicht kennt. Bei den Hausaufgaben kann ihr ihre Mutter nicht helfen, deshalb macht sie diese in der Schule. Amira findet es schön, dass sie eine große Familie hat und mit Eltern, Geschwistern und Großeltern zusammenlebt. Wenn Amira ins Freibad geht, ist immer ihr älterer Bruder dabei. Ihr größter Wunsch ist ein Smartphone.

● Lena ist in der 9. Klasse. Sie geht gerne in die Schule, weil sie dort ihre Freundinnen trifft. Mit ihnen kann sie alles besprechen. Allerdings wird in ihrer Clique manchmal rumgezickt. Lena ist ein sportlicher Typ und seit Jahren bei den Pfadfindern. Sie findet es toll, dass es einmal im Jahr eine Freizeit mit Behinderten gibt, bei der sie regelmäßig dabei ist. Sie überlegt sich, ob sie später einmal in einen sozialen Beruf arbeiten will. Lena ist Einzelkind und wird von den Eltern verwöhnt. Allerdings nervt sie das manchmal auch ziemlich. Und wenn sie zum Beispiel ihr Smartphone ausmachen oder weglegen soll, kommt es schon mal zum Streit. Dann werden Türen geknallt und Lena verkriecht sich in ihr Zimmer.

ALT UND JUNG – ZUSAMMENLEBEN

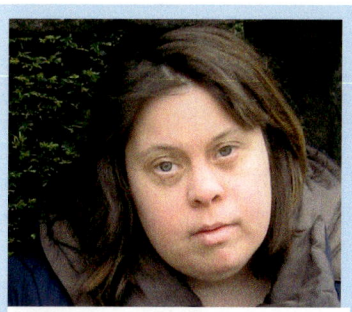

● Ines ist eine junge Frau mit Down-Syndrom. Sie arbeitet in einer Beschützenden Werkstatt und bekommt für ihre Arbeit ein Taschengeld, das sie inzwischen selbst verwaltet. Seitdem sie 18 Jahre alt ist, wohnt sie mit anderen Menschen in einem Haus der Lebenshilfe. Die Mitglieder der Wohngruppe versorgen sich weitgehend selbst und werden von Sozialpädagogen unterstützt. Ines hat viele Interessen. Einmal in der Woche geht sie zum Tanzen, trifft sich mit anderen Menschen und fährt mit ihrer Wohngruppe auch in den Urlaub. Wichtig ist ihr vor allem der Kontakt zu ihrer Familie. Am Wochenende besucht sie häufig ihre Eltern und ihre Geschwister.

● Regina und Reinhold haben fünf Enkelkinder. Immer mal wieder sind sie gefragt, wenn eines der Kinder krank wird, denn die Eltern sind berufstätig. Das Zusammensein mit den Enkeln macht den Großeltern viel Spaß. Regina bedauert, dass sie durch ihre Berufstätigkeit nicht sehr viel Zeit für ihre Enkel hat und hat daher beschlossen, frühzeitig in Rente zu gehen. Einmal im Jahr geht die ganze Familie zusammen in den Urlaub. Beim gemeinsamen Spielen, Kochen und Essen, Wandern, Baden und Toben kommt keine Langeweile auf. Der Urlaub klappt immer besser. In der Vergangenheit haben sie gelernt, Konflikte zu vermeiden und zu lösen.

● Frau Preuss ist 79 Jahre alt und seit fünf Jahren Witwe. Nach dem Tod ihres Mannes zog sie aus ihrem Reihenhaus in ein 2-Zimmer-Appartement in einer Altenwohnanlage in der Nähe ihrer Tochter. Die ganze Anlage ist altersgerecht gestaltet. Je nach Bedarf kann sie unterschiedliche Dienstleistungen in Anspruch nehmen. Das gibt ihr ein Gefühl von Sicherheit, denn oft hat sie erfahren, wie gut es ist, bei Krankheit versorgt zu werden. Mit ihren Nachbarn in der Altenwohnanlage versteht sie sich gut. Es gibt viele unterschiedliche Freizeit- und Beschäftigungsangebote. Allerdings vermisst sie Kinder, die in ihrer alten Wohnumgebung einfach dazu gehörten.

1 Ⓐ
Lies die Fälle und trage in eine Tabelle ein, welche körperlichen, seelischen, geistigen und sozialen Bedürfnisse die einzelnen Personen haben.

b) Stellt euch eure Ergebnisse vor. Welche Gemeinsamkeiten und Unterschiede stellt ihr fest und wie erklärt ihr sie euch?

2 Ⓐ Ⓡ
a) Du hast selbst Erfahrungen mit verschiedenen Altersgruppen. Wähle eine dir bekannte Person aus und beschreibe sie und ihre Lebensverhältnisse.

Du weißt …
dass Menschen unterschiedliche körperliche, seelische, geistige und soziale Bedürfnisse haben und dass diese sich im Lebenslauf entwickeln und verändern.

Lebensphase: Vom Säugling zum Kleinkind

Ein Kind entwickelt sich

Eine Entwicklungsstufe baut auf die andere auf. Die einzelnen Entwicklungsschritte sind nicht genau auf den Monat festzulegen. Wie sich ein Kind entwickelt, ist abhängig von der biologischen Reifung, der Zuwendung und Förderung durch Bezugspersonen und den Anregungen seiner Umgebung.

Bis ein Jahr 	Ein bis zwei Jahre 	Zwei bis drei Jahre 
Bewegungsverhalten • ab 5. Monat: Das Kind kann sitzen. • ab 8. Monat: Das Kind beginnt zu krabbeln, zieht sich an Gegenständen hoch, greift mit beiden Händen. • 12 Monate: Das Kind kann an einer Hand laufen, macht erste Schritte alleine.	Das Kind lernt frei zu laufen, kann einen Gegenstand tragen oder ziehen, klettert gern, kann Treppen laufen, wenn es sich festhält. Es kann alleine aus einer Tasse trinken und mit einem Löffel essen.	Das Kind ahmt Bewegungen nach, kann rennen und von niedrigen Gegenständen herunterhüpfen, probiert zu hüpfen, zu springen, auf Zehenspitzen zu laufen. Es lernt, sich selbst an- und auszuziehen.
Sprachverhalten • ab 4. Monat: Kind macht Lall-Monologe (da-da, ba-ba-ba). • ab 7. Monat: Kind macht Schall-Malerei (wau-wau, ding-dong). • ab 12. Monat: Kind benutzt bewusst Wörter für Dinge. Das Kind reagiert auf seinen Namen und versteht kleine Aufforderungen.	1 – 1 ½ Jahre: Das einzelne Wort hat die Bedeutung eines Satzes. „Saft" kann heißen „ich habe Durst". 1 ½ – 2 Jahren: Das Kind macht Zweiwortsätze, z. B. „Puppe ada", kann ausdauernd ein Bilderbuch anschauen und dabei erzählen.	Das Kind fragt nach dem Namen der Dinge. Es spricht kurze Sätze, z. B. „Fabian Auto malt". Es kann kleine Gespräche führen. Oft singt das Kind beim Spielen. Es macht erstmals die Erfahrung, dass es ein eigenes „Ich" hat. Nun verwendet es zunehmend die Wörter „ich" und „du".
Soziales Verhalten • Ab dem 4. Monat erkennt das Kind sicher alle mit ihm zusammenlebenden Personen. • Ab dem 8. Monat unterscheidet es zwischen bekannten und fremden Personen und beginnt zu fremdeln. Es beteiligt sich nun aktiv, wenn man sich mit ihm beschäftigt.	Ab dem ersten Jahr kann das Kind einfache Verbote befolgen. Beim Spielen entwickelt es zunehmend mehr Ausdauer, aber trotzdem muss man sich noch viel mit ihm beschäftigen. Es will immer wieder dieselben Dinge sehen, hören, tun.	Beginn der Trotzphase: Das Kind will seine Selbstständigkeit erproben und versucht, dies durch Trotzen zu erreichen. Ein wichtiger neuer Satz heißt: „Alleine machen!" Das Kind hat ein starkes Bedürfnis nach Ritualen beim Essen, Einschlafen usw. Es beginnt allmählich, mit Gleichaltrigen zu spielen. Spielregeln kann es noch nicht einhalten.

Wer mit Kindern umgeht, muss darauf achten, dass sie nicht unter- oder überfordert werden. Die Tabelle kann helfen, Kinder zu verstehen sowie Spielzeug, Spiele oder andere Beschäftigungsmöglichkeiten auszuwählen.

Drei bis vier Jahre 	Vier bis fünf Jahre 	Fünf bis sechs Jahre 
Das Kind wird sicherer: Es fährt Dreirad und Roller, kann balancieren und klettern, einen Ball werfen und fangen. Es lernt, mit Schere und Besteck umzugehen, kann einfache Figuren zeichnen und mit Bauklötzchen komplizierte Gebilde bauen.	Gleichgewichtssinn und Geschicklichkeit werden immer besser. Das Kind kann nun Rad und Rollschuh fahren. Durch Hüpfen, Springen, Tanzen verfeinert sich die Grobmotorik. Perlen auffädeln, Knöpfe auf- und zumachen, Türme bauen macht die Hände immer geschickter.	Das Kind bewegt sich nun sicher und probiert verschiedene Bewegungsformen aus: Roll- und Schlittschuh laufen, Seil springen, freihändig Fahrrad fahren und balancieren.
Das Kind hat gelernt, sich in seiner Muttersprache gut auszudrücken. Es fragt nach allen Dingen, auch solchen, die es nicht sieht. Alles soll erklärt werden. Im Spiel spricht es viel und nimmt dabei unterschiedliche Rollen ein (z. B. im Rollenspiel „Mutter, Vater, Kind").	Das Kind ist nun fähig, seine Zu- und Abneigung durch Sprache auszudrücken. Es setzt zunehmend bewusster Verhaltensweisen ein, um ganz bestimmte Reaktionen zu bewirken und Grenzen zu erfahren.	In diesem Alter kann das Kind beim Erzählen die Aussagen verschiedener Personen wiedergeben und verschiedene Verhaltensweisen beschreiben. Es will schreiben und lesen lernen.
Nun kann das Kind ausdauernd mit anderen Kindern spielen. Etwas tun und Spaß haben stehen im Mittelpunkt. Das Kind kann sich in eine Gruppe einfügen. Freundschaften werden zunehmend wichtiger.	Im Spiel mit anderen kann sich das Kind an einfache Regeln halten, z. B. warten, bis es dran ist. Es beginnt zu verstehen, dass andere Personen andere Gefühle und andere Standpunkte haben können. Es lernt, zwischen Gut und Böse zu unterscheiden. Ältere Kinder sind Vorbilder und werden nachgeahmt. Das Kind hat ein Bewusstsein von gestern und morgen.	Im Rollenspiel werden verschiedene Rollen erprobt. Beliebt sind auch Gruppenspiele, deren Reiz darin liegt, gemeinsam eine Situation zu bewältigen. Buben und Mädchen spielen noch gemeinsam. Unverständliche Dinge schmückt das Kind mit fantastischen Vorstellungen aus und erzählt deshalb manchmal „Lügengeschichten".

Lebensphase: Alter

In der Lebensphase Kindheit und auch in der Jugend gibt es aufeinanderfolgende Entwicklungsschritte, die die meisten Menschen ähnlich durchlaufen. Im Gegensatz dazu gibt es solche Phasen im Alter nicht. Die Altersforschung hat festgestellt, dass es im Alter erhebliche Unterschiede zwischen den Menschen gibt. Diese Unterschiede zeigen sich im körperlichen, seelischen, geistigen und sozialen Bereich. Gemeinsam ist aber allen Lebensphasen, dass die Erfahrung, kompetent zu sein, ein lebenslanges Bedürfnis ist und die eigene persönliche Entwicklung befördert. Kompetenz ist mehr als Schulweisheit und Intelligenz. Zu ihr gehören auch lebenspraktische Fähigkeiten und soziale Fertigkeiten. Kompetenz entsteht im Verlauf des Lebens durch die Auseinandersetzung mit den Herausforderungen des Lebens, die bei jedem Menschen unterschiedlich sind. Daher ist es verständlich, dass nicht alle älteren Menschen gleich sind und sie daher unterschiedliche Bedürfnisse haben. Dass im Alter alles nachlässt, kann man nicht behaupten. Während manche Fähigkeiten im Alter nachlassen, können sich andere sogar verbessern und neue Kräfte entstehen. Und dann gibt es noch Fähigkeiten, die auf demselben Stand bleiben wie in jüngeren Jahren, wie die folgende Aufstellung zeigt.

Mögliche altersbedingte Veränderungen von Fähigkeiten im Alter

	Steigerung möglich	kann weitgehend erhalten bleiben	Verringerung häufig beobachtbar
körperliche Eigenschaften und Fähigkeiten	• Geschicklichkeit	• Widerstandsfähigkeit bei Dauerbelastung	• Muskelkraft • Beweglichkeit • Anpassungen an klimatische Bedingungen • Sehvermögen • Hörvermögen • Tastsinn
geistige Eigenschaften und Fähigkeiten	• Urteilsvermögen • sprachliche Gewandtheit • Ausdrucksvermögen • positive Einstellung zur Arbeit	• Allgemeinwissen • Fähigkeit zur Informationsaufnahme und -verarbeitung • Langzeitgedächtnis • Lernfähigkeit	• geistige Beweglichkeit und Umstellungsfähigkeit • Reaktionsvermögen • Abstraktionsvermögen • Kurzzeitgedächtnis
psychische Eigenschaften und Fähigkeiten	• Kommunikationsfähigkeit • Ausgeglichenheit, Beständigkeit • Sicherheitsbewusstsein	• Aufmerksamkeit • Konzentrationsfähigkeit • Widerstandsfähigkeit	• psychische Belastbarkeit • Risikobereitschaft
soziale Eigenschaften und Fähigkeiten	• Teamfähigkeit • Verantwortungsbewusstsein • Zuverlässigkeit	• Bedürfnis nach Nähe	

ALT UND JUNG – ZUSAMMENLEBEN

Kinder und ältere Menschen verstehen lernen

Wer Kinder oder ältere Menschen verstehen will, bekommt erste Hinweise durch den Entwicklungskalender und die Ergebnisse aus der Altersforschung. Das allein reicht aber nicht aus, weil noch viele andere Faktoren die Menschen beeinflussen. Welche Faktoren dies sind, kann man durch Beobachtung oder Befragung herausfinden. Folgende **Einflussfaktoren** sind denkbar:

1 a) Stelle deinen persönlichen Entwicklungskalender her. Bringe dazu Fotos von dir aus verschiedenen Altersstufen (0–6 Jahren) mit und befrage deine Eltern.
b) Ergänze deinen Entwicklungskalender um mindestens drei Aussagen, die sich aus den Einflussfaktoren ergeben und für dich zutreffen. Beispiel: „Geschlecht" → „Ich als Mädchen wollte nie Röcke anziehen".
c) Präsentiere dein Ergebnis. Führt ein Gespräch über Gemeinsamkeiten und Unterschiede.

2 a) Entwickelt einen Fragebogen für ein Interview mit einem älteren Menschen. Nehmt dabei die nebenstehende Tabelle und die Einflussfaktoren zu Hilfe.
b) Befragt einen älteren Menschen mit dem Fragebogen zu seiner Lebenssituation und stellt für diese Person ein Profil dar.
c) Vergleicht eure Ergebnisse und stellt Gemeinsamkeiten und Unterschiede fest.

Du kannst ...
altersbedingte Verhaltensweisen beschreiben.

Konflikte gehören zum Zusammenleben

Jeder kennt es: ab und zu gibt es Zoff und Streit. Überall, wo Menschen aufeinandertreffen – ob in der Familie, in der Schule, im Verein usw. – treten Konflikte auf. Diese können durch unterschiedliche Interessen, Vorstellungen und Werthaltungen von einzelnen Personen oder Gruppen entstehen. Auch Neid, Eifersucht oder Besserwisserei kann zu Streit führen.

Bei einer Umfrage in der 9. Klasse der Ludwig-Uhland-Schule verfassten die Schülerinnen und Schüler folgende Definition, was für sie ein Konflikt ist:

> „Es handelt sich immer dann um einen Konflikt, wenn mindestens zwei Personen etwas Gegensätzliches wollen oder denken. Dann stoßen unterschiedliche Bedürfnisse oder Meinungen aufeinander. Wird dies offen gezeigt, kann es zum Konflikt oder sogar zum Streit kommen. Dann wird häufig provoziert, beleidigt, über die anderen bestimmt, bedroht und Schlimmeres."

Konflikte kann man bei sich selbst und bei anderen wahrnehmen:

- Körperhaltung der Beteiligten
- Gesichtsausdruck
- Verweigerung von Blickkontakt

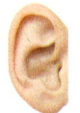
- Lautstärke der Stimme
- Tonfall der Stimme
- plötzliche Stille
- Vorwürfe, Anfeindungen

- Gefühl der Einengung
- Verkrampfen des Körpers
- Angst, Panik

1 Kommentiert die auf den Fotos dargestellten Situationen. Welche Konflikte des Zusammenlebens zwischen den Generationen fallen euch dazu ein?

2 Welche Vorgehensweisen helfen, Konflikte zwischen den Generationen zu vermeiden? Schreibt eure Ideen auf und präsentiert diese.

Mit Konflikten umgehen

Es gibt unterschiedliche Konfliktlösungsstrategien. Manche Menschen bevorzugen die immer gleichen Strategien und wundern sich, wenn die Konflikte eskalieren.

Kampf
- Der Gegner wird vernichtet.
- Der Gegner wird gezwungen, sich zu unterwerfen.

Der Sieger fühlt sich gut. Der Verlierer kann sich gedemütigt, oft sogar ohnmächtig fühlen. In vielen Fällen geht der Verlierer wütend und aggressiv aus dem Streit. Auf jeden Fall ist der Konflikt in seiner Ursache nicht gelöst.

Flucht
- Einer oder sogar beide verlassen das Geschehen, ohne dass eine Lösung oder ein Kompromiss gefunden wurde.
- Einer unterwirft sich freiwillig.

Beide Konfliktparteien haben ihre Lösung nicht durchgesetzt. Sie können aggressiv, traurig oder unzufrieden sein. Auf jeden Fall ist der Konflikt auch hier nicht in seiner Ursache gelöst.

Gesetze/Regelwerke
- Gesetze und andere Regelwerke bilden die Grundlage.
- Durch einen unabhängigen Dritten wird auf dieser Basis der Konflikt gelöst.

Die Streitenden müssen sich an die festgelegten Regeln halten. Hier kann es Sieger und Verlierer geben. Die eigentliche Ursache des Konfliktes kann jedoch auch weiterhin ein Problem darstellen.

Aushandeln
- Gemeinsam wird eine Lösung für den Konflikt gefunden.
- Um eine Einigung zu finden, kann ein unabhängiger Dritter die Konfliktgegner unterstützen (z. B. Streitschlichter).

Die Konfliktgegner können gemeinsam eine Entscheidung fällen oder sich auf einen Kompromiss einigen. Sie gehen aufeinander zu. An der Ursache des Konfliktes wird gearbeitet.

Vorgehensweise beim Aushandeln eines Konflikts

1. **Standpunkte klären – Interessen benennen**
   Die Streitenden legen die Sichtweisen ihres Konfliktes dar, dabei unterbrechen sie sich nicht.

2. **Nachfragen – die Sichtweise des anderen verstehen**
   Die Streitparteien befragen sich gegenseitig, um den Standpunkt der anderen zu verstehen.

3. **Lösungsangebot machen**
   Jede Person überlegt sich, zu welchen Lösungen sie bereit wäre. Die Angebote werden notiert.

4. **Sich einig werden**
   Lösungsangebote vergleichen. Nicht vorstellbare Lösungswege streichen. Die übrig gebliebenen Möglichkeiten vergleichen und gegeneinander abwägen. Die Streitenden formulieren ihre gemeinsam gefundene Lösung.

1 Ⓐ
a) Spielt die vier Handlungsweisen im Rollenspiel am Beispiel eines selbst gewählten Konflikts durch.
b) Reflektiert die unterschiedlichen Vorgehensweisen und sammelt Gelingensfaktoren für eine gelungene Konfliktlösung.

2
Diskutiert, weshalb Menschen in Konfliktsituationen oft zu Flucht und Kampf neigen, obwohl sie davon überzeugt sind, dass Aushandeln die bessere Lösung ist.

3
Redet über eure persönlichen Lösungsstrategien. Was möchtest du beibehalten, was möchtest du ändern? Was könnte dir dabei helfen?

Du kennst …
Konfliktlösungsstrategien und kannst sie anwenden.

Kinder und ältere Menschen in guten Händen

Die private Lösung

In vielen Fällen entscheiden sich Familien, die Kinder bzw. die älteren Familienangehörigen zu Hause zu versorgen. Das bedeutet häufig, dass ein Familienmitglied die Betreuung übernimmt. Manchmal übernehmen fremde Personen einen Teil der Pflege, Ernährung und Reinigung der Wohnung.

18.1 Oma mit Kind

Kinder:
- Ein Elternteil betreut das Kind.
- Großeltern betreuen das Kind.
- Familien teilen sich die Betreuung der Kinder auf: an einem Wochentag sind die Kinder bei der einen Familie, an einem anderen Wochentag wird getauscht.

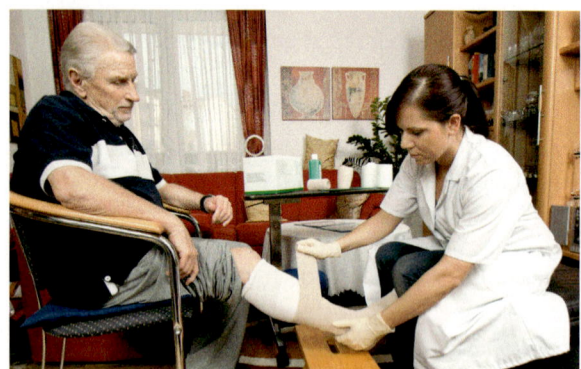

18.2 Mann mit Betreuerin

Ältere Menschen:
- Ein Familienmitglied übernimmt die Betreuung.
- Familienmitglieder wechseln sich in der Betreuung ab.
- Eine Pflegekraft wird eingestellt, die die Betreuung übernimmt.

Die halböffentliche Lösung

Bei dieser Betreuungsform werden Kinder und ältere Familienangehörige zwar zu Hause betreut, aber an manchen Tagen auch außer Haus. Zu dieser Betreuung zählt z. B. die Betreuung bei einer Tagesmutter oder einem Tagesvater. Ein derartiges Angebot gibt es jedoch nicht überall.

18.3 Tagesmutter

Kinder:
- Betreuung bei der Tagesmutter: Tagesmütter sind in der Regel im Tagesmütterverein organisiert und nehmen an Fortbildungsveranstaltungen teil. www.kindertagespflege-bw.de
- Kinder werden nur an bestimmten Tagen in eine Betreuungseinrichtung (z. B. Kinderhort) gebracht.

18.4 Alte Menschen in einer Betreuungseinrichtung

Ältere Menschen:

Die älteren Menschen werden stunden- bzw. tageweise in eine Betreuungseinrichtung gebracht.

ALT UND JUNG – ZUSAMMENLEBEN

Die öffentliche Lösung

Bei dieser Betreuungsform werden Kinder und ältere Familienangehörige ganztägig in öffentlichen Einrichtungen von ausgebildetem Personal betreut. Der Tag ist hier klar strukturiert und es gibt Angebote für die speziellen Bedürfnisse der unterschiedlichen Altersgruppen (z. B. Sprachförderung, Bewegungsangebote). Kinder haben ab dem vollendeten 1. Lebensjahr einen Anspruch auf frühkindliche Betreuung in einer Tageseinrichtung oder in einer Kindertagespflege.

19.1 Kindertagesstätte

Kinder:
- Kinderkrippe
- Kindertagesstätte
- Kindergarten
- Hort

19.2 Menschen im Pflegeheim

Ältere Menschen:
- Altenheim/Pflegeheim
- Tagespflege für Demenzkranke
- Begegnungsstätten für Migranten
- Tagesstätte für ältere Menschen

> **Du kennst …**
> Betreuungsmöglichkeiten für Kinder und ältere Menschen.

Betreuung – aber wie?

Eine gute Lösung zu finden ist nicht immer ganz einfach. Zum einen sind meistens mehrere Familienmitglieder bei der Entscheidungsfindung beteiligt, zum anderen kostet eine Betreuung außer Haus immer Geld. Wird zu Hause betreut, so hängt oftmals die Pflege an einer Person, die Zeit und Kraft investiert. Das Betreuungsangebot für Kinder und ältere Menschen ist vielfältig und sehr unterschiedlich in den Kosten und der Qualität. Deshalb ist eine Erkundung und Bewertung vor einer Entscheidung unbedingt notwendig (Bewertungskriterien Seite 20). Dabei ist zu beachten, dass es auch finanzielle staatliche Unterstützungen gibt. Art und Höhe der Unterstützung kann sich ändern. Sie können beim Sozialamt erfragt oder im Internet recherchiert werden:
Verband berufstätiger Mütter: http://vbm-online.de
Infoportal der Zeitschrift Eltern: www.eltern.de
Bundesministerium für Familie, Senioren, Frauen und Jugend: www.bmfsfj.de/

1 Ⓐ
Lies die Betreuungsangebote. Notiere, welche Angebote es in deinem Wohnort gibt.

2
Führt ein Interview mit einer Person durch, die sich für eine Betreuungsform entschieden hat. Findet dabei heraus, nach welchen Überlegungen sie die Entscheidung getroffen hat und wie zufrieden sie mit der Entscheidung ist.

3 Ⓡ
Macht eine Erkundung beim Sozialamt eures Wohnortes: Welche staatlichen Hilfen gibt es zur Betreuung von Kindern und älteren Menschen? Welche Voraussetzungen müssen erfüllt sein? Präsentiert eure Ergebnisse.

4
Diskutiert die Vor- und Nachteile der unterschiedlichen Betreuungsformen für Kinder und ältere Menschen.

5
Ladet Experten (Erzieher/-in, Altenpfleger/-in) in den Unterricht ein. Befragt sie, welche Auswirkungen die Betreuung auf die Entwicklung und das Wohlbefinden der Betroffenen hat.

Betreuungsangebote erkunden und bewerten

Aktivitäten
- Beschäftigungsangebote und Freizeitaktivitäten in der Einrichtung
- Angebote außerhalb der Einrichtung
- Qualität der Angebote

Standort
- Lage der Einrichtung
- Anbindung an öffentliche Verkehrsmittel
- Grünanlagen, Freizeitmöglichkeiten im Außenbereich, Geschäfte, Serviceeinrichtungen

Finanzierung/Verträge
- Leistungsangebot
- Preise
- Abrechnungsverfahren
- vertragliche Bindung
- Haftung bei Schäden

Sicherheit und Sauberkeit
- Organisation der Reinigung
- Sauberkeits- und Hygieneregeln
- Verwahrung persönlicher Gegenstände
- Kleidung des Betreuungspersonals
- sicherheitstechnische Ausstattung

Betreuungsangebote
- Name der Einrichtung
- Adresse mit Telefon, E-Mail, Internetadresse
- Ansprechpartner/-in

Festlegen der Wünsche, Bedürfnisse und sonstigen Voraussetzungen der hilfsbedürftigen Person

Umgang
- Umgangston und Umgangsformen des Personals mit den zu Betreuenden
- Umgangston und Umgangsformen des Personals untereinander
- Konfliktlösungsstrategien
- Offenheit gegenüber Gästen
- äußerer Eindruck der Betreuten

Essen und Trinken
- Getränke- und Speisenangebot
- Organisation von Mahlzeiten
- Wahlmöglichkeiten
- Mitbestimmungsmöglichkeiten
- Aussehen und Art der Präsentation von Speisen und Getränken

Ausstattung
- Umfang und Ausstattung von Gemeinschaftsräumen
- Möglichkeiten des persönlichen Rückzugs
- Orientierungshilfen
- zielgruppengerechte Hygieneeinrichtungen
- Gestaltung der Einrichtung (Farben, Pflanzen, Bilder, Helligkeit)
- Geräuschkulisse
- Geruch

Betreuung und Pflege
- Anzahl und Ausbildung der Mitarbeiter und Mitarbeiterinnen
- Zuständigkeiten des Personals
- Organisation der Betreuung und Pflege
- Förderung der Selbstständigkeit der betreuten Menschen

---

1 **A** **R**

a) Wählt Bewertungsbereiche für eine Personengruppe aus. Erstellt einen Bewertungsbogen.
b) Erkundet zwei Einrichtungen.

2
Ladet betroffene Personen in den Unterricht ein und diskutiert mit ihnen eure Ergebnisse.

So kann ein Bewertungsbogen aussehen:

Kriterien	Bemerkungen	Bewertung
Ist die Einrichtung an den Nahverkehr angebunden?	Bushaltestelle direkt vor dem Eingang	☺ 😐 ☹

Du kannst ...
Betreuungsangebote recherchieren und beurteilen.

ALT UND JUNG – ZUSAMMENLEBEN

Im Alltag **Hilfe** anbieten

Immer wieder gibt es Situationen im Alltag, in denen wir Menschen begegnen, die Hilfe benötigen. Oft sind wir unschlüssig oder unsicher, ob wir eingreifen wollen, können oder sollen. Hilfsbereitschaft ist wichtig, sie sollte aber wertschätzend angeboten werden.

So kann ich Hilfe anbieten:

1. **Beobachten/Wahrnehmen**
   Woran erkenne ich, dass jemand Hilfe braucht?
   Welche Hilfestellung könnte sinnvoll sein?

2. **Kontakt aufnehmen**
   Höflich und nicht aufdringlich fragen, ob Hilfe benötigt wird.

   „Darf ich Ihnen behilflich sein?"

   „Benötigen Sie Hilfe?"

3. **Hilfe geben**
   Nachfragen, wie geholfen werden kann.

   „Wie kann ich Ihnen helfen?"

   „Soll ich Sie über die Straße begleiten?"

   Nachfragen, ob die Hilfe so angenehm ist.

   „Ist das Tempo für Sie in Ordnung?"

   „Halte ich Sie richtig?"

4. **Sich höflich verabschieden**

   „Kommen Sie jetzt allein zurecht? Ich wünsche Ihnen einen guten Tag."

Du siehst eine Mutter mit Buggy, die vor einer Treppe steht:

Vor dir am Fahrkartenschalter versucht ein älterer Herr, eine Fahrkarte zu lösen. Der Verkaufsvorgang wird immer wieder abgebrochen:

1 ≡ Ⓐ
a) Bereitet in Partnerarbeit ein Rollenspiel vor. Geht dabei nach der beschriebenen Abfolge vor.
b) Präsentiert euer Rollenspiel.
c) Wertet das Rollenspiel aus: Wie wurden die Kriterien des Helfens umgesetzt?

2 ≡
Diskutiert, wo es aus eurer Sicht Grenzen des Helfens gibt.

Du kannst …
Menschen im Alltag helfen und dabei wertschätzend vorgehen.

Kindern begegnen – Erfahrungen machen

Wie Kinder lernen

Alle Aktivitäten, die ihr mit Kindern durchführt, müssen zunächst einmal auf deren Fähigkeiten und Fertigkeiten abgestimmt sein, um Überforderung oder Unterforderung zu vermeiden. Ob spielen, toben oder kochen – Kinder lernen immer. Das ist bedeutsamer als man auf den ersten Blick wahrnimmt. Erfolge oder Misserfolge, bestätigende oder abfällige Reaktionen anderer sind wesentlich dafür verantwortlich, welches Selbstbild ein Kind von sich im Lauf der Zeit aufbaut.

Nachahmung
Vorbilder werden nachgeahmt. Dies geschieht in zwei Schritten: Beobachtung – Nachahmung. So kann sowohl positives als auch negatives Verhalten erlernt werden.

Bekräftigung
Reaktionen der Umwelt prägen das Verhalten des Kindes. Dabei spielen Lob und Tadel eine wichtige Rolle. Das Kind lernt so, bestimmte Verhaltensweisen zu zeigen und andere zu vermeiden.

Einsicht
Lernen durch Einsicht heißt, die eigene Verhaltensweise zu ändern, weil man etwas eingesehen hat. Dies setzt voraus, dass man Zusammenhänge erkennen und bewerten kann.

Positive Verstärker
Bestätigung, Lob, Ermunterung, Belohnung

„Komm, wir probieren es einmal gemeinsam."
„Das hast du gut hingekriegt."
„Zeig mir, wie du es gemacht hast."
„Beim nächsten Mal klappt es sicher besser."

Papa? Wenn ich es einmal besser haben soll als du, warum muss ich dann eigentlich so werden wie du?

Negative Verstärker
Liebesentzug, Blamieren, Drohen

„Schaut euch den Versager an!"
„Wenn das nochmal passiert, habe ich dich nicht mehr lieb!"
„Wenn du jetzt nicht ruhig bist, sperre ich dich in dein Zimmer!"
„Du bist doch zu allem zu blöd!"
„Ich habe mir gleich gedacht, dass du das nicht schaffst!"

Positives Selbstbild
- Ich darf Fehler machen und werde trotzdem geliebt.
- Ich traue mich, Neues auszuprobieren.
- Ich bin in Ordnung, so wie ich bin.
- Mir wird geholfen, wenn ich nicht mehr weiter kann.

Negatives Selbstbild
- Ich bin zu dumm.
- Niemand liebt mich.
- Ich trau mich nicht.
- Ich habe Angst.
- Ich darf nichts zugeben.
- Ich muss lügen.
- Ich bin nichts wert.

Dürfen Eltern ihre Kinder schlagen? Nein! Es gilt ein striktes Gewaltverbot für Eltern. Nach dem Bürgerlichen Gesetzbuch ist schon eine Ohrfeige untersagt. In § 1631, Absatz 2 heißt es: „Kinder haben ein Recht auf gewaltfreie Erziehung. Körperliche Bestrafungen, seelische Verletzungen und andere entwürdigende Maßnahmen sind unzulässig." In Anlehnung an die UN-Kinderrechtskonvention wurde im Jahr 2000 das bis dahin bestehende elterliche Züchtigungsrecht aufgehoben. Bei Verstößen können sich Eltern nicht auf ihr Erziehungsrecht berufen. Eine Pflicht zur Anzeige gegenüber Behörden wie Jugendamt oder Polizei besteht aber nicht.

Lernangebote für Kinder

Wer mit Kindern umgeht, kann erfahren, wie vielfältig und einzigartig Kinder sind. Im Umgang mit Kindern hat man die Chance, auch seine eigenen Fähigkeiten und Fertigkeiten weiterzuentwickeln.

Spielen

Spielen ist ein Grundbedürfnis von Kindern. Im Spiel setzt sich das Kind aktiv mit seiner Umwelt auseinander. Dabei erfährt es etwas über Materialien, Farben, Beschaffenheit, Formen und Funktionen der Dinge. Im Spiel ahmt es Personen seiner Umgebung nach. So übt es unterschiedliche Verhaltensweisen ein. Im Spiel lernt das Kind, sich an Geräten zu bewegen und mit ihnen zu hantieren. Es lernt Probleme zu lösen, mit anderen Kindern zu spielen, auf diese einzugehen, aufgeschlossen zu sein gegenüber ihren Spielideen und eigene Spielideen einzubringen. Im Spiel kann das Kind aktiv und kreativ sein und kann nicht (wie etwa beim Fernsehen) einfach nur konsumieren.

Bewegungsspiele

Hüpfspiele sind einfach durchzuführen. Man braucht sie nur mit Kreide auf den Boden zu malen. Am besten werden mehrere Hüpfspiele vorbereitet, damit alle Kinder beteiligt werden können.

- Hüpfspiele ausprobieren, überprüfen, ob das Hüpfspiel für diese Altersgruppe geeignet ist (siehe Entwicklungskalender).
- Überlegen, wie das Spiel den Kindern erklärt werden soll, am besten Teile daraus vormachen.
- Festlegen, wie viele Kinder an einem Spiel beteiligt werden können.

Singspiele

Typisch für Singspiele ist, dass Singen und Bewegung zusammengehören. Singen und sich bewegen macht Kindern viel Spaß. Das zeigt sich schon bei ganz kleinen Kindern. Singspiele fördern die motorischen und musikalischen Fähigkeiten der Kinder.

- Singspiel dem Alter der Kinder entsprechend auswählen (siehe Entwicklungskalender).
- Überlegen, wie das Singspiel den Kindern erklärt werden soll. Am besten, ihr macht das Singspiel mit.
- Singspiele müssen häufig wiederholt werden, damit das Singen mit der Bewegung ohne langes Überlegen gelingt.

23.2 Singspiel

Als-ob-Spiel

- Verschiedene Materialien bereitstellen, z. B. Tücher, Seil, Schnüre, alte Kleider, Kisten, Kissen, Naturmaterialien.
- Kleine Geschichten erzählen oder Kinder zu einem bestimmten Thema Geschichten erzählen lassen. Sie sollen die Fantasie der Kinder anregen und die Möglichkeit bieten, dass sich alle Kinder am Spielen beteiligen können.
- Mit den vorbereiteten Materialien können sich die Kinder verkleiden, die Umgebung gestalten und den Spielablauf ausschmücken.

23.1 Hüpfspiel

23.3 Als-ob-Spiel

Basteln

Im Laufe des 3. Lebensjahres beginnt das Kind, eigene Werke zu schaffen. Es formt z. B. aus Papier eine Rolle und spielt darauf Trompete. Die Ideenvielfalt der Kinder in diesem Alter ist groß, und für Erwachsene ist es manchmal schwirig zu verstehen, welche Bedeutung solch ein Gegenstand für das Kind hat. Kinder brauchen möglichst viele Gelegenheiten und anregende Materialien, um ihre Fantasie zu entfalten. Es ist wichtig, dass man die geschaffenen Werke nicht korrigiert. Beim Basteln geht das Kind mit verschiedenen Materialien und Werkzeugen um. Es lernt die Eigenschaften der Materialien kennen, z. B. dass sich Papier gut reißen, schneiden und kleben lässt, dass sich Rinde nicht schneiden, sondern nur brechen lässt. Basteln fördert die sachgerechte Ausführung der Arbeit, die Fantasie, die Ausdauer und Konzentration.

Beim Basteln kann man unterschiedlich vorgehen. Es gibt grundsätzlich drei verschiedene Vermittlungsformen. Welche man davon auswählt, hängt von der Bastelarbeit, vom Alter der Kinder und den eigenen Fähigkeiten ab.

Anregen – gewähren lassen
Die Materialien werden gezeigt, das Thema genannt und die Kinder arbeiten frei nach ihrer Fantasie, z. B. Kopfbedeckungen für ein Fastnachtskostüm oder Tiere aus Herbstfrüchten.

Vormachen – nachmachen
Die Kinder erhalten die Materialien und arbeiten nach dem Vorbild des Leiters/der Leiterin schrittweise nach.
Beispiel: Windrädchen
- Das Papierquadrat diagonal falten.
- Faltlinie zur Hälfte einschneiden.
- Alle linken Flügelhälften zur Mitte führen, mit einer Stecknadel in der Mitte fixieren.
- Draht durch die Holzperle fädeln, durch die Mitte des Rädchens stecken und am Ende eines Stöckchens befestigen.

24.2 Windrad

Erklären – unterstützen
Die Arbeit wird erklärt, die Betreuungsperson zeigt am Werkstück des Kindes den nächsten Schritt und beobachtet das Kind bei der Ausführung. Sie gibt Hilfen, wenn das Kind nicht weiterkommt.

24.1 Tiere aus Kastanien und Eicheln

24.3 zusammen basteln

ALT UND JUNG – ZUSAMMENLEBEN

Arbeiten

Schon Kinder ab 2 Jahren beteiligen sich gerne an den alltäglichen Arbeiten im Haushalt wie Abspülen, Staub saugen, Essen kochen, Schuhe putzen, im Garten arbeiten. Im Tätigsein ahmen sie die Erwachsenen nach und freuen sich, wenn sie bei deren Arbeit mit einbezogen werden. Dies fördert das Gefühl, selbstständig zu werden und für etwas verantwortlich zu sein.

Mit Kindern in der Küche arbeiten
- Einfache Rezepte mit kurzer Vorbereitungszeit und kurzer Garzeit auswählen.
- Geschmack der Kinder berücksichtigen.
- Farben und Dekoration auf Kinder abstimmen.
- Rezept erproben: überlegen, welche Tätigkeiten Kinder übernehmen können.
- Auf Gefahrenpunkte achten und Vorsichtsmaßnahmen überlegen.
- Arbeitshöhe auf die Größe der Kinder abstimmen (z. B. Hocker).
- Gefährliche Geräte meiden, mechanische Geräte bevorzugen.
- Überprüfen, ob Kinder genügend zu tun haben.

25.1 in der Küche arbeiten

Mit Kindern säen und pflanzen
- Schnell keimende Samen, Pflanzenableger, Setzlinge oder Blumenzwiebeln auswählen, Kinder an der Auswahl beteiligen.
- Pflanzgefäße (Tontöpfe, Plastikschalen, kleine Holzkisten) herrichten.
- Blumenerde und Pflanzgeräte bereitstellen.
- Auf Gefahrenpunkte achten und Vorsichtsmaßnahmen überlegen.
- Überprüfen, ob Kinder genügend zu tun haben.
- Gemeinsam mit den Kindern arbeiten.
- Den Kindern die Pflege der Pflanzen zeigen.

Gebäckrezept: „Berg und Tal"

Zutaten:
2 Tassen Mehl
2 Tassen Milch
4 Eier
1 Pr. Salz
2 EL Öl
Margarine zum Einfetten

Vorbereitung:
Den Backofen auf 250°C vorheizen, das Backblech gut einfetten sowie alle Zutaten abmessen und bereitstellen.

Zubereitung:
Alle Zutaten außer dem Öl in eine große Rührschüssel geben und mit dem Handrührgerät (Schneebesen) zu einem glatten Teig verrühren. 2 EL Öl dazu geben und unterrühren. Teig auf das Backblech gießen, und das Blech in die mittlere Schiene des Backofens schieben.
Backzeit: 15 – 20 Minuten
Achtung: Backofen darf nicht vorzeitig geöffnet werden.
Das Gericht ist fertig, wenn die „Berge" sich leicht bräunen. Dann Backblech aus dem Ofen holen, die Berge mit Puderzucker bestäuben und mit Apfelmus servieren.

25.2 Gartenarbeit

Älteren Menschen begegnen – Erfahrungen machen

Das Zusammenleben unterschiedlicher Generationen gelingt dann, wenn alle Menschen Bereitschaft zeigen, sich gegenseitig zu verstehen und Verantwortung füreinander zu übernehmen. In der Begegnung liegt die Chance, andere Menschen zu verstehen und von ihnen verstanden zu werden. Der Kontakt zwischen Jung und Alt ist heute nicht mehr selbstverständlich. Nur selten leben mehrere Generationen unter einem Dach. Begegnungen zwischen alten und jungen Menschen können das Wohlbefinden auf beiden Seiten steigern. Sie können aber auch eine Möglichkeit sein, eigene berufliche Fähigkeiten und Fertigkeiten zu entdecken und zu entwickeln. Älteren Menschen begegnet man anders als Kindern. Es sind eher Begegnungen auf Augenhöhe. Begegnung kann dann stattfinden, wenn Junge und Alte Interesse füreinander zeigen. Dann ist es spannend zu erfahren, was die andere Generation denkt, fühlt und wie sie ihr Leben gestaltet. Möglichkeiten der Begegnung gibt es viele.

Jung lernt von Alt
- Geschichten von früher erzählen lassen.
- Rezepte von früher zeigen lassen.
- Fotoalben anschauen, über die erste Liebe, das Kennenlernen, die Mode usw. sprechen.
- alte Volkslieder und Spiele lernen.
- altes Handwerk erlernen (mit der Sense mähen, sticken, stricken, nähen).
- ...

Alt lernt von Jung
- Musik vorspielen.
- Hobbys und Sportarten vorstellen (Inliner, Breakdance, Geocaching).
- Moderne Kommunikationsformen vorstellen (soziale Netzwerke).
- In die Benutzung von Handy oder Computer einführen.
- ...

Jung und Alt machen etwas gemeinsam
- Gesellschaftsspiel machen.
- Gemeinsam kochen.
- Handarbeiten machen.
- Musizieren und singen.
- Volkstänze einüben.
- Feste feiern.
- ...

26.2 Gemeinsam kochen

Jung hilft Alt
- Einkaufen.
- Im Garten helfen.
- Kleinigkeiten reparieren oder ausbessern.
- Fenster putzen, bügeln.
- Auto waschen.
- ...

26.1 Fotoalben anschauen

Entscheidet euch für ein Event mit älteren Menschen oder Kindern. Geht nach der Methode Eventmanagement vor.

Du kannst ...
eine Aktivität mit Kindern oder älteren Menschen planen, durchführen und reflektieren.

ALT UND JUNG – ZUSAMMENLEBEN

>> Methode

Eventmanagement: Eine Aktion planen und durchführen

Beim Eventmanagement werden Aktionen und Veranstaltungen systematisch geplant, organisiert und durchgeführt. Ein Event wird für andere Personen veranstaltet und richtet sich entsprechend an den Bedürfnissen und Möglichkeiten dieser Menschen aus.

Es findet in einem begrenzten zeitlichen Rahmen statt. Zum Abschluss wird der Erfolg bewertet. Bei der Planung und Durchführung einer Aktion ist es sinnvoll, sich an dem Vorgehen des Eventmanagements zu orientieren.

Events zeichnen sich aus durch:

Erlebnisorientierung
- Ein Event muss etwas Besonderes bieten.
- Ein Event muss ein positives Erlebnis für die Teilnehmer sein.
- Die Aktion muss die Zielgruppe emotional ansprechen.

Beteiligung
- Die Zielgruppe muss bei der Aktion aktiv werden können und selbst etwas tun dürfen.

Konzept
- Das Ziel der Aktion ist geklärt.
- Das Konzept passt zur Zielgruppe und orientiert sich an deren Bedürfnissen.
- Die einzelnen Aktionsbausteine bilden eine thematisch geschlossene Einheit, sie sind überlegt und aufeinander abgestimmt.

Inszenierung
- Bei einem Event müssen die Aktionen so arrangiert werden, dass sie überzeugen und im Rampenlicht stehen.
- Der Ablauf ist abgesprochen und ist aus einem Guss.
- Der Veranstaltungsort ist entsprechend vorbereitet und gestaltet.

Vorüberlegungen

Zielgruppe
Für wen findet der Event statt? Auf welche besonderen Bedürfnisse müssen wir achten?

Thema
Was fällt uns ein? Welche Ideen haben wir? Welche Aktion passt zur Zielgruppe?

Eine Event-Idee entwickelt sich.

Ort
Wo kann der Event stattfinden? Welche örtlichen und räumlichen Voraussetzungen müssen bedacht werden?

Ziel
Welche Ziele verfolgen wir mit unserem Event? Was wollen wir bei der Zielgruppe erreichen?

Methode

Erstellen eines **Event-Konzepts**

EVENT

Kommunikation
- Ansprechpersonen für die Zielgruppe sowie für das Planungsteam festlegen
- Kommunikationswege absprechen (Telefon, Termine …)

Planung/Organisation
- Zeitplan erstellen
- Finanzierung klären
- Veranstaltungsort festlegen
- benötigte Materialien besorgen
- Aufbauplanung überlegen
- Beteiligte festlegen
- Genehmigung einholen

Personalentwicklung
- Für das Event notwendige Fähigkeiten und Fertigkeiten erlernen bzw. weiterentwickeln.

Kostenkalkulation
- Ausgaben kalkulieren

Konzeptplanung
- Interessen erfragen
- Konkurrenzangebote recherchieren
- Absprachen treffen
- Konzept schriftlich festhalten

Personaleinsatz
- Verantwortlichkeiten für den Eventablauf und die Aktionen festlegen
- Informationen austauschen

Durchführung:
Das Event wird entsprechend der Planung durchgeführt.

Erfolgskontrolle:
Im Anschluss wird überprüft, ob das Eventmanagement gelungen ist. Dafür werden alle Teile des Eventmanagements bewertet und am Schluss zu einem Ergebnis zusammengefasst: Kommunikation, Planung, Personalentwicklung, Kostenkalkulation, Personaleinsatz, Konzeptplanung.

28.1 Eine Schülergruppe führt einen Spielenachmittag im Kindergarten durch.

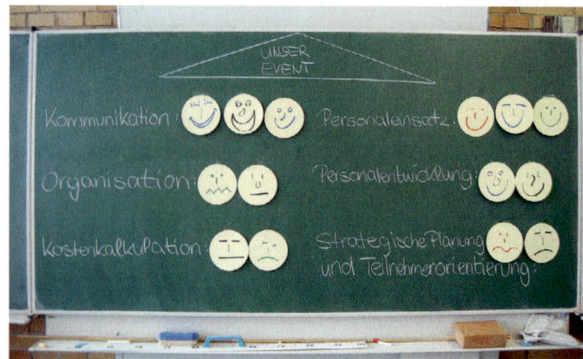

28.2 Den Erfolg gemeinsam reflektieren

Du kannst …
mit anderen ein Event für eine Personengruppe gestalten und bewerten.

Berufssteckbrief: Sozialassistent/-in (Sozialhelfer/-in)

Tätigkeiten in diesem Beruf

Sozialhelfer/-innen bzw. Sozialassistent/-innen
- betreuen Menschen und sind für sie Gesprächspartner,
- bieten Menschen Beschäftigungsmöglichkeiten an und führen Beratungsgespräche,
- erledigen hauswirtschaftliche Tätigkeiten für Hilfsbedürftige,
- übernehmen sozialpflegerische Aufgaben,
- übernehmen die Haushaltsführung in privaten Haushalten,
- unterstützen Erzieher/-innen, Altenpfleger/-innen und Heilerziehungspfleger/-innen bei ihrer Arbeit.

Wo wird dieser Beruf ausgeübt?

Sozialhelfer/-innen bzw. Sozialassistent/-innen arbeiten hauptsächlich
- in Wohn- und Pflegeheimen für betreuungsbedürftige Menschen
- in Kindergärten und -horten
- in Einrichtungen zur Betreuung und Pflege von Menschen mit Behinderung
- bei ambulanten sozialen oder diakonischen Diensten

Sie sind
- in Heimen hauptsächlich in Aufenthalts-, Wohn-, Ess-, Schlaf- und Sanitärräumen tätig
- bei der ambulanten Betreuung hauptsächlich in Privatwohnungen beschäftigt
- für Beratungsgespräche meist in Büroräumen.

Welche Kompetenzen braucht man?

	vorteilhaft	wichtig	sehr wichtig
Achtung vor dem Menschen	■	■	
Freundlichkeit und Geduld	■	■	■
Belastbarkeit	■	■	
Praktisches Geschick	■	■	
Einfühlungsvermögen	■	■	■
Konsequenz	■		
Gute Planung und Organisationsgeschick	■	■	
Freude am Umgang mit Menschen	■	■	
Verantwortungsbewusstsein	■	■	■
Zuversicht	■		

Wie ist die Ausbildung organisiert?

Berufstyp	anerkannter Ausbildungsberuf
Ausbildungsvoraussetzungen	• ärztliches Zeugnis über gesundheitliche Eignung zur Berufsausübung • Hauptschulabschluss für die 3-jährige Ausbildung, mittlerer Bildungsabschluss für die 2-jährige Ausbildung
Ausbildungsart und Lernorte	schulische Ausbildung an Berufsfachschulen
Ausbildungsdauer	2–3 Jahre

29.1 Ein Sozialassistent bei der Arbeit

Ausbildungsberufe im Sozialwesen

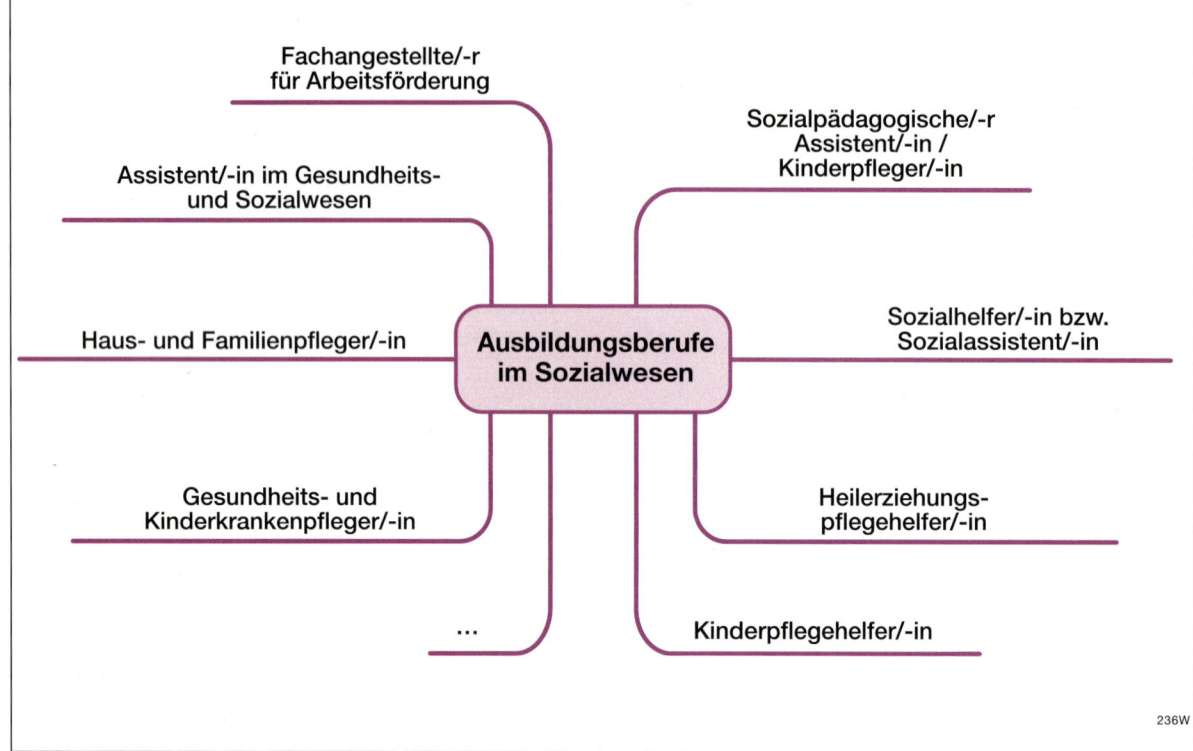

30.1 Mindmap

Wenn du einen sozialen Beruf ergreifen willst, solltest du dich erst einmal entscheiden, mit welcher Gruppe von Menschen du am liebsten arbeiten möchtest.
- Verbringst du deine Zeit gerne mit Senioren, weil sie eine Hilfestellung im Alltag brauchen, außerdem aber auch spannende Lebensgeschichten haben und dir etwas beibringen können?
- Oder reizt dich die Arbeit mit verletzten und kranken Menschen mehr?
- Vielleicht möchtest du aber am liebsten mit Kinder arbeiten?

Soziale Berufe bieten viele Möglichkeiten.

30.2 Heilerziehungspfleger

1
a) Lies die Kompetenzen für soziale Berufe und zeige an Beispielen, warum diese notwendig sind.
b) Setze sie in Beziehung zu deinen eigenen Interessen und Kompetenzen.

2
Wähle einen Beruf aus und hole Informationen ein. Erstelle einen Steckbrief wie auf S. 29.

3
Überlegt gemeinsam Vorgehensweisen, wie Kompetenzen für soziale Berufe erworben und erweitert werden können.

> **Du kennst ...**
> Ausbildungsberufe im Sozialwesen und deren Anforderungen.

Alt und jung – zusammenleben

Lernbilanz

Zeig, was du kannst:

1
Nenne je zwei körperliche, seelische, geistige und soziale Bedürfnisse von alten und jungen Menschen.

2
Die Entwicklung von Kindern wird durch äußere Einflussfaktoren mitbestimmt. Wähle zwei Einflussfaktoren aus und beschreibe dazu jeweils ein Beispiel.

3
Nenne die vier unterschiedlichen Konfliktlösungsstrategien.

4
Beschreibe die vier Stufen, die beim Aushandeln eines Konflikts eingehalten werden sollten.

5
Frau Ratzel hat eine zweijährige Tochter. Sie möchte demnächst wieder in ihren Beruf einsteigen und sucht daher eine Betreuungsmöglichkeit für Merle. Es gibt verschiedene Angebote in ihrem Wohnort. Sie ist sich unsicher, nach welchen Kriterien sie die Angebote bewerten soll. Erstelle eine Liste mit möglichen Bewertungskriterien für das Betreuungsangebot.

6
Kinder lernen durch Nachahmung, Bekräftigung und Einsicht. Nenne zu jeder Lernform ein Beispiel.

7
Du möchtest mit einem sechsjährigen Kind ein Papierschiffchen falten. Wie gehst du vor? Begründe deine Vorgehensweise.

31.1 Papierschiffchen

8
Beim Einkaufen beobachtest du, wie ein 4-jähriges Kind an der Kasse lauthals schreit. Die Mutter ist genervt und verpasst dem Kind schließlich eine Ohrfeige. Wie bewertest du dieses Verhalten?

9
Warum ist es so wichtig, dass Kinder Zeit zum Spielen haben? Nenne drei Gründe.

31.2 Kind beim Spielen

10
Ihr habt einen Event durchgeführt. Schreibe fünf Fragen auf, mit denen du den Event bewerten kannst.

11
Sonja möchte eine Ausbildung zur Sozialassistentin machen. Sie hält sich dafür geeignet, aber manchmal fällt es ihr schwer, freundlich zu bleiben, wenn sie sich geärgert hat. Mache Sonja zwei Vorschläge, wie sie ihr Verhalten verändern kann.

12
Schreibe auf, welche persönlichen Erfahrungen für dich in diesem Kapitel am wichtigsten waren.

Arbeit und Freizeit

Viele Menschen engagieren sich ehrenamtlich.

Ist das Arbeit – und was ist eigentlich Arbeit?

Wie stelle ich mir vor, mein Arbeits- und Privatleben später einmal unter einen Hut zu bekommen?

Welche Bedeutung hat Freizeit für mich und wie nutze ich sie?

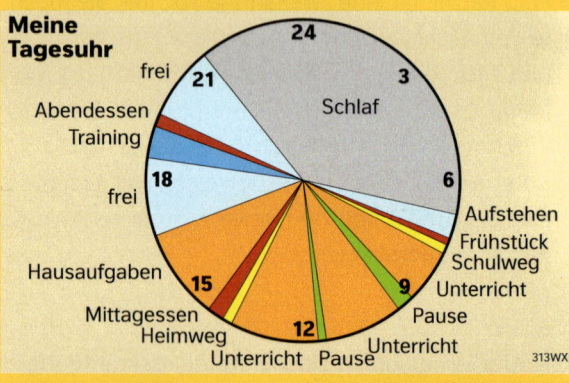

Textilarbeit – eine kreative Freizeitbeschäftigung für mich?

Arbeit gehört zum Leben des Menschen.

Das wissen viele erst, wenn sie die Arbeit verlieren oder nicht mehr arbeiten können. Nicht jede Arbeit ist mit Geldverdienen verbunden. Dazu gehört auch die Haus- und Familienarbeit. Diese Arbeit ist genauso wichtig wie die Erwerbsarbeit und trägt zu einem sinnvollen Leben bei. Unser Wohlbefinden hängt wesentlich davon ab, wie es gelingt, die Haus- und Familienarbeit partnerschaftlich aufzuteilen und sie mit der Erwerbsarbeit zu vereinbaren. Wie zwei Seiten einer Medaille ist neben der Arbeit auch die Freizeit wichtig – als freie verfügbare Zeit, über die jede Person selbst bestimmen kann. Die Frage, wie Freizeit sinnvoll gestaltet werden kann, beschäftigt schon Kinder und Jugendliche.

In diesem Kapitel ...
setzt du dich mit der Bedeutung von Arbeit und Freizeit auseinander. Du lernst Möglichkeiten kennen, wie Haus- und Familienarbeit bewältigt werden kann. Außerdem stellst du einen textilen Gegenstand her und überlegst, was für dich in deiner Freizeit von Bedeutung ist und wie du sie gestalten willst.

Ist das **Arbeit**?

● Vor einem halben Jahr habe ich meine Ausbildung zum Bankkaufmann beendet. Jetzt arbeite ich am Schalter in der Kundenberatung. Das gefällt mir. Man muss sich immer auf neue Leute einstellen und gut über die neuesten Bankprodukte Bescheid wissen, damit man kompetent berät. Mein Arbeitstag beginnt morgens um 8 Uhr und endet um 17 Uhr. Etwas lästig finde ich, dass ich jeden Tag mit Anzug und Krawatte erscheinen muss. Mit meinem Verdienst bin ich sehr zufrieden. Allerdings war ich am Anfang etwas geschockt, wie viel Geld mir für die Sozialversicherungsbeiträge abgezogen wurde.

● Ich bin von Beruf Krankenschwester. Nach der Geburt unseres ersten Kindes habe ich noch in Teilzeit gearbeitet, aber seit dem zweiten Kind bin ich jetzt ganz zu Hause. Außerdem haben wir meine pflegebdürftige Mutter zu uns genommen. Mein Tag beginnt um 5.30 Uhr. Ich mache das Frühstück und richte die Kinder für den Kindergarten. Um 8 Uhr bringe ich sie in den Kindergarten und hole sie um 16 Uhr wieder ab. In der Zwischenzeit mache ich den Haushalt, kaufe ein und versorge meine Mutter. Trotz Kindergeld und Rente meiner Mutter müssen wir sparsam haushalten. In die Rentenkasse zahle ich im Moment nicht ein.

● Seit einem Jahr sind mein Mann und ich in Rente. Wir haben uns entschieden, früher in Ruhestand zu gehen, auch wenn wir nun nicht die volle Rente bekommen. Aber das ist uns nicht so wichtig. Wir wollten einfach mehr Zeit haben und etwas Sinnvolles tun. Mein Mann war immer aktiv im Sportverein und trainiert jetzt die E-Jugend im Fußball. Ich engagiere mich im Arbeitskreis Asyl. Geld verdienen wir dabei beide nicht, aber dafür erfüllt uns die Tätigkeit sehr. Mit unserer Rente kommen wir klar, können aber keine großen Sprünge machen.

Erwerbsarbeit: Zur Erwerbsarbeit gehören alle Tätigkeiten, mit denen Geld verdient wird.

Ehrenamt: Beim Ehrenamt arbeiten Einzelpersonen oder Gruppen freiwillig und unentgeltlich außerhalb des privaten Haushalts.

Haus- und Familienarbeit: Zur Hausarbeit gehören alle Tätigkeiten, die im Haushalt anfallen. Als Familienarbeit werden alle Tätigkeiten bezeichnet, die mit der Beaufsichtigung und Versorgung von Familienmitgliedern zu tun haben. Sie umfasst auch die Planung und Organisation des Familienlebens, das Finanzmanagement und die Kontaktpflege mit Verwandten, Freunden und Bekannten. Sie ist nicht nur für die betroffenen Personen, sondern auch für die Gesellschaft von großer Bedeutung.

1 Ordne die Begriffe den Fallbeispielen zu.

2 Diskutiert, welche Bedeutung die einzelnen Arbeitsformen für Individuum und Gesellschaft haben.

Einstellungen zur Arbeit

„Arbeit ist schwer, ist oft genug ein freudloses und mühseliges Stochern; aber nicht arbeiten – das ist die Hölle."
Thomas Mann

„Arbeit und Freizeit müssen sich die Waage halten."

„Zur Gesunderhaltung gehört eine ausgewogene work-life-balance."

„Nur wer die Arbeit kennt, weiß, was ich meide!"
Graffito

„Faulenzen will gelernt sein!"

„Ohne Fleiß keinen Preis!"
Sprichwort

„Arbeit ohne Sinn kann tödlich sein."

„Arbeit gibt uns mehr als den Lebensunterhalt, sie gibt uns das Leben."
Henry Ford

„Arbeit gibt dem Leben Sinn, und es gibt kaum sinnvollere Arbeit als Lernen."

„Unsicherheit am Arbeitsplatz ist die größte Belastung."
Psychologe

„Ohne Arbeit kann ich mir meine Zukunft nicht vorstellen. Das gibt mir Bedeutung!"

„Erst die Arbeit, dann das Vergnügen!"
Sprichwort

1
a) Wähle Zitate aus, die deiner Einstellung zur Arbeit am ehesten entsprechen.
b) Vergleicht in der Lerngruppe eure Auswahl. Findet heraus, warum dem jeweiligen Zitat zugestimmt wird.

2
a) Schreibe in Stichworten auf, welche Bedeutung Arbeit für dich zum jetzigen Zeitpunkt hat und welche sie zukünftig haben könnte.
b) Bewerte deinen Berufswunsch mit den Überlegungen, die du aufgestellt hast.

3
Erwerbsarbeit befindet sich im Wandel. Recherchiert die Veränderungen und diskutiert deren Auswirkungen auf den Einzelnen und die Gesellschaft.

Du kennst …
verschiedene Formen der Arbeit und ihre Bedeutung.

Frauenarbeit – Männerarbeit?

Montagmorgen bei Baumanns. Julia und Michael sitzen verschlafen am Frühstückstisch. Herr Baumann ist in der Küche beschäftigt und richtet die Pausenbrote für die beiden. Frau Baumann trinkt ihren Kaffee und liest nebenher die Zeitung. Michael beginnt zu nörgeln: „Papa, wie oft habe ich dir schon gesagt, dass ich nicht so viel Nutella aufs Brot haben möchte. Das ruiniert meine Figur!" Michaels Vater protestiert: „Nun stell' dich bloß nicht so an, Micha. Du hast doch eine super Figur." Julia stöhnt: „Eure Probleme möchte ich haben. Ich stehe heute im Tor und unsere Gegner sind nicht aus Pappe. Da fällt mir ein, Mama, ich brauch unbedingt neue Torwarthandschuhe. Die alten gehen aus dem Leim!"

Frau Baumann ist genervt: „Meine Güte, Kinder. Nun lasst mich doch mal in Ruhe meine Zeitung lesen. Ich habe einen anstrengenden Tag vor mir und das hier ist für mich die einzige ruhige halbe Stunde am Tag zum Lesen! Julia, die Torwarthandschuhe kann auch Papa mit dir kaufen. Er arbeitet schließlich nur den halben Tag. Da fällt mir ein, Arno, du solltest dich heute noch um Mutti kümmern. Sie muss zum Arzt. Außerdem solltest du heute unbedingt waschen. Ich habe keine Blusen mehr." „Um Gottes Willen," protestiert Michael, „lass Papa bloß nicht an die Feinwäsche ran. Meinen Ballettanzug hat er total verfärbt. So kann ich mich nirgends mehr blicken lassen!"

Für weitere Diskussionen reicht die Zeit nicht, denn alle müssen aus dem Haus. Herr Baumann räumt noch die Küche auf, macht die Betten, saugt kurz im Esszimmer und verlässt dann ebenfalls das Haus.

Mädchen und Jungen lernen ihre Rollen als Frauen und Männer. Dass sich Mädchen und Jungen unterschiedlich verhalten, ist nicht nur angeboren. Angeboren ist das biologische Geschlecht. Damit sind zunächst nur die körperlichen Unterschiede zwischen Mädchen und Jungen gemeint. Wissenschaftliche Ergebnisse deuten darauf hin, dass die biologischen Unterschiede auch unterschiedliches Denken und Fühlen von Männern und Frauen beeinflussen. Anders ist es mit den typischen weiblichen und männlichen Verhaltensweisen. Sie werden als soziales Geschlecht bezeichnet und werden im Laufe des Lebens anerzogen bzw. von klein auf erworben. Dieses Rollenverhalten wird wesentlich durch Religion und Kultur geprägt und verändert sich nur langsam. Das kann man in unserer Gesellschaft beobachten: Männer und Frauen sind nach dem Gesetz schon lange gleichberechtigt. Trotzdem gibt es immer noch Probleme bei der Umsetzung der Gleichberechtigung in Haushalt, Beruf, Freundeskreis, Schule und in der Öffentlichkeit.

1
Lies das Fallbeispiel und nimm Stellung dazu.

2
Betrachte die Karikatur. Auf welches Problem weist sie hin?

3
Erstellt ein Plakat mit Zeitungsausschnitten, Karikaturen, etc., zum Thema Gleichberechtigung von Mann und Frau.

4
Tauscht eure eigenen Vorstellungen zum Thema Gleichberechtigung aus. Überlegt, was diese mit euren eigenen Erfahrungen zu tun haben.

ARBEIT UND FREIZEIT

Der lange Weg zur Gleichberechtigung

Es ist nicht selbstverständlich, dass für Männer und Frauen die gleichen Rechte gelten. In manchen Ländern haben Männer andere Rechte als Frauen. Auch in Deutschland war der Weg zur Gleichberechtigung lang und ist noch nicht abgeschlossen. Ein erster Schritt war das Wahlrecht für Frauen im Jahr 1918. 1949 wurde im Grundgesetz der Bundesrepublik die Gleichberechtigung von Frauen und Männer garantiert. Danach folgten einzelne Gesetze, die die Gleichberechtigung von Frauen und Männern im Berufs- und Privatleben regelte. Es ist in vielen Bereichen noch so, dass die Gleichberechtigung trotz der Gesetze nicht überall gewährleistet ist.

Gleiche Entlohnung von Frauen und Männern

Im Jahr 2014 hat die EU-Kommission eine Empfehlung zu mehr Transparenz über die betrieblichen Entgeltstrukturen gefordert, um Lohnungerechtigkeiten zu beseitigen. Das Bundesministerium für Familie, Senioren, Frauen und Jugend hat 2016 einen Gesetzentwurf für mehr Lohngerechtigkeit zwischen Frauen und Männern vorgelegt. Ziel dieses Gesetzes ist es, dass Betriebe offenlegen, für welche Tätigkeit es welchen Durchschnittslohn gibt.

> In der Zeitung habe ich gelesen, dass ein Drittel der Frauen für die gleiche Tätigkeit weniger verdient als Männer. Ich vermute, dass dies bei mir als Schreinerin auch so ist. Die Kollegen im Betrieb halten dicht. Nun habe ich mich kundig gemacht und erfahren, dass kleinere Betriebe auch in Zukunft keine Auskunft über die Entlohnung geben müssen. Ein Betriebsrat hat mir erzählt, dass die Parteien und Verbände sich nicht einig sind, ob das neue Gesetz die Lohngerechtigkeit tatsächlich verbessert. Viele setzen darauf, dass die Betriebe Männer und Frauen freiwillig gleich entlohnen.

Betreuung von Kleinkindern
Bundeselterngeld- und Elternzeitgesetz (BEEG)

2007 wurde das sogenannte Elterngeld eingeführt. Das Elterngeld stellt eine staatliche Transferzahlung dar, die vom Einkommen abhängig bezahlt wird. Es ersetzt zu einem Teil das wegfallende Erwerbseinkommen der Eltern nach der Geburt eines Kindes. Das Elterngeld wird bis zu 12 Monaten gezahlt und ist unter den Partnern frei aufteilbar. Es kann um zwei weitere Monate verlängert werden, wenn der zweite Elternteil für mindestens zwei Monate ebenfalls Elternzeit in Anspruch nimmt. In manchen Bundesländern wird nach der Elternzeit ein Landeserziehungsgeld bezahlt, wenn das Kind nach der Elternzeit weiterhin zu Hause betreut wird.

Die sogenannte Elternzeit ist ein gesetzlicher Anspruch der Eltern gegenüber dem Arbeitgeber, die Erwerbstätigkeit vorübergehend zur Betreuung und Erziehung eines Kindes zu unterbrechen. Es besteht Kündigungsschutz. Seit 2015 kann die Elternzeit, die bis zu drei Jahre umfassen kann, sehr flexibel in Anspruch genommen werden.

> Mein Mann und ich haben diese neue Regelung begrüßt. Ich als Bürokauffrau habe das Elterngeld und die Elternzeit in Anspruch genommen. Monatlich bekomme ich jetzt 1.100 €. Mein Mann verdient als Automechatroniker das Doppelte. Er wollte die Elternzeit nicht nehmen. Wir haben uns allerdings geeinigt, dass er nach dem ersten Jahr die zwei Monate Elternzeit nimmt, damit wir die vollen 14 Monate ausschöpfen können. Sein Chef hat schon angekündigt, dass es mit der Beförderung dann sicher länger dauern wird. Wie es nach den 14 Monaten weitergeht, ist noch nicht klar. Sollen wir unsere Kleine wirklich schon so früh in eine Kita geben?

1
Recherchiert, welche gesetzlichen Regelungen zu den vorgestellten Situationen aktuell gelten.

2
Führt Interviews mit betroffenen Personen zur Gleichberechtigung von Männern und Frauen durch.

3
Diskutiert über die Gleichberechtigung von Frauen und Männern.

Du weißt,
dass es bei der Gleichberechtigung einen Unterschied zwischen Anspruch und Wirklichkeit gibt.

Was die **Vereinbarkeit** von Privatleben und Berufstätigkeit erleichtern kann

Einstellungen/Haltungen der Haushaltsmitglieder

Geräteausstattung des Haushalts

Fähigkeiten und Fertigkeiten der Haushaltsmitglieder

Geldmittel des Haushalts

Online-Shopping
Alles kann heute im Internet rund um die Uhr eingekauft werden. Nach dem Statistischen Bundesamt nutzen 65 % der Bevölkerung über 16 Jahre diese Einkaufsmöglichkeit teilweise oder häufig. Der Vorteil liegt für viele auf der Hand: Es spart Zeit und Wege und häufig auch Geld. Außerdem kann man online sofort die Preise und Bewertungen verschiedener Anbieter vergleichen. Es gibt jedoch auch Risiken (siehe Seite 118).

Geräteeinsatz
Viele Arbeiten im Haushalt werden heute von elektronisch gesteuerten Geräten erledigt. Die Nahrungszubereitung, die Wäschepflege, das Putzen und die Vorratshaltung sind leichter und zeitsparender geworden. Allerdings muss der Kauf und Einsatz solcher Geräte auch unter Aspekten der Nachhaltigkeit bewertet werden (siehe Seite 108).

Veränderung der Arbeits- und Anwesenheitszeiten am Arbeitsplatz
In vielen Berufen ist Teilzeitarbeit möglich. Außerdem sind häufig der Beginn und das Ende der Arbeitszeit flexibel geregelt. Manche Betriebe ermöglichen auch die Arbeit von zu Hause (Homeoffice, Heimarbeit) bzw. eine Mischung aus Anwesenheit im Betrieb und Homeoffice. In vielen Betrieben gibt es inzwischen auch Betriebskindergärten und –horte.

Kommunikation und Vernetzung
Durch die neuen Medien können Kontakte schnell und unkompliziert hergestellt und gepflegt werden. Informationen in Schrift, Bild und Film können rund um die Uhr ausgetauscht werden. Für viele Menschen ist ein Leben ohne digitale Medien nicht mehr denkbar. Andere Menschen empfinden die ständige Erreichbarkeit und den unzureichenden Schutz ihrer persönlichen Daten als zunehmende Belastung.

Freizeitangebote
Für jede Altersgruppe gibt es eine Fülle von Freizeitangeboten. Sie fördern das soziale Miteinander, dienen der Erholung und entlasten besonders in Ferienzeiten die berufstätigen Eltern. Nicht alle Freizeitangebote sind kostenlos. Für kinderreiche Familien und Sozialhilfeempfänger gibt es häufig Ermäßigungen.

Es gibt heute ein vielfältiges Angebot, das die Vereinbarkeit von Privatleben und Berufstätigkeit erleichtert. Die Auswahl der Angebote ist abhängig von der Haushaltssituation und hat Auswirkungen auf den Beruf, den Haushalt, die Haushaltsmitglieder und die Freizeitgestaltung. Vieles muss noch weiterentwickelt werden. Gerade junge Menschen sind dazu aufgefordert, neue Ideen zu entwickeln und umzusetzen.

1 ≡ Ⓐ
a) Arbeitet in Kleingruppen. Lest die dargestellten Beispiele und findet heraus, welche Angebote in eurer Umgebung umgesetzt werden können.
b) Entwerft eine Haushaltssituation. Beschreibt diese möglichst konkret mithilfe der hellblau unterlegten Begriffe am Rand des Netzes. Veranschaulicht sie in Form eines Steckbriefs mit beschrifteten Bildern.

ARBEIT UND FREIZEIT

Finanzielle Hilfen
In unserem Sozialstaat gibt vielfältige staatliche Hilfen für die unterschiedlichsten Situationen: Kinderbetreuung, Wohnen, Arbeitslosigkeit, Pflege, Krankheit, Armut, usw. Beim Sozialamt oder bei Beratungsstellen kann man sich informieren.

Angebot von Halbfertig- und Fertiggerichten
Es gibt heute eine Vielzahl von vorgefertigten Speisen und ganzen Mahlzeiten. Sie werden in unterschiedlichen Portionsgrößen angeboten und sogar nach Hause geliefert. Selbst im Biobereich gibt es solche Angebote. Halbfertig- und Fertigprodukte sparen Zeit, sind einfach zuzubereiten, aber sie verursachen auch viel Müll. Wer diese Produkte gesundheitlich bewerten will, muss Verpackungsaufschriften lesen und interpretieren können.

Eigene Einstellungen (Lebensstil)
Eine offene, multikulturelle Gesellschaft zeichnet sich durch die Vielfalt von Lebensstilen aus. Lebensstile werden wesentlich durch Einstellungen, Haltungen und Traditionen geprägt und sind die Grundlage für alle Entscheidungen, die eine Person trifft. Treffen viele unterschiedliche Lebensstile aufeinander, kann das bereichernd sein. Oft genug entstehen aber auch Konflikte. Daher ist es heute mehr denn je wichtig, mit Konflikten konstruktiv umgehen zu können und das Zusammenleben durch Aushandlungsprozesse zu gestalten.

Verlängerung von Öffnungszeiten
Supermärkte, Kindergärten und Schulen haben ihre Öffnungs- bzw. Betreuungszeiten den veränderten Lebenssituationen angepasst. An vielen Orten ist es heute schon möglich, bis 24 Uhr einzukaufen oder das Kleinkind über Nacht im Kindergarten betreuen zu lassen.

Informationsbeschaffung
Das tägliche Leben wird durch eine Vielzahl von Apps erleichtert. Selbst Tätigkeiten, die man noch nicht beherrscht, kann man problemlos mithilfe von Tutorials anschauen. Das spart Wege und Zeit, kann aber auch zu einem Zeitfresser werden. Riesige Datenbanken im Netz ermöglichen eine schnelle und gründliche Recherche. Die Bewertung der Informationsangebote ist eine grundlegende Voraussetzung für gute Entscheidungen.

- Zeiteinteilung der Haushaltsmitglieder
- Haushaltsmitglieder (Anzahl, Alter, Tätigkeit)
- Wohnsituation
- Infrastruktur des Wohnorts

c) Wählt für euren beschriebenen Fall Handlungsmöglichkeiten aus, die es erleichtern, Beruf und Haushalt möglichst gut zu vereinbaren.
d) Präsentiert euer Ergebnis und diskutiert im Plenum, welche Auswirkungen euer Vorschlag auf die konkrete Lebensgestaltung und die Vereinbarkeit von Beruf und Haushalt in eurem Fall hat.

Du kannst ...
für eine Haushaltssituation Möglichkeiten der Vereinbarkeit von Privatleben und Berufstätigkeit vorschlagen und begründen.

Sicher in Arbeit und Freizeit: **Versicherungen**

Arbeitslosigkeit, Unfälle, Krankheit, Pflegebedürftigkeit und Alter lösen oft Notsituationen in Familien und bei einzelnen Personen aus. Der Gesetzgeber hat deshalb festgelegt, welche Sozialversicherungen verpflichtend abgeschlossen werden müssen. Daneben gibt es eine Vielzahl von freiwilligen Versicherungen, durch die fast alles, was im Leben passieren kann, finanziell abgesichert werden kann.

Es gibt viele Versicherungsunternehmen, die verpflichtende und freiwillige Versicherungen anbieten. Die Unterschiede der Kosten, der Leistungen und der Versicherungsbedingungen zwischen den Anbietern können sehr groß sein. Aus diesem Grund ist es wichtig, sich Informationen einzuholen, diese zu vergleichen und zu bewerten, bevor ein Versicherungsvertrag abgeschlossen wird.

Wichtig ist, dass ein Vertrag niemals nach einer ersten Information unterschrieben wird.

Wer eine angemessene Rente im Alter bekommen will, muss eine bestimmte Anzahl von Jahren in einer Berufstätigkeit nachweisen und Rentenbeiträge eingezahlt haben. Menschen mit einer längeren Unterbrechung der Erwerbstätigkeit (z. B. Familienpause) haben Einbußen.

Sozialversicherungen
Gesetzliche Sozialversicherungen sind vom Staat festgeschrieben. Der gesetzliche Rahmen ist im Sozialgesetzbuch (SGB) festgehalten. Es gibt fünf Bereiche:
- Krankenversicherung,
- Pflegeversicherung,
- Rentenversicherung,
- Arbeitslosenversicherung,
- Unfallversicherung.

Die Kranken-, Renten- und Arbeitslosenversicherungen werden je zu einem Teil durch die Beiträge der abhängig beschäftigen Arbeitnehmerinnen und deren Arbeitgeber finanziert. Dies gilt in Baden-Württemberg auch für die Pflegeversicherung. Die gesetzliche Unfallversicherung finanziert sich aus den Beiträgen der Arbeitgeber.

Alle gesetzlichen Versicherungen werden vom Staat kontrolliert und bei Bedarf den Situationen angepasst.

Freiwillige Versicherungen
Unter freiwilligen Versicherungen versteht man Angebote der Versicherungsunternehmen, für die sich jede Person selbst entscheiden kann. Die werden ausschließlich vom Versicherten getragen.
Es gibt zum Beispiel:
- Hausratversicherung,
- Haftpflichtversicherung,
- Rechtsschutzversicherung,
- Ausbildungsversicherung,
- Berufsunfähigkeitsversicherung.

INFO
Das ist beim Vergleichen von Versicherungsangeboten wichtig:
- Was wird versichert?
- Welche Bedingungen gibt es für den Anfang und das Ende der Versicherung?
- Wie muss ich vorgehen, wenn ich die Versicherungsleistungen in Anspruch nehmen möchte?
- Bekomme ich eine Vergünstigung, wenn ich die Versicherung nicht in Anspruch nehme?
- Wer ist mein ständiger Ansprechpartner?
- Wie kann ich den Kontakt herstellen?

ARBEIT UND FREIZEIT

Träger und Leistungen der gesetzlichen Sozialversicherungen			
Sozialversicherung	Träger (Beispiele)	Leistungsberechtigte	Leistungen
Krankenversicherung	Krankenkasse (Orts-, Ersatz- oder Betriebskrankenkasse)	Arbeiter, Angestellte, Auszubildende, Arbeitslose, Rentner, landwirtschaftliche Unternehmer, Heimarbeiter, Studenten, Wehr- und Zivildienstleistende, Mitversicherte	alle Sach-, Personal- und sonstige Leistungen, die in unmittelbarem Zusammenhang mit einer Krankheit stehen
Pflegeversicherung	Pflegekassen (angegliedert an die Krankenkassen)	siehe Krankenkasse	• Sachleistungen (z. B. Betreuung durch eine Pflegestation) • Geldleistungen (z. B. Pflegegeld) • Kombination aus beidem
Rentenversicherung	Deutsche Rentenversicherung	Angestellte, Arbeiter, Selbstständige (nur unter bestimmten Umständen), Kindererziehende, Pflegepersonen	• Altersruhegeld (Rente), • Rehabilitationsmaßnahmen, • Geldleistung bei Erwerbsunfähigkeit
Arbeitslosenversicherung	Agentur für Arbeit	Arbeitnehmer, die in den letzten drei Jahren mindestens 12 Monate Beiträge bezahlt haben	• Arbeitslosengeld • Umschulungsmaßnahmen
Unfallversicherung	• Berufsgenossenschaften der Gewerbezweige, • Unfallversicherungen der öffentlichen Träger	Angestellte, Arbeiter, Schüler, Studenten, Mitarbeiter des öffentlichen Dienstes, Kinder in Tageseinrichtungen	• Behandlungskosten • Rehabilitationsmaßnahmen • Berufshilfen, die aus Arbeitsunfällen oder Berufskrankheiten entstehen

41.1 Typischer Versicherungsfall

1
Recherchiert drei freiwillige Versicherungen und ergänzt die Tabelle.

2
Wählt eine Versicherung aus und holt bei mindestens zwei Anbietern Informationen ein.

3
a) Erstellt eine Bewertungstabelle und tragt die Informationen ein.
b) Markiert in der Tabelle, wo es Gemeinsamkeiten und Unterschiede gibt.
c) Präsentiert euer Ergebnis.

Du kannst …
Versicherungsangebote recherchieren und bewerten.

Einen **Haushalt** managen

Der private Haushalt, so sagt die Wissenschaft, hat drei Aufgabenbereiche: Er leistet einen entscheidenden Beitrag zur **Lebenserhaltung**, zur **Persönlichkeitsentfaltung** und zur **Kultur des Zusammenlebens**. Es gibt unzählige Möglichkeiten, diese Bereiche zu gestalten. Im Unterricht könnt ihr euch vertieft mit drei ausgewählten Bereichen zum Haushaltsmanagement auseinandersetzen. Haushaltsführung ist eine anspruchsvolle Arbeit. Je nachdem, wie die Aufgabenbereiche gestaltet werden, hat dies nicht nur Auswirkungen auf die Haushaltsmitglieder, sondern auch auf die Erwerbsarbeit und das Zusammenleben in der Gesellschaft.

Was kann das konkret bedeuten?
Emily ist 18 Jahre alt und arbeitet in Vollzeit als Friseurin. Sie macht ihre Arbeit sehr gern und hat sich schnell ins Team eingelebt. Fragt man sie nach Gründen, so bekommt man zur Antwort, dass sie von früh auf gelernt hat, Arbeiten im Haushalt zu übernehmen und Konflikte zu lösen. Außerdem erlebt sie ihre Familie als tolerant und hatte immer das Gefühl, sich nach den eigenen Bedürfnissen entfalten zu können. Sie weiß, dass auf ihre Familie immer Verlass ist.

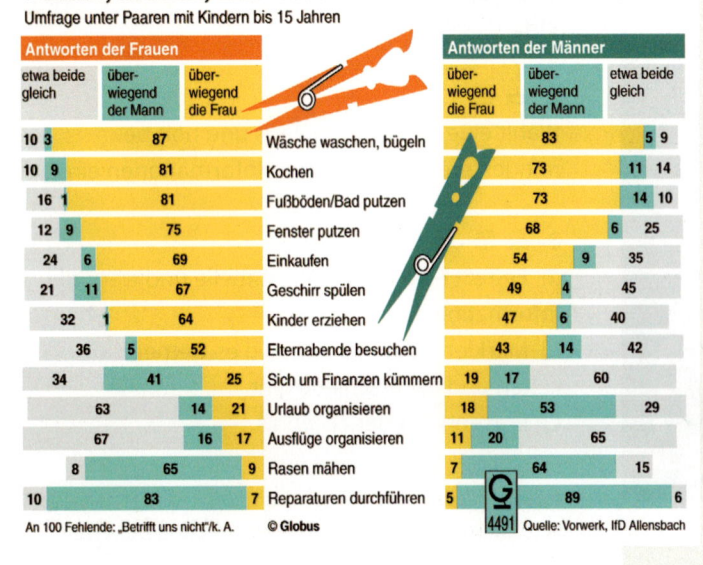

Arbeit partnerschaftlich aufteilen
Wer Hausarbeit partnerschaftlich organisieren will, muss folgende Fragen mit allen beteiligten Personen klären:
- Welche Arbeiten fallen in unserem Haushalt täglich, wöchentlich, monatlich an?
- Welche Gewohnheiten und Wünsche haben die einzelnen Familienmitglieder?
- Wer kann bzw. will welche Arbeiten ausführen?
- Wie viel Zeit nehmen die Arbeiten in Anspruch?
- An welche Schul- und Berufszeiten sind die Haushaltsmitglieder gebunden?
- Welche Arbeiten können außer Haus gemacht werden und was kostet dies?
- Sind die Arbeiten an bestimmte Zeiten gebunden?

Für die Arbeitsverteilung sollten die Antworten schriftlich festgehalten werden. Die Ergebnisse werden in einen Wochenplan eingetragen. Nach einer Woche wird überlegt, ob sich die Einteilung bewährt hat und wo Änderungen vorgenommen werden müssen.

1 Ⓐ
a) Emily hat ihre Geschichte erzählt. Erzählt von euch und eurer Situation: Wie werden bei euch die Aufgabenbereiche gestaltet?
b) Überlegt euch Kriterien, mit denen ihr die Gestaltung der Bereiche bewerten könnt, z. B. Balance zwischen Arbeitszeit und Freizeit.

2 Ⓟ
Stell dir vor, du lebst mit drei anderen Personen in einer WG. Am Wochenende stehen folgende Arbeiten an: Fenster putzen, drei Hemden bügeln, Gemüsesuppe kochen, einen Knopf annähen, Backofen reinigen. Ihr habt eine Stunde Zeit. Verteilt die Arbeit gerecht und führt sie durch. Reflektiert eure Ergebnisse.

Putzen, kochen, Elternabende – Wer übernimmt was?
Umfrage unter Paaren mit Kindern bis 15 Jahren

Antworten der Frauen				Antworten der Männer		
etwa beide gleich	überwiegend der Mann	überwiegend die Frau		überwiegend die Frau	überwiegend der Mann	etwa beide gleich
10	3	87	Wäsche waschen, bügeln	83	5	9
10	9	81	Kochen	73	11	14
16	1	81	Fußböden/Bad putzen	73	14	10
12	9	75	Fenster putzen	68	6	25
24	6	69	Einkaufen	54	9	35
21	11	67	Geschirr spülen	49	4	45
32	1	64	Kinder erziehen	47	6	40
36	5	52	Elternabende besuchen	43	14	42
34	41	25	Sich um Finanzen kümmern	19	17	60
63	14	21	Urlaub organisieren	18	53	29
67	16	17	Ausflüge organisieren	11	20	65
8	65	9	Rasen mähen	7	64	15
10	83	7	Reparaturen durchführen	5	89	6

An 100 Fehlende: „Betrifft uns nicht"/k. A. © Globus Quelle: Vorwerk, IfD Allensbach

Du kennst …
die Aufgaben eines Haushalts und weißt, wie Hausarbeit partnerschaftlich erledigt werden kann.

ARBEIT UND FREIZEIT

Arbeit durch Geräteeinsatz erleichtern

Die meisten Menschen halten es für selbstverständlich, dass Hausarbeit durch den Einsatz von Maschinen leichter geht und weniger wird. Das trifft für den Bereich „heizen" (Zentralheizung), „Wäsche waschen" (Waschmaschine) und „garen" (Herd) zu. Wäre das in allen Bereichen so, müsste sich die Hausarbeit fast von allein erledigen. Untersuchungen haben jedoch gezeigt, dass selbst bei hoher technischer Ausstattung die Hausarbeit nicht weniger Zeit beansprucht.

Das hat mehrere Gründe:
- Der Lebensstil und das Anspruchsniveau haben sich grundlegend verändert. Wer trägt heute noch eine Woche lang die gleiche Kleidung oder entfernt einzelne Flecken?
- Die Zeitersparnis durch den Einsatz von technischen Geräten wird oft durch die Rüst- und Reinigungszeiten wieder aufgehoben (z. B. elektrische Zitruspresse).
- Bei vielen Arbeitsabläufen bringt der Einsatz von elektrischen Geräten keine wesentliche Arbeits- und Zeitersparnis (z. B. elektrisches Messer).
- Elektrische Geräte benötigen Platz. Nicht immer lassen sie sich in Schränken oder Schubladen verstauen. Dann stehen sie herum und behindern Arbeitsabläufe.

In deutschen Haushalten
Von je 100 Haushalten verfügten so viele über:

Gerät	2013	2003
mobiles Telefon	93	73
PC	85	61
Internetanschluss	80	46
Mikrowelle	71	63
DVD-Player/Recorder	71	27
Geschirrspülmaschine	67	57
Laptop	65	11
Gefriertruhe	51	66
Kabelanschluss	47	53
Satellitenschüssel	45	37
analoge Videokamera	8	17

Quelle: Statistisches Bundesamt © Globus 6029

Beispiele für „unnötige Haushaltsgeräte"

Eierköpfer · Currywurst-Schneider · Nudelportionierer · Elektrisches Messer · elektrischer Dosenöffner · Spiralschneider · Reiskocher · Küchenmaschine · Eismaschine · Handstaubsauger · Sandwichtoaster

---

1 Betrachtet die Statistiken und tauscht euch darüber aus, welche Ergebnisse euren Erwartungen entsprechen und welche nicht. Begründet eure Einschätzung.

2 Vergleicht Profimesser, Gemüsereibe und Küchenmaschine bei der Zubereitung eines Gerichts. Kriterien zur Bewertung: Rüstzeit, Arbeitszeit, Reinigungszeit, Arbeitsergebnis, Kraftaufwand.

Du weißt, wann der Einsatz von Geräten zur Arbeitserleichterung sinnvoll ist.

Dienstleistungen in Anspruch nehmen

> Wir können uns keine Putzfrau leisten. Kochen, putzen, waschen und einkaufen – das machen wir alles selbst. Alle beteiligen sich an der Hausarbeit, weil wir auch alle notwendigen Geräte haben. Außerdem ist sie auch ein Ausgleich zu unseren sonstigen Tätigkeiten. Wir beherrschen viele Fertigkeiten und sind ziemlich experimentierfreudig, was die Hausarbeit angeht.

> Bei uns sind alle ganztägig außer Haus und niemand hat Zeit oder Lust, das bisschen freie Zeit mit Hausarbeit zu verbringen. Wir haben eine Putzhilfe, die auch die Wäsche erledigt. Die Küche zu Hause bleibt kalt, weil wir alle in der Kantine oder Mensa essen. Gekocht wird nur am Wochenende. Das alles zu organisieren ist genug Arbeit.

> Da wir beide berufstätig sind, können wir nicht alles im Haushalt selbst machen. Bei uns gilt allerdings: Wenn wir Dienstleistungen in Anspruch nehmen, dann achten wir darauf, dass die Person anständig bezahlt wird. Wir haben unsere Putzhilfe angemeldet, weil es uns wichtig war, dass sie sozialversichert ist. Wir zahlen dadurch zwar mehr, aber dafür habe ich ein gutes Gewissen.

„Die Rückkehr der Diener"

Das ist der Titel eines Buches, das Christoph Bartmann geschrieben hat. Er beobachtet in unserer Gesellschaft einen sprunghaften Anstieg der „domestic workers". Wir lassen nämlich ganz gerne von anderen Menschen putzen, Pizza bringen, Hemden waschen oder Rasen mähen. Seit Mitte der 1990er-Jahre ist die Zahl dieser „domestic workers" weltweit um 19 Millionen gestiegen. Das zeigt, wie viele Haushalte Dienstleistungen in Anspruch nehmen. Für Haushalt, Kinderbetreuung und Pflege suchen wir uns – am einfachsten im Internet – Personal. Und so entsteht parallel zur digitalisierten Welt eine neue Klasse schlecht bezahlter Helfer. Allerdings, so stellt der Autor fest, wissen viele Menschen mit der entstandenen freien Zeit nicht viel anzufangen. Eine wirkliche Entlastung stellt das also in vielen Fällen gar nicht dar. Die meisten, die „Zeit für die Familie" haben möchten, nutzen diese am wenigsten. In seinen Augen stößt die Automatisierung des Haushalts an Grenzen, denn viele Dinge, die im Haushalt erledigt werden müssen, können schlichtweg nicht von Maschinen übernommen werden. Seine These ist: Man kann sein Leben schon noch selbst in die Hand nehmen, wenn man die Arbeit partnerschaftlich teilt und gut organisiert: also putzen, kochen, einkaufen. Und nicht zuletzt: Pizza backen. Ganz nach dem Motto: Diene dir selbst!

Aus: Christoph Bartmann: Die Rückkehr der Diener. München 2016

Kriterien bei der Auswahl von Dienstleistungen
- Zeitaufwand
- eigenes Können
- Qualität der Ausführung
- Kosten
- Umweltverträglichkeit
- Sozialverträglichkeit
- Rechtliche Bestimmungen

1 Lies die Fallbeispiele. Schreibe auf, worin sie sich unterscheiden.
Was ist deine Auffassung zu Dienstleistungen im Haushalt? Begründe.

2 Wähle eine Dienstleistung aus (z. B. Reinigung der Wohnung) und führe eine Befragung durch (Fragebogen anhand der Kriterien erstellen). Diskutiert eure Ergebnisse.

3 Lest den Text „Rückkehr der Diener". Diskutiert und bewertet die Meinung des Autors.

Du kennst …
Kriterien für die Auswahl von Dienstleistungen im Haushalt und kannst sie bewerten.

ARBEIT UND FREIZEIT

>> Methode

Expertenbefragung

Bei einer Expertenbefragung wird eine Fachperson (= Experte) über ihr Wissen zu einem Thema interviewt. Eine Expertenbefragung erfolgt in drei Phasen und neun Schritten. Der Experte kann in den Unterricht eingeladen oder vor Ort interviewt werden.

Phasen	Interviewer	Experte
Vorbereitung	**1 Vorbereitung der Befragung:** • Ziele und Durchführung des Interviews (Wer? Was? Wie? Wo?) **3 Inhaltliche Erarbeitung:** • Informationen sammeln (zur Expertenperson und dem Arbeitsfeld) • Interviewfragen formulieren und notieren **4 Befragungsablauf planen:** • Wer begrüßt die Expertin/den Experten? • Wer leitet die Befragung? • Wer stellt die Fragen? • Wie werden die Antworten festgehalten (Tonband, Mitschrieb, Filmaufnahme)? Wer ist dafür zuständig? • Werden Fotos gemacht? Wer macht diese? **5 Befragung üben:** • z. B. im Rollenspiel	**2 Kontaktaufnahme mit der Expertin/dem Experten:** • Sich und sein Anliegen vorstellen • Information über die Schule, die Lerngruppe, die Unterrichtseinheit, das Thema etc. • Bereitschaft zur Befragung einholen • Ort und Zeit der Befragung vereinbaren
Durchführung		**6 Befragung durchführen:** • Sitzordnung gestalten • Begrüßung • Absprachen über Durchführung (z. B. Verwendung von Medien, Informationsmaterial, ...) • Interview • Schlusswort, Dank und Verabschiedung
Auswertung	**7 Ergebnissammlung:** • Reinschrift der Notizen und Aufzeichnungen • Zusammenfassung der Ergebnisse **8 Präsentation der Ergebnisse der Befragung** • Dokumentation • Diskussion	**9 Rückmeldung an die Expertin/den Experten**

Miteinander reden – Beziehungen pflegen

Ob das Zusammenleben funktioniert, hängt hauptsächlich davon ab, wie wir miteinander umgehen. Beziehungen muss man pflegen. Dazu gehören Lob, Anerkennung, aber auch Kritik. Dies angemessen zu äußern, kann man lernen. Die folgenden Tipps sollen dabei helfen.

Lob und Anerkennung äußern und annehmen
- sagen, was man gut findet
- mit dem Lob nicht sparsam sein
- ehrlich loben, nicht zum Schein
- das Lob nicht aufschieben
- Lob nicht zurückweisen, sich selbst nicht abwerten
- eigene Gefühle äußern
- sich für das Lob oder die Anerkennung bedanken

Kritik äußern
1 Kritikpunkte benennen
- nicht interpretieren („Das ist so, weil du …")
- nicht bewerten („Das ist gemein!")
- klar, genau, konkret
- nicht zu viel auf einmal
- auch Gutes hervorheben

2 Eigene Gefühle ansprechen
- Welches Gefühl löst das Verhalten des anderen bei mir aus?
- Woran merke ich das (z. B. körperliche Reaktionen wie Zittern, Schwitzen)?

3 Keine alten Geschichten aufwärmen
- beim aktuellen Konflikt bleiben, nicht mit alten Konflikten vermischen
- Konflikte möglichst bald klären, nicht zu lange aufschieben

4 Keinen Zwang zur Änderung ausüben
Jede Person muss für sich selbst entscheiden können, ob sie sich ändern will oder kann.

5 Ziele vereinbaren
Gemeinsam klären, wie es weitergehen kann.

Lob äußern und annehmen lernen
Zwei Personen stehen sich gegenüber. Die eine Person überlegt sich, was sie an der anderen lobenswert findet, und sagt ihr das. Zum Beispiel: „Mir gefällt es, dass du so oft lachst." Die andere Person nimmt das Lob an. Zum Beispiel: „Ich lache gern und finde es gut, wenn andere mitlachen."

46.1 Lob äußern und annehmen

ARBEIT UND FREIZEIT

Kritik annehmen

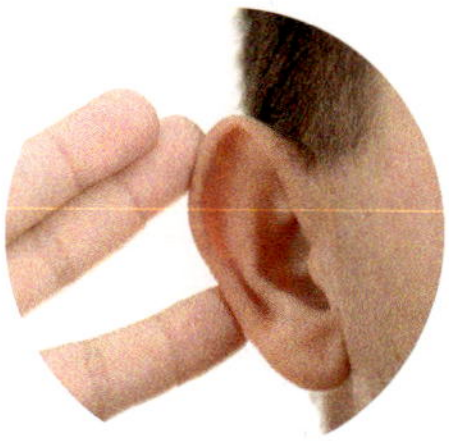

1 Erst zuhören
- Blickkontakt halten,
- sich nicht gleich äußern.

2 Wiederholen, was gesagt wurde
- mit eigenen Worten das Gehörte wiederholen, um Missverständnisse auszuschließen,
- Gefühle, die man beim Gesprächspartner wahrnimmt, benennen.

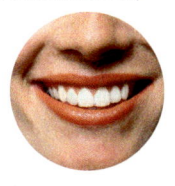

3 Nachfragen
Um Erläuterungen bitten, dabei beim Thema bleiben.

4 Eigene Gefühle benennen
- sagen, welche Gefühle die Kritik auslöst,
- eigenen Gefühle und auch die des Gesprächspartners ernst nehmen, nicht zerreden oder abschwächen.

5 Ziel klären
Gemeinsam klären, wie es weitergehen kann.

Kritik äußern lernen

Schreibt in einem Satz auf je ein Kärtchen eine Situation, die euch ärgert. Beispiel: „Geliehene CDs werden nicht zurückgegeben". Die Kärtchen werden gemischt. Eine Person zieht eine Karte, wählt eine andere Person als Partner/-in und äußert ihr gegenüber die Kritik. Dabei sollen die nebenstehenden Tipps beachtet werden. Die Gruppe bewertet die Kritik. Für die beste Kritik gibt es drei Punkte, für gute Kritik zwei Punkte und für nicht so gelungene Kritik einen Punkt.

47.1 Kritik äußern

Konfliktbewältigung – welcher Typ bin ich?

Manche Psychologen teilen Menschen in die folgenden Frusttypen ein:

1. Der **Resignationstyp** ist schnell enttäuscht und resigniert.
2. Der **Wuttyp** lässt seine Wut und Enttäuschung heraus. Er braucht ein Ventil, um sich abzureagieren.
3. Der **Ablenkungstyp** lässt die unangenehmen Gefühle nicht zu, sondern versucht sich abzulenken.
4. Der **Willenstyp** nimmt seine Enttäuschung wahr, versucht aber, das Beste aus der Situation zu machen und Lösungen zu suchen.

Das ist nur eine grobe Einteilung, aber sie hilft, über das Thema nachzudenken. Es ist gut zu wissen, wie man selbst in Konflikten reagiert und zu welchem Typ man am ehesten gehört. So könnt ihr mit euren eigenen Gefühlen besser umgehen und andere besser verstehen. Während ich selbst mich vielleicht zurückziehen muss, bis meine Wut verraucht ist und ich wieder normal denken kann, ist es für andere vielleicht wichtig, möglichst schnell wieder unter Leute zu kommen, um sich aufmuntern zu lassen und nicht zu resignieren.

---

1 Ⓐ
Erstellt ein Plakat für euren Lernraum mit Aussagen aus dem Text, die für euch wichtig sind.

2 ≡ Ⓐ
Führt die beiden Übungen durch und bewertet sie.

3 ≡ Ⓐ
Sprecht in Partnerarbeit über die Konfliktbewältigungstypen. Wo findet ihr euch am ehesten wieder?

ARBEIT UND FREIZEIT

Freie Zeit gestalten

Freizeit der Jugend
Von je 100 Jugendlichen zwischen 12 und 25 Jahren geben an, häufig

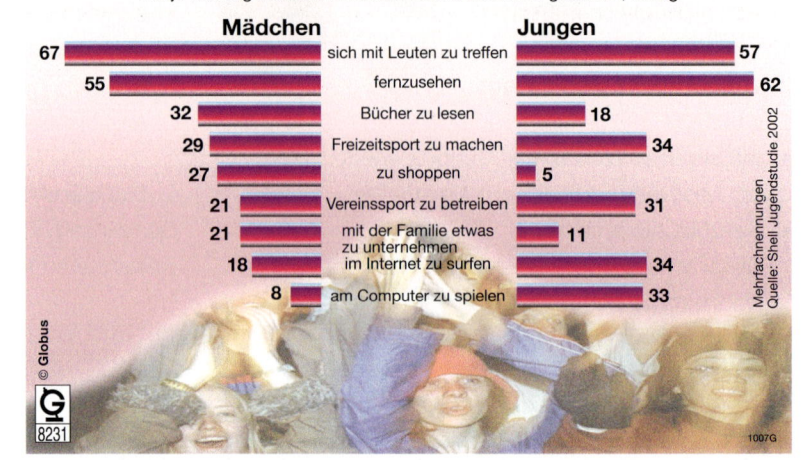

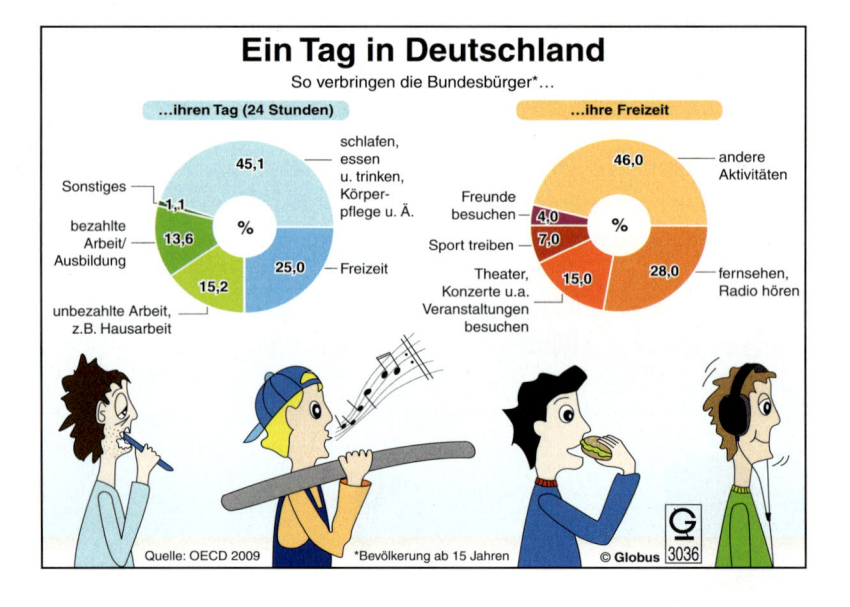

Mädchen		Jungen
67	sich mit Leuten zu treffen	57
55	fernzusehen	62
32	Bücher zu lesen	18
29	Freizeitsport zu machen	34
27	zu shoppen	5
21	Vereinssport zu betreiben	31
21	mit der Familie etwas zu unternehmen	11
18	im Internet zu surfen	34
8	am Computer zu spielen	33

Mehrfachnennungen
Quelle: Shell Jugendstudie 2002

Ein Tag in Deutschland
So verbringen die Bundesbürger*…

…ihren Tag (24 Stunden)
- schlafen, essen u. trinken, Körperpflege u. Ä.: 45,1 %
- Freizeit: 25,0
- unbezahlte Arbeit, z.B. Hausarbeit: 15,2
- bezahlte Arbeit/Ausbildung: 13,6
- Sonstiges: 1,1

…ihre Freizeit
- andere Aktivitäten: 46,0 %
- fernsehen, Radio hören: 28,0
- Theater, Konzerte u.a. Veranstaltungen besuchen: 15,0
- Sport treiben: 7,0
- Freunde besuchen: 4,0

Quelle: OECD 2009 *Bevölkerung ab 15 Jahren

Meine Freizeit gehört mir – da kann ich tun, was ich will!

Dreimal in der Woche Sport: das ist meine Freizeit!

Schifahren fange ich erst gar nicht an. Das schädigt die Umwelt.

Shoppen und mit Freunden rumhängen – das nenne ich Freizeit.

In meiner Freizeit will ich chillen.

Heimkommen, den Computer anmachen und erst mal alles vergessen. Das ist Freizeit pur.

---

1 Ⓐ
Welche der Aussagen passt am ehesten zu deinem Freizeitverhalten? Tauscht euch darüber aus.

2 Ⓐ
Betrachtet die Statistiken und bringt die Informationen mit eurem eigenen Freizeitverhalten in Beziehung.

3 Ⓡ
Erstellt eine Statistik über das Freizeitverhalten in eurer Klasse.

ARBEIT UND FREIZEIT

Die Bedeutung der Freizeit

Immer wieder hört man, unsere Gesellschaft sei eine Freizeitgesellschaft, und tatsächlich haben die Menschen heute mehr Freizeit als früher. Trotzdem leiden immer mehr Menschen unter Erschöpfungszuständen. Das hat viele Gründe. Auf der einen Seite sind die Arbeitsbelastungen gestiegen. Auf der anderen Seite wird häufig auch die Freizeitgestaltung selbst zum Problem, wenn zum Beispiel bis spät in die Nacht am Computer gespielt wird oder man übertrieben Sport treibt. Freizeit sinnvoll zu gestalten ist eine Aufgabe in jeder Lebensphase. Jedes Lebensalter und jede einzelne Person findet eigene Lösungen und setzt unterschiedliche Schwerpunkte bei der Freizeitgestaltung.

Work-Life-Balance
Der Begriff Work-Life-Balance stammt aus dem Englischen: Arbeit (*work*), Leben (*life*), Gleichgewicht (*balance*). Er bedeutet, dass Menschen eine Balance zwischen Arbeit und Freizeit finden sollen, um ihr Wohlbefinden zu fördern und zu erhalten. Um dies zu erreichen, muss man am Arbeitsplatz, in der Schule, mit den Freunden und der Familie immer wieder neu aushandeln, was möglich ist, um in die Balance zu kommen oder in ihr zu bleiben.

Zerstreuung und Unterhaltung
- abschalten, den Arbeitsalltag vergessen
- sich ablenken
- genießen

Erholung
- nichts tun
- Sport machen

Selbstentfaltung
- malen
- Musik machen
- Tagebuch schreiben
- handarbeiten
- basteln
- Kurse besuchen

Ausgleich
- das tun, was man in der beruflichen Tätigkeit oder in der Schule vermisst

Pflege sozialer Kontakte
- Freunde treffen
- Spieleabende in der Familie
- Großeltern besuchen

---

1 Ⓐ
Wo liegen deine Schwerpunkte bei der Freizeitgestaltung? Vergleicht eure Ergebnisse.

2 Ⓐ
Finde Gründe für deine Schwerpunktsetzung und bewerte dein Freizeitverhalten.

3
Wähle eine Partnerin/einen Partner mit einer anderen Schwerpunktsetzung aus und mache für diese Person Vorschläge zu möglichen Freizeitaktivitäten an eurem Ort.

4 Ⓐ
Erkläre anhand eigener Beispiele, wo es bei dir in der Vergangenheit um Work-Life-Balance ging.

5
Du hast bis 16 Uhr Schule. Eure Lehrerin gibt euch für ein ganzes Kapitel Vokabeln zum Lernen auf. Das bedeutet, dass dein Training ausfallen muss. Führt ein Rollenspiel durch, in dem du deine Interessen der Lehrerin gegenüber angemessen vertrittst (siehe auch S. 46/47) Bewertet die Lösung und erprobt weitere Alternativen.

> **Du kennst ...**
> die Bedeutung der Freizeit und weißt, was man unter Work-Life-Balance versteht.

Mit **Textilarbeit** die Freizeit gestalten

Immer mehr Jugendliche stricken, häkeln, filzen oder nähen mit der Nähmaschine in ihrer Freizeit. Sie machen sich die Mühe, Techniken zu erlernen, obwohl das Angebot an fertigen Textilien groß ist. Während es früher beim Selbermachen darum ging, Geld zu sparen, sind heute die Beweggründe ganz andere. Worin der Gewinn einer derartigen Freizeitgestaltung liegt, kann man am besten durch Ausprobieren herausfinden. Das Herstellen von Accessoires und Kleidungsstücken mit der Nähmaschine ist eine Möglichkeit.

Der Weg zum Erlernen einer Technik kann ganz unterschiedlich sein: sich etwas zeigen lassen, Anleitungen in Büchern oder Zeitschriften oder kleine Filme im Internet betrachten – das alles ist möglich.

Nähen eines textilen Gegenstandes mithilfe eines Fertigschnitts

Vorgehensweise bei der Verwendung eines Schnittmusters:

1. Schnittmuster auswählen

50.1 Schnittmuster auswählen

Vorderseite:
- Abbildung des Kleidungsstücks/Accessoires anschauen.
- Abwandlungsmöglichkeiten anschauen und überlegen, welche eigenen kreativen Abwandlungen möglich sind.
- Schwierigkeitsgrad prüfen.

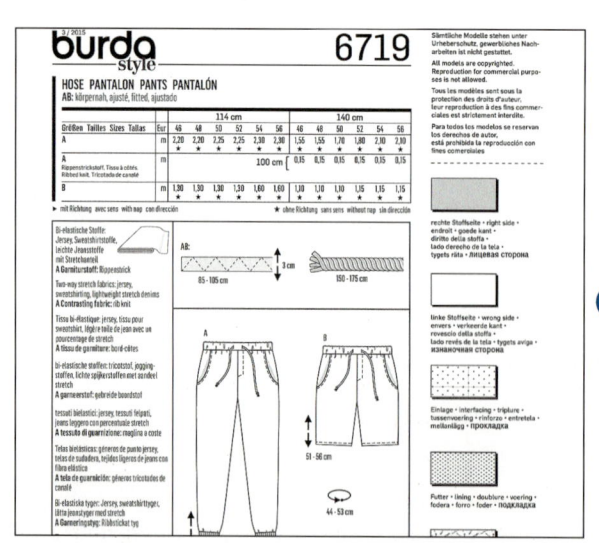

Weitere Informationen auf der Rückseite lesen:
- Konstruktionszeichnung mit den Einzelteilen
- Größentabelle, z. T. mit Maßangaben
- Stoffverbrauch (je nach Größe und Stoffbreite)
- Vorschlag zur Art des Stoffes
- benötigte Nähzutaten je nach Modell (Schrägband, Knöpfe, Kordel, usw.)
- Weitere Angaben zu den Modellen

50.2 Rückseite lesen

> **TIPP**
>
> Damit man bei Kleidungsstücken schnell einen Überblick hat, wie viel Stoff man einkaufen muss, wenn der Stoff einfach bzw. doppelt breit liegt, kann man in der Tabelle mit dem Stoffbedarf die gewünschte Konfektionsgröße bei beiden Stoffbreiten markieren.

ARBEIT UND FREIZEIT

2. Stoff und Nähzubehör auswählen
- Stoff und Farbe wählen, dabei Trage- und Pflegeeigenschaften sowie Näheigenschaften des Stoffes berücksichtigen.

3. Inhalt der Schnittmustertüte verstehen
- Schaubild der Schnittteile betrachten und die für das gewählte Modell erforderlichen Schnittteile markieren.
- Schnittteile in der gewünschten Größe ausschneiden.
- Schnittteile nach der Zuschneideanleitung auf den Stoff auflegen.
- Die Zeichenerklärung hilft Symbole verstehen.

4. Anleitung zum Stoffzuschnitt durchlesen
- Unbekannte Begriffe klären.
- Evtl. Schnitt verlängern oder kürzen.

5. Stoff zuschneiden
- Schnittteile auf dem Stoff feststecken.
- Mit der angegebenen Nahtzugabe zuschneiden.
- Angaben auf den Schnittteilen auf den Stoff übertragen (Zeichen, Linien, Stoffbruch, usw.).

6. Nähanleitung durchlesen
- Die einzelnen Schritte werden beschrieben und durch Zeichnungen veranschaulicht.

7. Nähen
- Schritt für Schritt der Anleitung genau folgen.
- Bei Kleidungsstücken Zwischenanprobe nach Bedarf.
- Eigene kreative Abwandlungen durchführen (z. B. Patchwork).

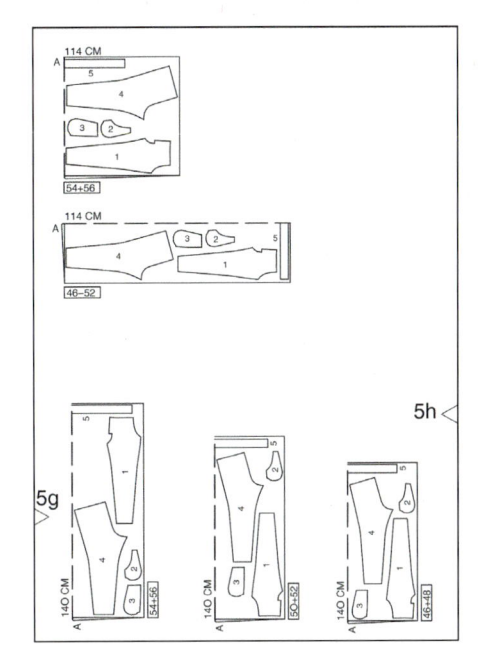

51.1 Zuschneideanleitung

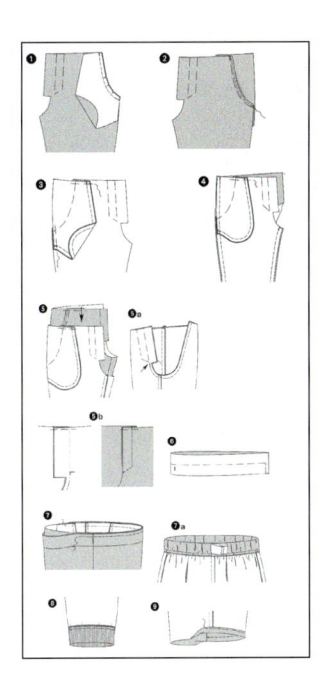

51.2 Arbeitsanweisung (Ausschnitt)

1 🅿
a) Überlege dir, was du gerne nähen möchtest. Auswahlkriterien: Schwierigkeitsstufe des Nähvorhabens, Ausstattung in der Schule und zu Hause, Ausdauer, Kosten, Stoffeinkauf.
b) Überlege, wie du deinen Gegenstand kreativ abwandeln kannst.
c) Gehe nach den angegebenen Schritten vor.
d) Notiere während der Durchführung, was dir leichtfällt und was dir Schwierigkeiten bereitet.

> **Du kannst …**
> nach einer Arbeitsanleitung einen textilen Gegenstand herstellen.

Eine **Freizeitaktivität** bewerten

Welche Freiräume zur Gestaltung habe ich bei der Freizeittätigkeit?

Welche körperliche, geistige oder seelische Funktion erfüllt die Tätigkeit (Schmuck, Muskelaufbau, Naturerleben, …)?

Wie viel Zeit und Geld brauche ich für diese Freizeitaktivität?

Welche emotionalen Erlebnisse hatte ich bei der Tätigkeit? (Freude, Frust, Wut, Flow, …)

Welche Auswirkungen hat die Tätigkeit auf die Umwelt?

Welche Wirkung hatte mein Tun auf andere? (Bewunderung, Ablehnung, …)

Welche Auswirkungen hat die Tätigkeit auf das menschliche Zusammenleben?

52.1 Verschiedene Freizeitaktivitäten

Welche Fähigkeiten und Fertigkeiten fördert die Tätigkeit bei mir?

Konnte ich bei der Tätigkeit das erreichen, was ich mir vorgenommen habe?

1
a) Bewerte eine deiner Freizeitaktivität nach den oben genannten Kriterien. Gestalte ein Blatt und präsentiere dein Ergebnis.
b) Sprecht über Gemeinsamkeiten und Unterschiede.

2
Wähle eine dir unbekannte Freizeitaktivität aus, die dich interessiert und überlege dir, welche Bedeutung sie für dich haben könnte. Erzählt euch davon gegenseitig in einer Vierergruppe.

Jede Freizeitaktivität muss unter verschiedenen Aspekten betrachtet werden. Die Antworten zu den einzelnen Fragestellungen können sich widersprechen. Eine Bewertung wird deshalb nie eindeutig ausfallen und kann auch nicht für alle gültig sein. Sie ist an die Person gebunden.

Du kannst …
eine Freizeitaktivität bewerten.

ARBEIT UND FREIZEIT

Arbeit und Freizeit

Lernbilanz

Zeig, was du kannst:

1
Erkläre, was man unter Erwerbsarbeit, Haus- und Familienarbeit sowie Ehrenamt versteht.

2
Nenne drei Maßnahmen, die die Vereinbarkeit von Familie und Beruf erleichtert haben.

3
Welche Versicherungen umfassen die gesetzlichen Sozialversicherungen? Wer bezahlt sie?

4
Robin macht eine Ausbildung zum Schreiner. Welche freiwilligen Versicherungen empfiehlst du ihm? Begründe deine Empfehlung.

5
Sandra und Timo wollen zusammenziehen. Sie wollen sich die Hausarbeit partnerschaftlich teilen. Nenne drei grundsätzliche Fragen, die geklärt sein müssen, bevor sie die Hausarbeit aufteilen.

6
Ein Waffeleisen anschaffen – ja oder nein? Nenne je zwei Gründe für und gegen die Anschaffung.

7
a) Frau Martin arbeitet ab nächsten Monat nicht mehr in Teilzeit, sondern in Vollzeit. Sie erklärt ihrer Familie, dass das nur funktioniert, wenn sich alle Familienmitglieder noch mehr als bisher an der Hausarbeit beteiligen. Nicht alle Familienmitglieder sind davon begeistert und es kommt die Idee auf, eine Putzhilfe anzustellen. Schreibe jeweils drei Pro- und Kontraargumente für diesen Vorschlag auf.

b) Führt ein Rollenspiel mit Beobachtern durch, bei dem ihr die Regeln der Gesprächsführung beachtet. Woran könnt ihr erkennen, dass ihr die Regeln eingehalten habt?

8
Was versteht man unter Work-Life-Balance?

9
Nenne ein Beispiel, bei dem es dir gelungen ist, für deine Work-Life-Balance zu sorgen.

10
Beschreibe in Stichworten, wie du bei der Herstellung deines textilen Gegenstandes vorgegangen bist.

11
Dein textiler Gegenstand erzählt die Geschichte seiner Herstellung: Arbeitsweise, Überlegungen, Probleme und deren Lösungen, Gefühle, ... Schreibe einen Text.

12
Frau Lange häkelt einen Bettvorleger aus Streifen von alten Leintüchern. Ihr Mann gibt folgenden Kommentar ab: „Häkeln ist doch so was von altmodisch. Das hat schon meine Oma gemacht!" Schreibe auf, was Frau Lange ihrem Mann antworten könnte.

53.2 Frau Lange häkelt.

Fit im **Alltag**

Was kannst du für dich tun, um gesund zu bleiben?

Stress? ... und nun?

Wo findest du in kritischen Lebenssituationen Rat?

Wie und weshalb ernähren sich Menschen unterschiedlich?

Unsere wahre Aufgabe ist es, glücklich zu sein, sagt der Dalai Lama.

Also mit einem Lächeln im Gesicht frohgelaunt in den Tag starten. Sich des Lebens freuen und gesund die Zeit genießen. So wünschen wir uns das und nicht immer ist es so. Damit du deinen Alltag gut im Griff hast und auf vieles vorbereitet bist, findest du hier hilfreiche Anregungen für Notsituationen, zu Ernährung, Wohlbefinden und zum Umgang mit Stress.

In diesem Kapitel ...
beschäftigst du dich mit deinem persönlichen Alltag und deinem Wohlbefinden. Du lernst regionale Angebote kennen, die deiner Gesundheit nutzen und erfährst etwas über Erste Hilfe, Vorsorgeuntersuchungen und mögliches Handeln in Notsituationen.
Du beschäftigst dich mit Stress, seiner Bewältigung und einer gelungenen Zeiteinteilung in deinem Tagesablauf. Außerdem reflektierst du dein Essverhalten, lernst verschiedene Ernährungsformen und Convenience Food kennen. Gesundheit kannst du dir nicht kaufen, aber du kannst viel dafür tun, um gesund zu bleiben!

Fit und gesund

Deine Gesundheit hängt von vielen Faktoren ab. Sie ist die Balance zwischen deinem **körperlichen**, **seelischen** und **sozialen** Wohlbefinden. Du trägst selbst ein großes Stück Verantwortung für diesen Balanceakt deiner Gesundheit. Was kannst du für deine Gesundheit tun?

Um dein körperliches, seelisches und soziales Wohlbefinden in Balance zu halten kannst du viel tun. Es gibt ganz unterschiedliche, regionale Angebote: Vereine, Volkshochschulen VHS, Krankenkassen, Soziale Dienste, Ärzte, Beratungsstellen, Gesundheitskampagnen, die dich dabei unterstützen können.

„Zweimal in der Woche gehe ich zum Schwimmen in den Schwimmverein. Manchmal kostet es mich Überwindung, zu gehen, aber nach dem Training geht es mir total gut! Ich bin dann körperlich ausgepowert, mental gestärkt und stolz auf mich."

„Ich habe von meiner Tante einen Massagegutschein im Thermalbad geschenkt bekommen. Erst dachte ich, das ist nur etwas für ältere Menschen – Irrtum! Es war sehr lustig und tat mir gut. Das wünsche ich mir wieder einmal!"

„Als ich so viele Sorgen wegen meines Schulabschlusses hatte, ging es mir richtig schlecht. Zum Glück hat mir die Schulpsychologische Beratungsstelle weitergeholfen. Die waren wahnsinnig nett!"

„In den Ferien habe ich mit einem Freund bei der Volkshochschule einen vegetarischen Kochkurs für Männer besucht, das war lecker, lustig und lehrreich."

1
Notiere, was du für dein Wohlbefinden tust. Vergleiche dein Ergebnis mit einer/m Partner/-in. Sammelt gemeinsam weitere Ideen, was jede Person für ihr Wohlbefinden tun kann.

2
Ordnet die Ideen aus Aufgabe 1 dem körperlichen, seelischen und sozialen Wohlbefinden zu.

3
Bewerte die Vorschläge für dich persönlich. Berücksichtige z. B. Kosten, Material, Zeit, Ort, … Notiere anschließend zwei Ideen, was du für deine Gesundheit gerne ausprobieren möchtest.

FIT IM ALLTAG

Glück und Disziplin:
„Geistige Gesundheit ist das Gleiche wie körperliche Gesundheit. Du kannst nicht erwarten, dass du ohne Training einen Marathon gewinnst. Auch für dein Glück musst du dich anstrengen. Dir zum Beispiel eine Auszeit nehmen, dich an kleinen Dingen erfreuen. Oder einfach innehalten, um den Duft einer Rose zu genießen." Dr. Melanie Davern, Universität Melbourne
Aus: van den Boom, Maike: Wo geht's denn hier zum Glück? Fischer Verlag, Frankfurt am Main 2015, S. 40.

Dr. Davern spricht sowohl das körperliche als auch das seelische Wohlbefinden an. Dein körperliches Wohlbefinden kannst du gut durch eine bewusste Ernährung, ausreichend Schlaf und Bewegung beeinflussen. Mit einem gestärkten Selbstvertrauen kannst du dein seelisches Wohlbefinden beeinflussen.

Doch was bedeutet Selbstvertrauen und wie kannst du es stärken? Stell dir folgendes Modell vor: Ein Hocker, der auf drei Beinen steht. Alle drei Beine sind wichtig, damit dein Hocker sicher steht. Ein Bein steht für deine Stärken und Fähigkeiten, eines für deine Anerkennung in deinem Umfeld und eines für die Verantwortung, die du übernimmst.

Was ist Selbstvertrauen?

Der dreibeinige Hocker ist ein Modell des Selbstvertrauens. Er steht auf seinen Beinen.

„Fähigkeiten haben"
Alle Dinge die du gut kannst oder Dinge, die du übst oder gerade lernst, sind deine Fähigkeiten.

„Verantwortung übernehmen".
Wenn du deine Fähigkeiten im Alltag einsetzt und Aufgaben und Verpflichtungen übernimmst, trägst du dafür Verantwortung.

„Anerkennung bekommen"
Für Dinge, die du selbst an dir magst oder was andere an dir schätzen, bekommst du Anerkennung.

1
Zeichne deinen persönlichen dreibeinigen Hocker des Selbstvertrauens.

2
Welche Fähigkeiten stecken noch in dir? Was kannst du noch verbessern, verändern und dazu lernen? Nimm dir zum Nachdenken einige Minuten Zeit und schreibe dir drei Ideen auf, die du umsetzen möchtest.

3
Bearbeite die Methodenseite „Kontakt aufnehmen" auf S. 70 und finde ein passendes Angebot für dich heraus.

Du weißt, ...
was du wo und wie für deine persönliche Gesundheit tun kannst.

Vorsorge treffen

Die Vorsorgeuntersuchungen für Kinder und Jugendliche (U1–U9, J1) sind ein wichtiger Baustein zur gesunden Entwicklung eines Kindes. Diese Untersuchungen sind kostenlos. Zusätzlich empfohlen werden die drei Gesundheitschecks U10, U11 und J2, diese erstatten noch nicht alle Krankenkassen. Die meisten Länder haben für die Mehrzahl der Vorsorgeuntersuchungen eine Meldepflicht eingeführt, d. h., der Arzt ist verpflichtet, versäumte Vorsorgen zu melden. Diese versäumten Termine werden dann bei den Eltern angemahnt. Es ist wichtig und sinnvoll, zu den Vorsorgeuntersuchungen zu gehen.

Mögliche Vorsorgeuntersuchungen im Jugendalter

Arzt	Alter	Untersuchung
Kinder- und Jugendärztin/ Hausärztin Kinder- und Jugendarzt/ Hausarzt	J1 12–14 Jahre	J1 ist ein Check der körperlichen und seelischen Gesundheit. • **Größe**, **Gewicht** und **Impfstatus** werden überprüft. • **Blut** und **Urin** werden untersucht. • Die **pubertäre Entwicklung** sowie der Zustand der **Organe**, des **Skeletts** und der **Sinnesfunktionen** werden abgeklärt. • **Fehlhaltungen** sowie chronische Krankheiten können frühzeitig erkannt und behandelt werden. • Eventuelle **Hautprobleme** und **Essstörungen** werden thematisiert. • Fragen über **Sexualität und Verhütung**, Drogenmissbrauch und Rauchen sowie weitere Probleme können besprochen und geklärt werden.

58.1 Ina, 15 Jahre: Ich war bis jetzt bei allen Vorsorgeuntersuchungen. In J1 wurde eine leichte Sehschwäche festgestellt. Jetzt trage ich eine Brille und habe endlich keine Kopfschmerzen mehr.

58.2 Sven, 16 Jahre: Ich hatte anfangs nicht den Mut, meinem Arzt meine Probleme anzuvertrauen, obwohl der Fachmann ist und eine Schweigepflicht hat. Ich gehe am liebsten alleine zum Arzt, dann kann ich ein vertrauensvolles Gespräch führen.

Kinder- und Jugendarzt /-ärztin, Hausarzt/- ärztin	J2 16–17 Jahre	J2 als **Gesundheits-Check-Up**. Auch Erwachsene sollen mindestens alle zwei Jahre ihre Gesundheit kontrollieren lassen. • Beratung, wie die Gesundheit die **spätere Berufswahl** beeinflussen kann. Für Allergiker sind beispielsweise einige Berufe nicht geeignet. • Das Erkennen und Behandeln von **Pubertäts- und Sexualitätsstörungen**, von **Haltungsstörungen**, **Kropfbildung** bis hin zur **Diabetes-Vorsorge**. • Beratung bei Fragen des Verhaltens, der Sozialisation, der Sexualität sowie der Berufswahl.

FIT IM ALLTAG

Urologe/ Urologin, Gynäkologe/ Gynäkologin		Der Urologe kennt sich sehr gut mit Jungen und Männern aus, der Gynäkologe sehr gut mit Mädchen und Frauen. Beide sind Spezialisten für alle Fragen der Sexualität. • **Impfberatung:** z. B. gegen HP-Viren (Human-Papillom), die beim Sex übertragen werden. Einige davon sind verantwortlich für die Entstehung von Krebs. • Beratung zur **Verhütung** und zum **Schutz** vor sexuell übertragbaren Infektionen. • **Körperliche Untersuchung:** Beurteilung deiner altersgerechten Entwicklung. www.jungensprechstunde.de www.maedchensprechstunde.de
Zahnarzt/ Zahnärztin		Zweimal jährlich zur Zahnvorsorgeuntersuchung • Untersuchung auf **Zahn-, Mund- und Kieferkrankheiten**. • Fragen der **Mundhygiene**, **eventuell** entfernen von **Zahnbelägen** (Plaque).

59.1 Herr Dr. Graf: Eltern, die ihre Kinder nicht impfen lassen, handeln verantwortungslos. Infektionskrankheiten sind hoch ansteckend.

59.2 Frau Faisst: Ich lasse meine Kinder nicht impfen, das Risiko von Impfschäden ist viel zu groß!

59.3 Nelli, 14 Jahre: Ich finde schöne Zähne total wichtig und Mundgeruch super eklig. Zweimal jährlich bin ich beim Zahnarzt. Da lässt sich gut lächeln.

59.4 Tim, 14 Jahre: Lieber zwei Jahre eine Zahnspange als immer krumme Zähne.

1
Welche Vorsorgeuntersuchungen sind bei Schulkindern (7–10 Jahren) vorgesehen?

2
Was wird bei deiner nächsten Vorsorgeuntersuchung untersucht?

3
Nimm Stellung zu den Aussagen der einzelnen Personen.

4
Was geschieht bei Impfungen im menschlichen Körper? Diskutiert die Bedeutung von Impfungen.

5
Sammle Argumente für und gegen Vorsorgeuntersuchungen. Tauscht euch aus und ergänzt die Argumente. Bildet zwei Gruppen um eine Pro- und Kontra-Diskussion zu führen.

Du weißt, ...
welche Vorsorgeuntersuchungen bei Kindern und Jugendlichen vorgesehen sind und was dich bei diesen Untersuchungen erwartet.

Erste Hilfe leisten – kein Problem

Lina ist unsere Heldin vom Fußballplatz. Tom ist mit voller Wucht gegen den Torpfosten geknallt. Jetzt liegt er auf dem Rasen, ist kreideweiß, schweißgebadet und blutet am Kopf. Gut, dass Lina auch mitgespielt hat. Sie ist Ersthelferin im DRK-Verein, hat einen Erste-Hilfe-Kurs abgelegt und weiß, was zu tun ist. Und du?

Im privaten Haushalt, am Arbeitsplatz, im Straßenverkehr oder beim Sport kann es zu Unfällen kommen. Dann sind Ersthelfer unverzichtbar. In einem Erste-Hilfe-Kurs lernst du, wie du in solchen Gefahrensituationen richtig handeln kannst.

Hier einige wichtige Grundregeln:

> **Jeder Mensch ist verpflichtet, in Notsituationen zu helfen!**
> Im Straßenverkehr immer zuerst die Unfallstelle absichern und stets an die eigene Sicherheit denken!

Sei ein Held! – Jeder von uns kann helfen!

Hilfe rufen
  Notruf

Ermutigen
  Trösten

Lebenswichtige
  Funktionen
  kontrollieren

Decke unterlegen
  zudecken

Die fünf W- Fragen eines Notrufs

Notrufnummer: 112

Wo ist der Unfall?

Was ist passiert?

Wie viele Verletzte gibt es?

Welche Verletzungen gibt es?

Warten auf Rückfragen!

Keine Sorge, falls du etwas vergisst, wird nachgefragt, deshalb einfach warten. Bitte nicht in der Aufregung auflegen!

1 Ⓐ
Was würdest du an Linas Stelle tun, um Tom zu helfen?

2 Ⓡ
Erkundige dich, wo du in deiner Region an einem Erste-Hilfe-Kurs teilnehmen kannst.

3 Ⓟ
Habt ihr einen Schulsanitätsdienst an eurer Schule? Erkundige dich nach seinen Aufgaben. Falls es noch keinen Schulsanitätsdienst gibt, wäre es für eure AES-Gruppe eine tolle Aufgabe, einen einzurichten.

4 Ⓟ
Führt zu zweit in einem Rollenspiel einen Notruf durch. Wechselt euch ab.

FIT IM ALLTAG

Erste-Hilfe-Maßnahmen

My home is my castle – hier fühle ich mich wohl und geborgen. Allerdings kann dein Zuhause auch ein gefährlicher Ort sein. Rund drei Millionen Unfälle passieren jährlich in deutschen Haushalten. Zum Glück sind dies oft nur kleinere Unfälle wie **Schnittverletzungen**, **Stürze** und **Verbrennungen**, die beim Kochen, Basteln oder Putzen passieren können.

Erste Hilfe bei Verletzungen

Verletzung	Erste Hilfe
Blutende Wunden	Einmalhandschuhe tragen; Wunde nicht auswaschen oder reinigen; keine Sprays, Desinfektionsmittel, Puder o. Ä. verwenden; keimfrei verbinden, z. B. mit einem Pflaster oder einer Wundauflage mit Binde.
Nasenbluten	Patient hinsetzen; Kopf nach vorne beugen; bluten lassen, evtl. Blut auffangen; kalte Umschläge in den Nacken legen.
Insektenstiche	Kühlen; im Mundraum – sofort Notruf absetzen – Erstickungsgefahr!
Verbrennungen	Betroffene Stelle sofort in kaltes Wasser eintauchen oder unter kaltem, fließendem Wasser kühlen.
Verletzung der Gelenke und Knochen	Verletzte Körperteile nicht bewegen; in der vorgefundenen Position ruhig stellen.
Bewusstlosigkeit	Patient ansprechen, Notruf absetzen, Atem kontrollieren, stabile Seitenlage, Atem vorhanden?

Drei **Grundregeln** zur Versorgung kleinerer Unfälle

RUHE bewahren!
Einmalhandschuhe tragen!
Keine Medikamente oder Hausmittel anwenden!

Grundausstattung der Hausapotheke:
- Notfall-Rufnummern
- Erste-Hilfe-Anleitung
- Heftpflaster
- sterile Kompressen und Mullbinden
- Dreieckstuch
- Sofortkältepackung
- Wunddesinfektionsmittel und Heilsalbe
- Schmerz- und Erkältungsmittel
- Mittel gegen Verdauungsbeschwerden, Übelkeit, Erbrechen
- Mittel gegen Sonnenbrand und Insektenstiche
- Einmalhandschuhe
- Fieberthermometer
- Schere
- Pinzette
- persönliche Medikamente

Unbedingt mind. 1x jährlich ausmisten!

1
Wie leistet ihr in eurer Familie Erste Hilfe?

2
Warum musst du außerhalb der Familie vielleicht anders handeln?

3 P R
Übt in Kleingruppen, verschiedene Verbände anzulegen (Fingerkuppe, Knie, Unterarm, …).

4
Führt in Dreier-Gruppen Rollenspiele durch. Eine Person spielt einen Verletzten, eine die Rolle des Ersthelfers und eine den Beobachter.

Du kannst …
im Notfall richtig handeln und helfen.

Stress lass nach

Sicher kennst du das, …

… zu viele Hausaufgaben, die Klassenarbeit in Englisch, Zeugnisse und Elternsprechtag, ein Termin beim Kieferorthopäden, der ersehnte Anruf einer Freundin, Streit mit den Eltern wegen einer Party und dann auch noch das Fußballtraining.

Stress lass nach, wie soll man da entspannt bleiben? Viele Aktivitäten laufen heute gleichzeitig ab. Ob du das als Stress empfindest, hängt von dir selbst ab. Aber was ist Stress?

Stress ist nicht gleich Stress:

Distress
Sprichst du von Stress, denkst du meist an negativen Stress (Distress). Er entsteht beispielsweise durch Leistungsdruck und Überbelastung. Er wirkt sich negativ auf Körper und Geist aus. Distress macht dich oft ängstlich und hilflos und kann länger anhalten. Deshalb ist es wichtig, den negativen Stress in den Griff zu bekommen!

Eustress
Es gibt jedoch auch positiven Stress (Eustress), dieser wirkt sich günstig auf deinen Körper und Geist aus. Du hast beispielsweise ein anstrengendes Fußballspiel gewonnen und bist völlig ausgepowert. Nach diesem Spiel fühlst du dich jedoch super. Auch Verliebtsein ist für Körper und Geist guter Stress.

Verschiedene Dinge können dich stressen. Alle Faktoren, die dich stressen, nennt man **Stressoren**. Man teilt sie ein in **körperliche** Stressoren wie Schmerzen oder Durst, **soziale** Stressoren wie Einsamkeit oder Trennung und **physikalische** Stressoren wie Hitze oder Lärm.

Was Menschen stressen kann:

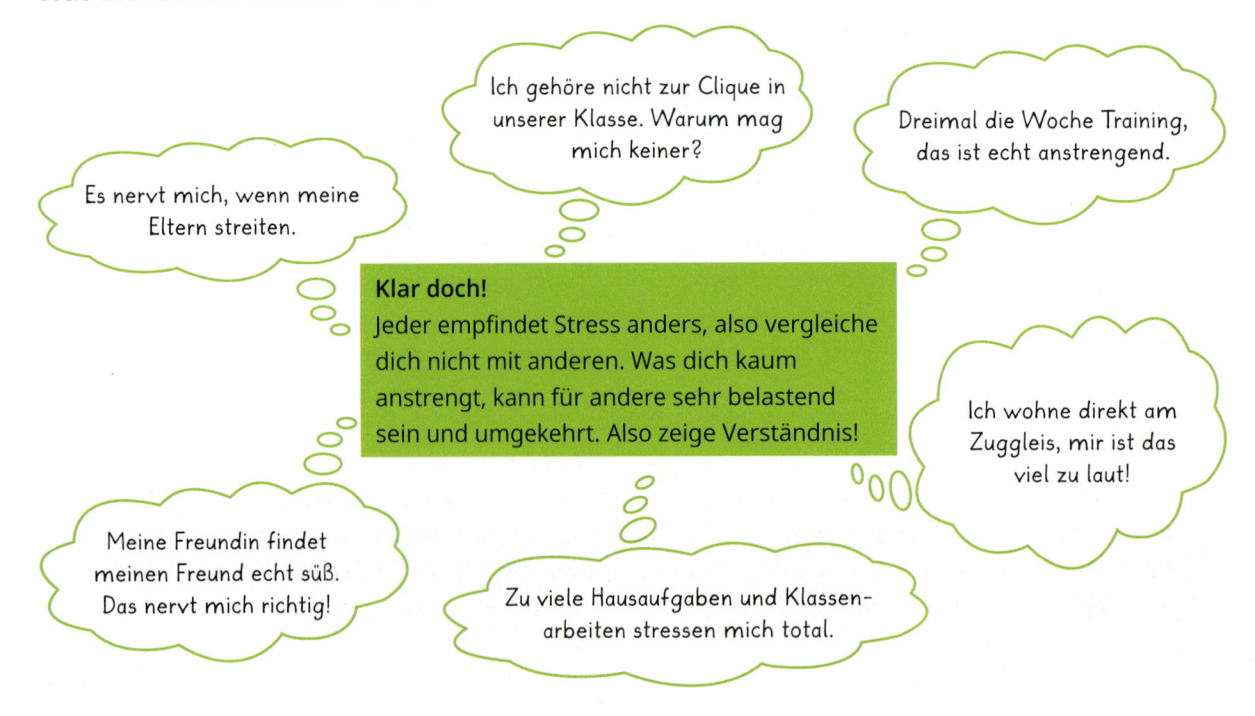

- Es nervt mich, wenn meine Eltern streiten.
- Ich gehöre nicht zur Clique in unserer Klasse. Warum mag mich keiner?
- Dreimal die Woche Training, das ist echt anstrengend.
- Ich wohne direkt am Zuggleis, mir ist das viel zu laut!
- Meine Freundin findet meinen Freund echt süß. Das nervt mich richtig!
- Zu viele Hausaufgaben und Klassenarbeiten stressen mich total.

> **Klar doch!**
> Jeder empfindet Stress anders, also vergleiche dich nicht mit anderen. Was dich kaum anstrengt, kann für andere sehr belastend sein und umgekehrt. Also zeige Verständnis!

So kann Stress erkannt werden:

Stresssituationen lösen bestimmte Gedanken, Gefühle, körperliche Symptome und Verhaltensweisen aus. Diese spontanen Reaktionen, die meist parallel auftreten, sind gleichzeitig die Erkennungszeichen von Stress.

Gedanken
- Ich schaffe das nicht.
- Immer mache ich alles falsch.
- Ich bin ein Versager.
- Keiner kann mir helfen.
- Ich bin ganz alleine.
- Immer geht alles schief.
- Jetzt kann ich es vergessen.
- Ich bin zu dumm.

Reaktion meines Körpers
- Kopfschmerzen
- Übelkeit
- Müdigkeit
- Muskelverspannung
- Zähneknirschen
- Herzklopfen
- schwitzen
- zittern
- Schlaflosigkeit
- Nervosität
- feuchte Hände

Gefühle
- Angst
- Ärger
- Gereiztheit
- Selbstzweifel
- Lustlosigkeit
- Mutlosigkeit
- Hilflosigkeit
- Einsamkeit
- Sinnlosigkeit
- Überforderung
- Wut
- Trauer

Verhaltensreaktionen
- keine Lust andere Menschen zu treffen
- Frustessen oder Appetitlosigkeit
- Alkohol- oder Nikotinkonsum
- Fingernägel kauen
- Fäuste ballen
- herumschreien
- weinen
- streiten

INFO

Man unterscheidet **akute** und **chronische Stressreaktionen** des Körpers. Eine **akute Stressreaktion** startet innerhalb von Sekunden. Dein Herz klopft schneller und dein Blutdruck steigt. Diese körperlichen Reaktionen halten nur kurz an und sind nicht gesundheitsschädlich. Schädlich werden Stressreaktionen erst dann, wenn sie länger anhalten. Dann spricht man von **chronischen Stressreaktionen**, die uns krank machen können.

Wie Menschen dem Stress die kalte Schulter zeigen können:

Es gibt viele Strategien, den Stress zu bewältigen. Zur Gesundheitsförderung und Stressbewältigung kannst du deine persönlichen Widerstandsressourcen nutzen. Diese Ressourcen findest du auf unterschiedlichen Ebenen. Sie können von dir selbst ausgehen oder sie sind in der Gesellschaft und Kultur zu finden.

Individuelle Ebene:	Wie selbstbewusst bin ich? Welche **Bewältigungsstrategien** gegen Stress nutze ich? Welche Menschen unterstützen mich?
Gesellschaftliche Ebene:	Finde ich in meiner Familie und meinem Freundeskreis Anerkennung, zum Beispiel durch gute Leistungen, durch meine Hilfsbereitschaft, durch mein Engagement in Vereinen oder der Gemeinde?
Kulturelle Ebene:	Welche Werte sind mir wichtig? Welche Einstellungen, geprägt durch meine Kultur, Religion und Politik vertrete ich?

Bewältigungsstrategien bei Stress:

Betrachten wir eine individuelle Widerstandsressource: die **Bewältigungsstrategie**. Die Art und Weise, wie man mit Stress umgeht, kann sehr unterschiedlich sein. Es werden drei verschiedene Strategien unterschieden, je nachdem, wie man handelt.

- **Instrumentelle Strategie:** Gehe dem Stressor auf den Grund und versuche, ihn auszuschalten.
- **Kognitive Strategie:** Überlege dir, weshalb dich etwas stresst und überdenke deine Haltung dazu.
- **Regenerative Strategie:** Wende verschiedene Methoden zur Entspannung von Körper und Geist an.

Wie handeln andere bei Stress?

- Ich lese zur Entspannung.
- Ich höre Musik.
- Ich suche nach dem Grund meines Ärgers, vielleicht kann ich ihn ausschalten.
- Ich chille auf dem Sofa.
- Über Dinge, die ich nicht ändern kann, rege ich mich nicht mehr auf.
- Ich plane meine Zeit sinnvoll und vermeide dadurch Zeitdruck.
- Ich gehe regelmäßig joggen.
- Ich mache Yoga.
- Ich gehe zu Freunden.
- Ich trinke Tee, das macht mich glücklich.

FIT IM ALLTAG

Mitten drin statt nur dabei – Achtsam sein

Wer achtsam sich und seiner Umwelt begegnet, lebt intensiver – und lernt, mit schwierigen Situationen besser umzugehen. Du kannst die Welt etwas bewusster wahrnehmen und den Alltagsstress senken, denn Entspannung fängt im Kopf an. Achtsam sein heißt, lernen, im Augenblick zu leben, im Moment präsent und aufmerksam zu sein. Es bedeutet auch, sich selbst zu beobachten, ohne die eigenen Gefühle und Gedanken zu bewerten. Das ist die Grundidee der Achtsamkeit. Regelmäßige Übungen helfen, einen bewussten Zugang zum eigenen Körper herzustellen. Es handelt sich dabei um eine Lebenshaltung. Die Achtsamkeitspraxis hat ihren Ursprung im Buddhismus.

Versuche es doch einmal mit einer banalen Alltagssituation: Schokolade essen oder besser noch: Schokolade genießen – eine Tätigkeit, die sonst mehr oder weniger „automatisch" abläuft. Im Achtsamkeitsmodus beobachtest du das Schokoladeessen **ganz bewusst**.
Du
- ... nimmst den Geruch der Schokolade **bewusst wahr**.
- ... **betrachtest bewusst** die Form und Farbe der Schokolade.
- ... **achtest bewusst** auf das Geräusch, welches durch das Abbeißen oder Abbrechen verursacht wird.
- ... **schmeckst bewusst** den schokoladenen Geschmack im Mund.
- ... **nimmst bewusst wahr**, welche Gefühle es bei dir auslöst

> Herr, gib mir die Gelassenheit, Dinge hinzunehmen,
> die ich nicht ändern kann,
> den Mut, Dinge zu ändern, die ich ändern kann,
> und die Weisheit, das eine vom anderen zu unterscheiden.
> *Reinhold Niebuhr (US-amerikanischer Theologe)*

Achtsamkeit bedeutet, dass du deine Gedanken und Gefühle voll und ganz vorurteilsfrei auf den jetzigen Moment richtest, du innere und äußere Erfahrung im gegenwärtigen Moment registrierst.

1
Notiere zuerst möglichst genau, was dich stresst. Beschreibe anschließend, wie du mit diesem Stress umgehst. Suche dir eine/-n Partner/-in und tauscht euch aus.

2
a) Wie kann der Körper auf Stress reagieren?
b) Welche Reaktionen hast du schon bei dir beobachtet?

3
Erkläre, was akute und chronische Stressreaktionen sind.

4
Welche Strategien gegen Stress kennt ihr? Ordnet eure Ideen den kognitiven, regenerativen und instrumentellen Strategien zu.

5
Recherchiert verschiedene Strategien gegen Stress und erprobt sie. Welche Wirkungen hast du beobachtet? Tauscht euch aus.

Du kannst ...
Eustress und Distress erklären; deine Stressoren erkennen und deine Reaktionen auf Stress beschreiben; deine eigenen Widerstandsressourcen beschreiben und Bewältigungsstrategien erproben und bewerten.

Meine **Zeit sinnvoll nutzen**

Wieder einmal läuft bei dir alles auf den letzten Drücker. Morgen ist Abgabetermin des Portfolios. Du hast erst das Deckblatt gestaltet und viele Aufschriebe als Konzept erstellt. Bis heute Mittag hast du Schule, heute Abend Training und zwischendurch musst du dich um dein Portfolio kümmern. Dein Freund Paul ist fast fertig, er muss nur noch das Inhaltsverzeichnis korrigieren. Wie hat Paul das nur gemacht?
Paul hat tolle Tipps von seinem Papa bekommen, wie er seine Schul- und Freizeit sinnvoll managen kann.

Zeit einteilen

Paul plant seinen Tag und seine Woche genau mithilfe eines Wochenplans:

🕐	Montag	Dienstag
0–6		Schlafen
6–7		Duschen/Frühstück
8–14	Schule	Schule
14–15		
15–16		
16–17		
17–18		
18–19		
19–20		
20–22	PC	
22–24	Schlafen	

Ausschnitt aus Pauls Wochenplan.

Ordnung halten

Paul arbeitet mit Ablagefächern, Karteikarten und Ordnern.

Konzentriert arbeiten

Paul hat mit seinem Papa seine „Zeitdiebe" herausgefunden und sich ein paar eigene Regeln aufgestellt:

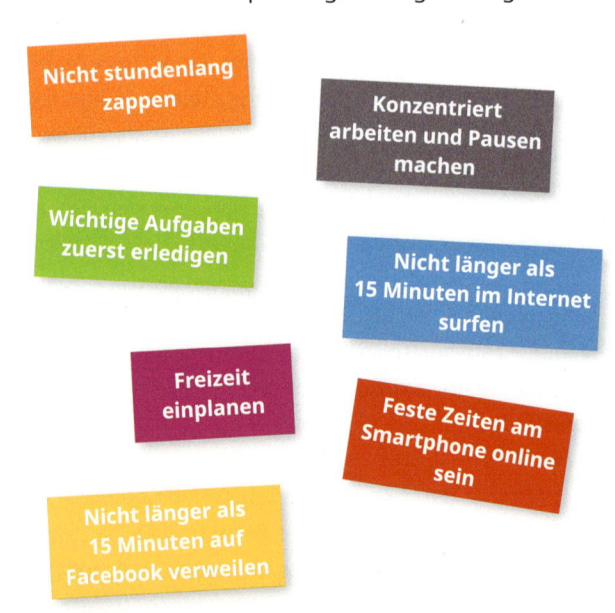

- Nicht stundenlang zappen
- Konzentriert arbeiten und Pausen machen
- Wichtige Aufgaben zuerst erledigen
- Nicht länger als 15 Minuten im Internet surfen
- Freizeit einplanen
- Feste Zeiten am Smartphone online sein
- Nicht länger als 15 Minuten auf Facebook verweilen

1 Ⓐ
Erstelle deinen persönlichen Wochenplan. Orientiere dich an Pauls Plan oder entwirf ein eigenes Modell.

2
Reflektiere deinen Tagesablauf.

3
Ermittle deine eigenen Zeitfresser. Vergleiche sie mit einem/-r Partner/-in und sucht gemeinsam nach Regeln, um die Zeitfresser zu umgehen.

4
Reflektiere deinen Umgang mit Zeit. Was gelingt dir gut? Was kannst du optimieren? Was möchtest du nächste Woche gleich umsetzen?

FIT IM ALLTAG

„Die Erledigung einer Aufgabe dauert genau so lange wie die Zeit, die dafür zur Verfügung steht."

Klingt ja logisch – aber gelingt es dir immer, deine Zeit sinnvoll zu nutzen? Ordnung halten ist einer der grundlegendsten Tipps, um Zeit zu sparen. Ebenso wichtig ist es, dir klar zu machen, welche Aufgaben zu erledigen sind und wie dringend, notwendig und wichtig diese sind. Dazu gibt es unterschiedliche Tipps und Methoden, die für dein Zeitmanagement hilfreich sein können.

Zeit einteilen, Prioritäten setzen: Eisenhower-Prinzip

Wichtigkeit ↑		
B-Priorität wichtig notwendig nicht dringend EINPLANEN!	**A-Priorität** wichtig notwendig dringend SOFORT ERLEDIGEN!!!
D-Priorität nicht wichtig nicht notwendig NICHT BEARBEITEN!	**C-Priorität** nicht wichtig „nein" sagen dringend DELEGIEREN!
Dringlichkeit →		

Konzentriert arbeiten: Pomodoro-Technik

Aufgaben festlegen
1. Eine Arbeitseinheit dauert 25 Minuten. Wecker stellen.
2. Die Aufgaben konzentriert 25 Minuten bearbeiten, bis der Wecker klingelt.
3. 5 Minuten Pause machen.
4. Schritt 1, 2 und 3 wiederholen.
5. Nach vier Arbeitseinheiten eine längere Pause machen (ca. 30 Minuten).

Ordnung halten: Tipps
- Alles hat seinen festen Platz.
- Ordner, Ablagefächer und Karteikästen verwenden.
- Arbeitsblätter gleich einheften oder einkleben.
- Auf dem Schreibtisch Platz zum Arbeiten lassen.
- Nicht nur ordnen, sondern auch ausmisten.
- Täglich Zeit zum Aufräumen einplanen.

1 ≡ Ⓐ
Probiere beim Erledigen deiner Hausaufgaben die Pomodoro-Technik aus. Berichte von deinen Erfahrungen.

2 ≡ Ⓐ
Plane mit dem Eisenhower-Prinzip eine Schulwoche. Vergleiche deinen Plan mit einer Partnerin/einem Partner.

3 ≡ Ⓐ
Probiere alle Methoden aus, vergleiche sie und reflektiere welche Methode am besten zu dir passt. Wo siehst du Vorteile, wo Nachteile? Tausche dich mit einem Partner aus.

> **Du kannst …**
> verschiedene Methoden zum Zeitmanagement anwenden und dir deine Zeit sinnvoll einteilen.

Kritische **Lebensereignisse**

Unter einem kritischen Lebensereignis versteht man ein Geschehen, welches das soziale Leben grundlegend verändert. Diese Ereignisse durchkreuzen die eigenen Pläne und können den Alltag ganz schön auf den Kopf stellen. Kritische Lebensereignisse können in jeder Lebenssituation und in jedem Lebenslauf vorkommen. Sie können schlagartig und unerwartet auftreten oder sie machen sich schleichend und über einen längeren Zeitraum hinweg bemerkbar. Solche kritischen Lebensereignisse können sehr belastend sein und psychische, physische und soziale Folgen haben.

● Lena ist 16 Jahre alt und geht im Moment in die 10. Klasse einer Realschule. Ihre Monatsblutung ist ausgeblieben und seit ein paar Wochen leidet sie unter Müdigkeit, Schwindel und einem Spannungsgefühl in den Brüsten. Sie hat einen Schwangerschaftstest gemacht, der positiv ausgefallen ist. Ihrem festen Freund Maximilian, dem Vater des Ungeborenen, hat sie nichts erzählt.

● Julia ist 15 Jahre alt und frisch verliebt in ihren 19-jährigen Freund Nick. Sie schwebt auf Wolke 7; nur eine Sache trübt das junge Glück. Nick raucht schon seit einigen Jahren über eine Schachtel Zigaretten am Tag. Julia macht sich große Sorgen um Nick und hat ihn bereits einige Male auf das Rauchen angesprochen. Nick reagiert sehr empfindlich auf das Thema und jedesmal, wenn sie ihre Ängste äußert, gibt es Streit.

● Mia ist in der 7. Klasse und weiß einfach nicht mehr weiter. Ihr Vater hat eine neue Anstellung gefunden und aus diesem Grund ist Mias Familie nach Ravensburg gezogen. Mia fühlt sich an der neuen Schule überhaupt nicht wohl. Die Mitschüler geben ihr keine Chance. Sie lachen sie aus und lästern über sie.

● Noah ist 13 Jahre alt und erträgt die ständigen Streitereien seiner Eltern einfach nicht mehr. Es vergeht kein Tag, an dem sie sich nicht wegen irgendwelchen alltäglichen Dingen anschreien und gegenseitig Vorwürfe machen.

FIT IM ALLTAG

Unterstützung suchen und finden

Die Möglichkeiten, wie du mit den unterschiedlichen Lebenssituationen umgehen kannst, sind sehr vielfältig. Wie du handelst, hängt von dir selbst und von deiner individuellen Lebenslage ab. Auch wenn es dir schwer fällt, solltest du bei kritischen Lebensereignissen zunächst versuchen, ruhig zu bleiben und dir klar zu machen, dass es für jedes Problem eine Lösung gibt und dass es immer Menschen und soziale Einrichtungen gibt, die dich bei deinen Schwierigkeiten unterstützen können.

Unterstützung kannst du bekommen ...

... von deinem sozialen Umfeld
- Eltern
- Geschwister
- Verwandte
- Freunde/Freundinnen

... von Ärzten
- Hausärzte/-ärztinnen
- Frauenärzte/-ärztinnen, Urologen/-innen
- Kinder- und Jugendärzt/-ärztinnnen
- Kinder- und Jugendpsychologen/-innen

... am Telefon
- Nummer gegen Kummer: 116111
- Telefonseelsorge: 0800-1110111

... per Chat oder Email
- www.kummerchat.com
- www.mein-kummerkasten.de

... von deiner Schule
- Lehrer/-innen
- Mitschüler/-innen
- Beratungslehrer/-innen
- Vertrauenslehrer/-innen
- Schulpsychologen/-innen
- Schulsozialarbeiter/-innen

... von regionalen Beratungsstellen
- Suchtberatungsstelle
- Schwangerschaftskonfliktberatung
- Ehe-, Familien- und Lebensberatung
- Erziehungsberatungsstelle
- Paarberatungsstelle
- Psychologische Beratungsstellen

1 Ⓐ
Wie würdest du in den unterschiedlichen Fallsituationen handeln? Mache dir zunächst für jedes Fallbeispiel Notizen, tausche dich danach mit einer anderen Person darüber aus und diskutiert schließlich die verschiedenen Lösungsmöglichkeiten in der Gruppe (think-pair-share).

2 Ⓡ
Recherchiert in Kleingruppen verschiedene Hilfs- und Beratungsangebote in eurer Region.

3 Ⓡ
Wählt eine Hilfs- oder Beratungsstelle aus und nehmt Kontakt mit ihr auf. Führt eine Erkundung durch (siehe S. 70).

Du kannst ...
in schwierigen Lebenssituationen Unterstützung finden.

Methode

FIT IM ALLTAG

Kontakt aufnehmen/Erkundungen durchführen und bewerten

Kontakt aufnehmen

Bei einer Erkundung geht es darum, den schulischen Lernort zu verlassen, um bei Betrieben, Institutionen, Geschäften oder Experten Informationen zu beschaffen. Möchtest du ein regionales Angebot zur Förderung deiner Gesundheit erkunden, musst du zunächst mit der jeweiligen Ansprechperson Kontakt aufnehmen. Dies kostet manchmal etwas Überwindung und Mut, aber glücklicherweise gibt es unterschiedliche Möglichkeiten, wie du Kontakt aufnehmen kannst.

	schriftlich (E-Mail, Chat, Brief)	telefonisch	persönlich
Vorbereitungsphase	• Kontaktadressen bzw. Telefonnummer der jeweiligen Ansprechperson herausfinden und notieren. • Fragen und Anliegen stichwortartig oder als Cluster festhalten. • für das Telefongespräch den Kalender, Schreibsachen und Notizpapier bereitlegen.		
Durchführungsphase	• Vorstellen und Anliegen/Fragen erklären. • Einen Termin für die Erkundung vorschlagen. • Adressatengerechte Sprache verwenden. • Anrede, Grußformel, Dank formulieren. • Rechtschreibung, Wortwahl, Grammatik und Satzbau korrigieren.	• Vorstellen und Anliegen/Fragen erklären. • Einen Termin für die Erkundung vereinbaren. • Notizen machen. • Bei Nichtverstehen: nachfragen! • Kontrollieren, ob alles Wichtige gesagt und gefragt wurde. • Bedanken und Verabschieden. • Bei einem persönlichen Gespräch: auf ein gepflegtes Erscheinungsbild achten.	
Nachbereitungsphase	• Ergebnisse zusammenfassen und dokumentieren. • Erkundungsauftrag erstellen. • Erkundungsgruppen bilden. • Erkundungsbogen entwickeln. • Aufgaben verteilen.		

70.1 Recherche im Internet

70.2 Termin vereinbaren

70.3 telefonisch Kontakt aufnehmen

FIT IM ALLTAG

>> Methode

Von der Erkundung zur Bewertung

Führt ihr eine Erkundung (z. B. eines Fitnessstudios) durch, kann es gut sein, dass jeder von euch die Situation verschieden bewertet. Das hängt zum einen mit äußeren Rahmenbedingungen und zum anderen damit zusammen, dass jeder Einzelne seine Umwelt anders wahrnimmt. Einmal getroffene Einschätzungen werden oft aus dem Bauch heraus auf neue Situationen übertragen und verhindern damit, dass diese neue Situation in ihrer Bandbreite wahrgenommen und bewertet wird.

Das untere Schaubild mit den sechs Bausteinen „äußere Rahmenbedingungen, Wahrnehmen/Herausfinden, Interpretieren, Bewerten, Präsentieren und Diskutieren" hilft dir eine Situation angemessen zu bewerten. Hierzu sind Beurteilungskriterien notwendig. Sie leiten das Beobachten, die Kommunikation, die Präsentation und die Diskussion.

Wahrnehmung und Bewertung

1. Äußere Rahmenbedingungen wie Entfernung/Standort, Preis/Verträge, Ausstattung, Angebote

⬇

2. Wahrnehmen und Herausfinden
- Welche Bereiche müssen aufgrund der Bedürfnisse und Erwartungen erkundet werden?
- Welche Methoden eignen sich? (Interview, Beobachtung, gemeinsame Aktion)
- Mit welchen Medien dokumentieren wir? (Foto, Film, Tonbandaufnahme, Fragebogen)
- Wer übernimmt bei der Erkundung welche Rolle?(Begrüßung/Verabschiedung, Fragen, Dokumentation)
- **Durchführung der Erkundung**

⬇

3. Interpretieren
- Was habe ich wahrgenommen? Wie hat es auf mich gewirkt?
- Wie haben die anderen es wahrgenommen? Wie hat es auf sie gewirkt?
- Worin stimmen wir überein?
- Worin unterscheiden wir uns?

⬇

4. Bewerten
- Wie bewerten wir die erkundete Situation?
- Welche Beobachtungen und Informationen stützen unsere Bewertungen?

⬇

5. Präsentieren
- Welche Beobachtungen und Informationen wählen wir für die Präsentation aus?
- Wie stellen wir unsere Bewertung vor?
- Welche Medien setzen wir ein?
- Wer übernimmt bei der Präsentation welche Rolle?
- Wie viel Zeit haben wir zur Verfügung?

⬇

6. Diskutieren
- Welche Fragen wollen wir mit der ganzen Lerngruppe diskutieren?
- Wer übernimmt die Diskussionsleitung?

So esse ich – mein Essverhalten als Teil meiner Persönlichkeit

● „Schon als Kind habe ich immer sehr gerne Süßes gegessen und getrunken. Ich habe mir oft von meinem Taschengeld Eistee oder Limo gekauft. Diese Vorliebe ist bis heute geblieben: sei es der Zucker im Kaffee oder die süße Cola. Ein richtiges Lieblingsgericht habe ich nicht. Aber häufig gibt es bei mir Milchreis, Kaiserschmarrn oder Pfannkuchen. Eigentlich weiß ich schon seit meiner Kindheit, dass ich nicht so viel Zucker essen sollte, aber es schmeckt mir einfach!"

● „Mein Ehemann und ich mögen es kulinarisch gerne exotisch. Nächste Woche werden wir unsere Freunde, Thomas und Daniela, bei einem Dinner ganz schön beeindrucken und verwöhnen. Es gibt Straußenfilet und Kängurusteak. Eine wahre Delikatesse. Wir bestellen das Fleisch unkompliziert im Internet. Der Anbieter importiert das Fleisch aus Afrika und Australien. Hoffentlich nervt Daniela nicht wieder mit ihren Fragen bezüglich der langen Transportwege. Die kann einem den Appetit manchmal wirklich verderben."

● „Ich bin ein echter Sparfuchs. Mein Motto ist: Hauptsache günstig! Das Angebot bei Lebensmitteldiscountern ist heute sehr vielseitig. Dort bekommst du mittlerweile Alles – Wurst, Fleisch, Gemüse, Obst, Wein oder Brot. Manchmal habe ich ein schlechtes Gewissen, wenn ich an der Bäckerei oder Metzgerei in unserem Dorf vorbeifahre."

● „Meine Mitbewohnerin Leonie und ich sind zusammen auf der Berufsschule. Obwohl Leonie eigentlich sehr gerne kocht und ihr eine gesunde Ernährung wichtig ist, überrede ich sie immer mal wieder auf Fertiggerichte zurückzugreifen. Ich mag das sehr gerne, so bleibt mehr Zeit für unsere Ausbildung. Sie ist kein Fan von Fertigpizza und Co."

---

1 ≡ Ⓐ
Analysiert die Fälle.
a) Was beeinflusst das Essverhalten der einzelnen Personen(gruppen)?
b) In welchem Konflikt stehen die einzelnen Personen(gruppen) bezüglich ihres Essverhaltens?

FIT IM ALLTAG

Was beeinflusst unser Essverhalten?
- Genuss
- Geschmack
- Gesundheit
- Lebensmittelunverträglichkeiten
- Allergien
- Ernährungsrichtlinien/Empfehlungen
- Geld
- Zeit
- Religion, Kultur
- Trend, Mode
- Nachhaltigkeit: Ökologie, Ökonomie, Sozialverträglichkeit
- Essverhalten der Mutter während der Schwangerschaft und während des Stillens

So esse ich ...
beim Essen ist mir am Wichtigsten, dass es mir schmeckt, dass es schnell geht und wenig kostet.

So wünsche ich es mir ...
mein Essen sollte noch gesünder, frisch und nicht zu energiereich sein.

So wird es empfohlen ...
ich sollte bei meiner Ernährung auf Ernährungsempfehlungen, Ökologie, Ökonomie und Sozialverträglichkeit achten.

Widerspruch — *Widerspruch* — *Widerspruch*

1 Von welchen Faktoren wird dein alltägliches Essverhalten beeinflusst?

2 Welche Ansprüche hast du an Ernährung?

3 Welche Widersprüche gibt es bei deinem Essverhalten?

4 Diskutiert Wege, wie ihr mit diesen Widersprüchen umgehen könnt.

Du kannst ...
alltägliche Widersprüche zwischen eigenen Essgewohnheiten und Ansprüchen an Ernährung erläutern und reflektieren.

Ruck zuck zubereitet – **Convenience-Produkte**

Was sind Convenience-Produkte?
Das Wort Convenience ist Englisch und bedeutet Komfort, Bequemlichkeit und Einfachheit. Bei Convenience-Produkten handelt es sich um Lebensmittel, die sich einfach und zeitsparend zubereiten lassen. Umgangssprachlich werden Convenience-Produkte auch häufig als Fertiggerichte bezeichnet.

74.1 Convenience-Produkte

Einteilungsstufen der Convenience-Produkte
Convenience-Produkte lassen sich zum einen durch die jeweilige **Zubereitungsstufe** und zum anderen durch die **Konservierungsart** unterscheiden.

Zubereitungsstufe
- küchenfertig (z. B. ungewürztes Tiefkühlgemüse, zerlegtes Fleisch)
- garfertig (z. B. Tiefkühl-Rahmgemüse, zerlegtes und gewürztes Fleisch)
- mischfertig (z. B. Tütensuppen, Kartoffelpüreepulver)
- zubereitungsfertig (Fertiggerichte wie z. B. Ravioli in Tomatensoße)
- verzehrfertig (z. B. Fertigsalate, Wraps)

Konservierungsart
- Erhitzen (z. B. Konservendosen): Das in den Konserven enthaltende Produkt wird durch kurzzeitiges Erhitzen auf bis zu 90 Grad (Pasteurisierung) haltbar gemacht.
- Dehydrieren (z. B. Tütensuppen): Den Produkten wird der Wassergehalt entzogen, damit werden die sogenannten Trockenprodukte haltbar gemacht.
- Kühlen (z. B. zu kühlende Pastagerichte): Dadurch, dass solche Produkte gekühlt (+ 6 °C) und meist vakuumverpackt sind, sind sie länger haltbar.
- Tiefkühlen (z. B. Fertigpizzen): Diese Produkte werden auf mindestens –18 °C abgekühlt. Der Verderb des Produktes ist damit stark verlangsamt.
- Sonstige Konservierungsarten wie pökeln, säuern, …

74.2 küchenfertiges Tiefkühlgemüse

74.3 dehydrierte Tütensuppen

> **Du kannst …**
> beschreiben, was man unter Convenience-Produkten versteht und kannst sie nach ihrer Zubereitungsstufe oder Konservierungsart unterscheiden.

FIT IM ALLTAG

Convenience-Produkte – einfach praktisch oder?

Ihr habt im Zusammenhang mit dem Thema „Essverhalten" bereits herausgefunden, dass das gewünschte Essverhalten manchmal im Widerspruch dazu steht, wie man sich tatsächlich ernährt. Dies ist auf innere und äußere Faktoren (z. B. Genuss, Zeit) zurückzuführen. So möchte eine der beiden Auszubildenden eigentlich etwas Gesundes kochen, aber die Zeit reicht dafür im Alltag nicht aus. Deshalb greifen die beiden Frauen regelmäßig auf Convenience-Produkte, wie beispielsweise Fertigpizza oder Nudeln mit Tiefkühlgemüse, zurück.

Zwischen den beiden Frauen kommt es häufig zu Diskussionen, weil sie unterschiedliche Auffassungen bezüglich der Convenience-Produkte haben.

> Heute war mal wieder ein langer Tag an der Berufsschule. Wir haben uns ein leckeres Abendessen verdient. Eine TK-Pizza, das geht schnell, wir haben keinen Aufwand und die Pizza gelingt selbst mir Kochmuffel. Welche Sorte Pizza magst du, Leonie? Ich habe neulich fünf verschiedene gekauft – eine tolle Auswahl und die halten ja ewig!

> Mensch Ranja. Du nervst mich echt mit deinen einseitigen und teuren Fertiggerichten. Du wirst das Kochen noch komplett verlernen. Außerdem: hast du mal geschaut, welche Zusatzstoffe und Geschmacksverstärker darin enthalten sind?! Der Umwelt tust du damit auch nichts Gutes! Denke doch nur an die energieaufwendige Produktion und das hohe Müllaufkommen.

1 Ⓐ
Arbeitet mögliche Vor- und Nachteile von Convenience-Produkten aus dem Streitgespräch heraus und nehmt Stellung dazu.

2
a) In den letzten Jahren hat der Konsum von Convenience-Produkten stark zugenommen. Überlegt und dokumentiert, warum das so ist.
b) Diskutiert den Gebrauch von Convenience-Produkten in den unterschiedlichen Haushaltssituationen hinsichtlich gesundheitlicher, ökologischer und ökonomischer Kriterien.

3 Ⓟ
Arbeitet in Gruppen zusammen. Wählt ein Menü aus, das aus Convenience-Produkten besteht. Überlegt euch anschließend, wie ihr euer Menü aus ernährungswissenschaftlicher und <u>sensorischer</u> Sicht aufbessern könnt. Macht euch Notizen, plant, führt euren Einkauf durch und bereitet das Menü zu.

Du kannst ...
Convenience-Produkte (auch im Hinblick auf unterschiedliche Haushaltssituationen) bewerten und weißt, wie man Fertiggerichte aus ernährungswissenschaftlicher und sensorischer Sicht aufwerten kann.

Mir schmeckt's – essen, was mir selbst gut tut

Unter einer Ernährungsform versteht man die Art und Weise, wie sich ein Mensch ernährt; das heißt, welche Lebensmittel er zu sich nimmt bzw. welche Produkte er von seinem Speiseplan streicht. Manche Menschen halten sich aus krankheitsbedingten Gründen an eine bestimmte Ernährung; andere hingegen entscheiden sich freiwillig für eine bestimmte Ernährungsweise.

Laktoseintoleranz

Begriff
Laktoseintoleranz meint die Unverträglichkeit gegenüber Milchzucker (= Laktose). Dieser Zucker ist in Milch und fast allen Milchprodukten enthalten. Bei der Laktose handelt es sich um einen Zweifachzucker, der aus zwei Einfachzuckern (Galaktose und Glucose) besteht.

Ursache und Symptome
Ein Enzym (Laktase) spaltet den Milchzucker. Fehlt dieses Enzym bzw. ist dessen Aktivität stark eingeschränkt, kann der Milchzucker im Dünndarm nicht geteilt werden. Er gelangt ungespalten in den Dickdarm und wird dort von Bakterien verstoffwechselt. Dies geschieht unter starker Gasbildung. Dieser Zustand äußert sich in Symptomen wie Bauchkrämpfen, Blähungen, Übelkeit und Durchfall. Eine Laktoseintoleranz kann nur durch eine ärztliche Diagnose festgestellt werden.

Therapie
Eine streng laktosefreie Ernährung ist nur notwendig, wenn das Enzym (Laktase) fehlt. Außerdem ist es möglich, die Laktase in Form von Tabletten bzw. Pulver vor oder während des Essens einzunehmen. Darüber hinaus hat der Markt längst auf die Laktoseintoleranz reagiert; es gibt zahlreiche laktosefreie Produkte bzw. Milchprodukte, die aufgrund ihres Herstellungsprozesses laktosearm sind (z. B. Hartkäse).

Ich heiße Katharina und meine Lieblingsgerichte sind Milchreis, Grießbrei und Quarkstrudel. In letzter Zeit geht es mir nach dem Essen leider gar nicht gut – ich habe Bauchkrämpfe, Blähungen und Durchfall …

1
Erkläre, was man unter einer Laktoseintoleranz versteht.

2
Überprüfe in einem Supermarkt deiner Wahl, welche laktosefreien Lebensmittel angeboten werden.

3
Nur ca. 10 % der Bevölkerung haben eine nachgewiesene Laktoseintoleranz. Überlege, warum der Markt ein so vielfältiges Angebot bietet.

4
Arbeitet in Gruppen. Bereitet ein laktosefreies Menü zu. Recherchiert ggf. im Internet nach laktosearmen Milchprodukten.

Du kannst …
Ursachen, Symptome und Therapiemöglichkeiten der Laktoseintoleranz beschreiben.

Vegetarismus

In Deutschland leben etwa 7 Millionen Vegetarier. Vegetarier essen grundsätzlich nichts, was vom toten Tier stammt. Genauso unterschiedlich wie die Menschen selbst sind auch ihre Beweggründe sich fleischlos zu ernähren.

Ich finde den Anblick von einem toten Tier einfach nur ekelhaft. So etwas landet nicht auf meinem Teller.

Ich bin Hindu. In meiner Religion ist das Nicht-Verletzen und das Nicht-Töten ein wichtiger Grundsatz.

Ich esse kein Fleisch, weil ich glaube, dass Vegetarier seltener an Bluthochdruck, Übergewicht und bestimmten Krebsarten leiden.

Das Futter für die Tiere wird auch aus anderen Ländern importiert. Unfassbar, was für Transportwege dabei zurückgelegt werden müssen!

Ich esse kein Fleisch, weil Tiere meiner Meinung nach auch ein Recht auf Leben haben.

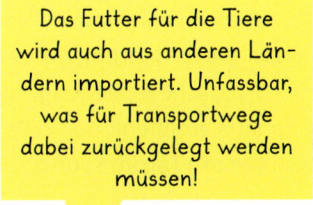

1

Ordne die vier Beweggründe den folgenden Kategorien zu: ethisch-moralische Gründe, Ekel, gesundheitliche Gründe, religiöse Gründe, ökologische Gründe.

Du kannst ...
verschiedene Beweggründe benennen, warum Menschen sich unterschiedlich ernähren.

Formen des Vegetarismus

Das Wort Vegetarier stammt ursprünglich aus dem lateinischen und heißt übersetzt *lebendig*. Dies ist allen Vegetariern gemeinsam: Sie bevorzugen eine „lebendige" Ernährungsweise und verzehren keine Produkte, die vom toten Tier stammen. Eine Ausnahme macht der Pescetarier. Er isst Fische und Meeresfrüchte.

	Fleisch	Fisch	Eier	Milch	Honig	Gemüse
Pescetarier	✗	✓	✓	✓	✓	✓
Vegetarier	✗	✗	✓	✓	✓	✓
Veganer	✗	✗	✗	✗	✗	✓

Vegetarische Ernährungspyramide

Die Basis der Ernährungspyramide ist die körperliche Bewegung. Darüber hinaus empfiehlt der VEBU 15 Minuten pro Tag im Sonnenlicht zu sein. Wichtige Nährstofflieferanten sind Hülsenfrüchte, Kartoffeln, Nüsse, Samen, pflanzliche Fette/Öle, Vollkorn- und Sojaprodukte. Optional können Milchprodukte und Eierspeisen verzehrt werden.

Veganismus

Veganer essen nichts vom toten und auch nichts vom lebendigen Tier. Wie sich Veganer ernähren, kannst der oberen Tabelle entnehmen. Grundsätzlich verwenden sie keine Produkte vom Tier wie zum Beispiel Leder. Außerdem gebrauchen sie keine kosmetischen Produkte, die mit Tierversuchen getestet wurden.

Veganer berücksichtigen mit ihrer Ernährungsweise viele wichtige Aspekte wie beispielsweise die Umwelt oder den Tierschutz. Aber wie sieht es mit Hinblick auf die Nährstoffversorgung aus?

78.1 Vegetarische Ernährungspyramide des VEBU (Vegetarierbund), www.vebu.de

FIT IM ALLTAG

Ernährungsphysiologische Bewertung: Vegetarismus

Mögliche Risiken	Mögliche Vorteile
jeweils eine zu geringe Zufuhr an: • Eisen • Jod • Eiweiß	jeweils eine hohe Zufuhr an: • Ballaststoffen • Vitaminen • Mineralstoffen • ungesättigte Fettsäuren

Ernährungsphysiologische Bewertung: Veganismus

Mögliche Risiken	Mögliche Vorteile
jeweils eine zu geringe Zufuhr an: • Energie • Eiweiß • Vitamin D, B2, B12 • Eisen • Jod • Calcium • Zink	jeweils eine hohe Zufuhr an: • Ballaststoffen • bestimmten Vitaminen • bestimmten Mineralstoffen • ungesättigte Fettsäuren

79.1 Vegetarischer Salat

79.2 Vegane Produkte

1
a) Warum empfiehlt der VEBU, täglich mindestens 15 Minuten im Sonnenlicht zu sein?
b) Wie bewertest du die Empfehlungen des VEBU für eine Person, die sich nicht vegetarisch ernährt?

2
Vergleiche die Vegetarische Ernährungspyramide mit der Ernährungspyramide der aid.

3
Es gibt zunehmend Flexitarier/-innen. Wie ernähren sie sich und welche Beweggründe haben sie?

4
Welche möglichen Vorteile und Risiken gibt es, wenn man sich vegetarisch bzw. vegan ernähren möchte?

a) Bildet Tandems oder Dreiergruppen.
b) Betrachtet die Risiken einer veganen Ernährungsweise. Orientiert euch dabei an den in der Tabelle aufgeführten Nährstoffen. Welche Konsequenzen hat das für Veganer? Recherchiert dazu im Internet.

5
Einigt euch in eurer AES-Gruppe auf ein vegetarisches oder veganes Gericht und bereitet es zu.

6
Welche Sonderformen der Ernährung gibt es in eurer AES-Gruppe? Welche Beweggründe liegen vor?

> **Du kannst …**
> die unterschiedlichen Vegetarismusformen benennen und entsprechende Ernährungsrichtlinien beschreiben sowie alternative Ernährungsformen beschreiben und bewerten.

Lernbilanz

Fit im **Alltag**

Zeig, was du kannst:

1
Was ist für dich Glück?

2
Notiere, was du unter Gesundheit verstehst.

3
Zeichne ein Bild zum Thema Gesundheit.

4
Erkläre folgende Darstellung:

Gesundheit – Ein Zustand des völligen körperlichen, geistigen, seelischen und sozialen Wohlbefindes

5
Welche Angebote gibt es in deiner Schule, die die Gesundheit unterstützen? Sammle Ideen, was ihr als AES-Team in der Schule anbieten könntet.

6
Notiere, was bei der J2-Vorsorgeuntersuchung auf dich zukommt.

7
Welche Impfungen kennst du? Überlege dir, weshalb sich manche Menschen für und andere gegen Impfungen entscheiden.

8
Schreibe einen Dialog zwischen Eltern und Kindern zum Thema Vorsorgeuntersuchungen.

9
Entwirf einen Spickzettel zum Thema Notruf.

10
Ein Radfahrer ist gestürzt und liegt mit blutenden Knien und verletzter Hand auf der Straße. Er ist bei Bewusstsein. Wie handelst du als Ersthelfer?

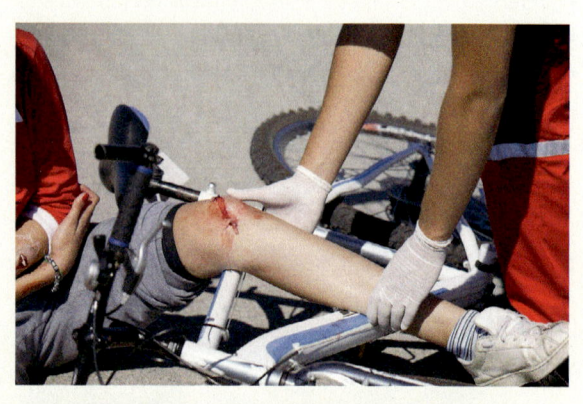

80.1 Fahrradunfall

11
Notiere, was man unter Distress und Eustress versteht. Nenne je zwei Beispiele.

12
Was bedeutet in deinem Alltag „achtsam sein"? Notiere dir mögliche Ideen, wie, wann und wo du achtsam sein kannst.

13
Erstelle eine persönliche Lernkarte zum Thema „Stress". Berücksichtige dabei eine Definition von Stress, Stressoren, Stressreaktionen und Bewältigungsstrategien.

14
Wie teilst du dir deine Zeit sinnvoll ein? Notiere deine Methoden als Tippkarten.

15
Die nächste Klassenarbeit kommt bestimmt. Erstelle einen Lernplan zur Vorbereitung.

16
Beschreibe in deinen eigenen Worten, was man unter einem kritischen Lebensereignis versteht. Gib mindestens zwei Beispiele.

Lernbilanz

17
Zeige vier Möglichkeiten auf, wie du in kritischen Lebensereignissen handeln kannst.

18
Überlege, welche Faktoren dein eigenes Essverhalten beeinflussen.

19
Erstelle deine eigene Essbiografie: Wie hast du dich in der letzten Zeit ernährt? Bewerte dein Essverhalten anhand von gesundheitlichen, ökologischen, ökonomischen und sozialen Aspekten.

20
Erstelle ein Erklär-Video zum Thema Essbiografie.

81.1 Essverhalten und Essbiografie

21
Was sind Convenience-Produkte? Findest du das englische Wort passend? Begründe.

22
Nenne und erkläre die fünf verschiedenen Zubereitungsstufen von Convenience-Produkten.

23
Welche Konservierungsarten kennst du? Nenne jeweils Beispiele.

24
Nenne jeweils vier Vor- und Nachteile von Convenience-Produkten.

25
Welche verschiedenen Ernährungsformen kennst du?

26
Was versteht man unter einer Laktoseintoleranz?

27
Beschreibe die Ursache einer Laktoseintoleranz und erkläre die damit verbundenen Symptome.

28
Wie kann eine Laktoseintoleranz therapiert werden?

29
Beschreibe fünf verschiedene Gründe, warum manche Menschen kein Fleisch essen.

30
Erkläre die folgenden Begriffe: Vegetarier, Pescetarier und Veganer.

31
Nenne fünf wichtige Nährstofflieferanten eines Vegetariers.

32
Bewerte den Veganismus, indem du mögliche Risiken und mögliche Vorteile erläuterst.

33
Eine Freundin von dir möchte auf eine rein vegane Kost umsteigen. Was rätst du ihr?

Schön sein und sich wohlfühlen

Was heißt schön sein für mich?

Wie pflege und gestalte ich meinen Körper?

Welche Kleidung ist für Sport geeignet?

Werbeversprechen bei Pflege- und Kosmetikprodukten – halten sie, was sie versprechen?

„A smile is the prettiest thing you can wear".

Oft machen wir uns Gedanken darüber, ob wir schlank genug sind, unsere Nase nicht doch noch ein Tick gerader sein könnte und unser Outfit den aktuellen Trends entspricht. Beim „Schön sein" geht es auch um das Wohlfühlen im eigenen Körper und um das Aussehen.

In diesem Kapitel ...
beschäftigst du dich damit, was „schön sein" für dich bedeutet und wer festlegt, was „schön" ist. Du lernst viele praktische Tipps kennen, wie man seinen Körper pflegen, formen und verwöhnen kann. Außerdem nimmst du verschiedene Diäten kritisch unter die Lupe. Dir wird bewusst, dass auch körperliche Aktivität für die Schönheit entscheidend ist und welche Bekleidung hierfür geeignet ist. Pflege- und Kosmetikprodukte sind eng mit dem Thema „Schön sein und sich wohlfühlen" verbunden. In diesem Kapitel wirst du die damit verbundenen Werbeversprechen überprüfen und entscheiden, ob sie halten, was sie versprechen.

Schönheit ist Ansichtssache

Ich trage ein Kopftuch um meine Schönheit zu wahren.

Zu besonderen Anlässen tragen wir immer unsere Tracht.

Nur mit weißer makelloser Haut fühle ich mich wirklich schön.

Mich zu stylen gehört für mich zur täglichen Routine.

Die Schönheit der Dinge lebt in der Seele dessen, der sie betrachtet.

David Hume

Ich richte mich immer nach der aktuellen Mode.

Ich liebe meine Kurven.

Ein Sixpack ist für mich das absolute MUSS für einen attraktiven Mann.

Langes glänzendes Haar ist für mich der Inbegriff von Schönheit.

1 ≡ Ⓐ
Lies die Aussagen und notiere allgemeine Faktoren, die das Schönheitsideal beeinflussen.

2
Beschreibe dein Schönheitsideal und diskutiert zu zweit über mögliche Unterschiede.

3 ≡ Ⓡ
Recherchiert die historische Entwicklung von Schönheitsidealen in unterschiedlichen Ländern und Kulturen. Präsentiert die Ergebnisse.

4 ≡
Diskutiert mögliche Widersprüche zwischen persönlichen Schönheitsidealen und deren Akzeptanz in Gesellschaft, Mode und Gesundheit.

Du kannst ...
dein persönliches Schönheitsideal beschreiben und mit anderen diskutieren.

SCHÖN SEIN UND SICH WOHLFÜHLEN

Was mein **Schönheitsideal** beeinflussen kann

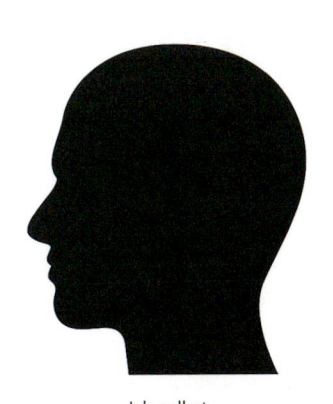

Ich selbst

1
Betrachte die Bilder. Wie beeinflussen die dargestellten Aspekte dein Schönheitsideal?

2 Ⓐ
Sprecht über die Bedeutung der Einflussfaktoren in eurer Klasse.

3
„Jeder Mensch wird beeinflusst". Diskutiert diese Aussage in Bezug auf Mode.

Du kannst ...
Einflussfaktoren, die dein Schönheitsideal beeinflussen erkennen und deren Bedeutung benennen.

Gepflegt sein und sich wohlfühlen

Körper pflegen

Menschen haben das Bedürfnis sich zu pflegen. Man pflegt sich aus hygienischen Gründen, um sich wohl zu fühlen und anderen zu gefallen. Die persönliche Körperpflege hängt vom Hauttyp und der körperlichen Belastung ab.

Unsere Haut ist mit einer Oberfläche von eineinhalb bis zwei Quadratmetern das größte Organ des Menschen. Sie produziert Substanzen, die sich wie ein Schutzfilm auf der Oberfläche verteilen. Beim Waschen mit Seife oder Tensiden wird dieser Schutzfilm weitestgehend entfernt. Dann braucht eine gesunde Haut zwei bis drei Stunden, um die Schicht wieder herzustellen. In dieser Zeit ist die Haut weniger gut gegen Bakterien geschützt.

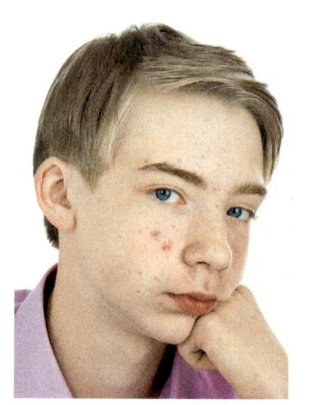

86.2 Samantha, Eleah, Jonas und Paul

Welches Produkt ist das richtige?

Samantha: Ich pflege meine Haut zwar regelmäßig, bekomme meine trockene Haut aber einfach nicht in den Griff.

Eleah: Ich habe keine Probleme mit meiner Haut und achte daher auch nicht auf bestimmte Produkte. Mache ich damit etwas falsch?

Jonas: Mir fällt die Hautpflege sehr schwer. Creme ich mich ein, sprießen die Pickel. Lasse ich es, wird meine Haut an den Wangen richtig schuppig.

Paul: Meine Haut glänzt ständig, obwohl ich mich nicht eincreme und vor allem die vielen Pickel und Mitesser belasten mich sehr.

Die Jugendlichen holen sich Rat bei Fachkräften: Apotheker/in, Kosmetiker/in, Hautarzt/-ärztin

Rat für Samantha: Eine regelmäßige Reinigung deiner Haut mit lauwarmem Wasser ist gut, verzichte auf Seifenwaschungen oder hochprozentige Gesichtswasser. Du solltest dich dagegen mehrmals täglich mit einer Fettcreme eincremen. Übertreibe es aber nicht mit der Creme, sondern gleiche immer nur die Trockenheit aus. Achte bei der Wahl deiner Produkte ganz besonders auf Feuchthaltefaktoren (wie Hyaluronsäure, Harnstoffe oder Glycerin), UV-Filter und bei Bedarf auch auf juckreizstillende Inhaltsstoffe (wie Polidocanol oder Penthenol) sowie kühlende Wirkstoffe (wie Menthol oder Campher).

Rat für Eleah: Du machst überhaupt nichts falsch. Normale Haut sollte morgens und abends mit einer milden Seife gereinigt werden. Im Anschluss solltest du aber immer noch ein wenig Creme mit einem ausgewogenen Fett- und Feuchtigkeitsanteil auftragen. Im Winter sollte der Fettanteil und im Sommer der Feuchtigkeitsanteil höher sein. Achte bei der Wahl deiner Produkte auf Feuchthaltefaktoren (wie Hyaluronsäure oder Glycerin), Radikalfänger (wie Vitamin C und E) und UV-Filter.

Rat für Jonas: Du hast ganz klar Mischhaut. Viele Marken bieten Produkte an, die genau auf dieses Dilemma abgestimmt sind. Da deine Mischhaut jedoch sehr stark ausgeprägt zu sein scheint, musst du deine Pflege auf zwei Hauttypen abstimmen. Die Wangen und Augenpartien reinigst du nur mit Wasser und cremst sie regelmäßig mit einer Fettcreme ein. Für die T-Zone nutzt du hingegen ein Reinigungsöl und Feuchtigkeitscreme. Achte bei der Wahl deiner Produkte generell auf Feuchthaltefaktoren und UV-Filter. Bei Bedarf sollten auch juckreizstillende Inhaltsstoffe und kühlende Wirkstoffe enthalten sein. Für die T-Zone sind antibakterielle Inhaltsstoffe und beruhigende Wirkstoffe wichtig.

Rat für Paul: Du hast eine sehr fettige Haut und leidest unter leichter Akne. Du solltest zunächst darauf achten, deine Haut nicht zu „überpflegen". Nutze zur Reinigung deiner Haut ph-hautneutrale und parfümfreie Waschemulsionen auf Öl-in-Wasser-Basis. Sie halten den ph-Wert deiner Haut auf natürlichen 5,5 und verhindern, dass sich schädliche Bakterien ansiedeln. Obwohl deine Haut glänzt, ist eine Pflegecreme wichtig, allerdings ohne Fett. Achte bei der Wahl deiner Produkte auf Feuchthaltefaktoren (wie Hyaluronsäure oder Glycerin), antibakterielle Inhaltsstoffe (wie Aloe Vera oder Bisabolol), beruhigende Wirkstoffe (wie Allantoin oder Panthenol) und UV-Filter.

Die Hauttypen im Überblick

Normale Haut	Trockene Haut	Fettige/Ölige Haut	Mischhaut
Normale Haut hat • eine samtartige, gut durchblutete, straffe, rosige Oberfläche, • feine Poren und • keine Sommersprossen oder Leberflecken.	Trockene Haut hat • eine schuppige und raue Oberfläche und • kleine Poren. Sie neigt zu Fältchen oder schmerzhaften Rissen verbunden mit einem (starken) Juckreiz.	Fettige Haut hat • eine glänzende Oberfläche und • große Poren. Sie neigt zu Mitessern, Pickeln und Hautunreinheiten, altert jedoch nicht so schnell.	Mischhaut hat • sowohl trockene Stellen (Augen, Wangen) als auch • fettige Stellen (T-Zone: Nase, Kinn, Stirn).

Was du noch wissen solltest
- Mit Beginn der Pubertät verändert sich die Haut. Das liegt an den Hormonen. Deutliches Zeichen sind entzündete Pickel. Man spricht dann von Akne. Finger weg von den Pickeln und ab zum Arzt.
- Kosmetika enthalten zum Teil bedenkliche Stoffe. Informiere dich daher z. B. bei Ökotest. Vergleiche die Preise, nicht immer sind die teuren Produkte die besseren.
- Die Haltbarkeit von Kosmetika ist begrenzt. Sie sollten lichtgeschützt und kühl aufbewahrt werden. Haben sie ihren Geruch oder ihr Aussehen verändert, dann wirf sie weg.
- Schütze deine Haut vor direkter Sonneneinstrahlung. Unsichtbare ultraviolette Strahlen dringen tief in die Haut ein und können dort Schädigungen hervorrufen. Außerdem verliert die Haut Feuchtigkeit und Elastizität.

1
Lies die Aussagen der vier Jugendlichen durch.
a) Welche Hauttypen werden beschrieben?
b) Welchen Hauttyp hast du?

2
a) Lies die Ratschläge und bewerte, ob sie eine Hilfe für die Personen sein können.
b) Wer berät dich und welche Erfahrungen hast du gemacht?

3
Bringt eure eigenen Pflegeprodukte mit, überlegt euch Bewertungskriterien und bewertet die mitgebrachten Produkte.

Du kennst ...
die vier kosmetischen Hauttypen und kannst deine eigenen Pflegeprodukte bewerten.

Wir planen und gestalten einen Wellnesstag

Bewegung, Entspannung, Pflege und Massagen gehören zu einem Wellnesstag. Diesen für einen Personenkreis zu gestalten, macht Spaß und bringt neue Erfahrungen. Die Methode Event (S. 27) hilft euch bei der Planung.

So hat die Klasse 9d ihren Wellnesstag gestaltet

88.1 Raum schmücken

88.2 Gesichtsmaske

88.3 Yogahaltung

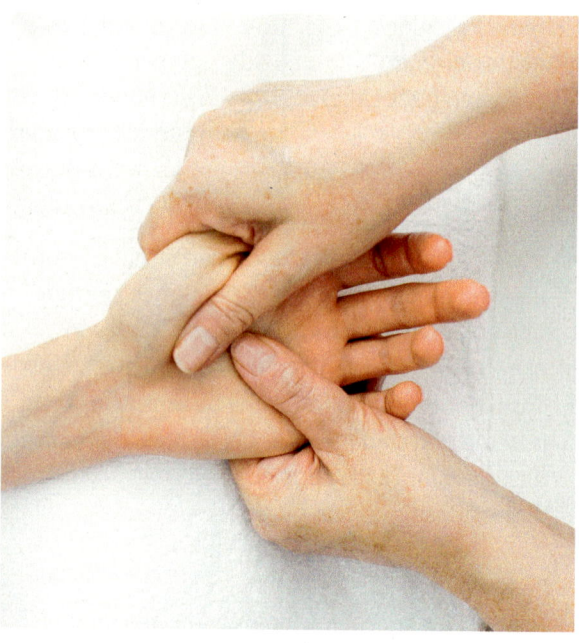

> **Balsam für deine Hände**
> Zutaten: 20 g Kakaobutter | 10 g Sheabutter | 12 ml Jojobaöl | 12 ml Mandelöl
>
> *Zubereitung und Anwendung:* Erwärme alle Zutaten in einem passenden Gefäß im Wasserbad, bis sie geschmolzen sind. Lass die Creme dann unter mehrmaligem Verrühren abkühlen und fülle sie in ein verschließbares Gefäß um. Gib etwas von der eher festen Creme auf deine Hände. Durch deine Körperwärme wird sie weich und lässt sich gut auftragen.

88.4 Handmassage

Achte immer auf Hygiene!

Du kannst …
ein kosmetisches Produkt herstellen und einen Wellnesstag planen, gestalten und durchführen.

SCHÖN SEIN UND SICH WOHLFÜHLEN

Körper formen und verändern

„Body-BUILDING"

Sport verbinden die meisten Menschen mit Abnehmen, hartem Training und Disziplin. Doch wer beim Sport keinen Spaß empfindet, hält nicht lange durch. Egal ob Joggen, Krafttraining, Mannschaftssport, Wandern, Tanzen oder Ähnliches, es ist die Bewegung an sich, die uns fit und schön macht.

89.1 Joggen

89.2 Kraftsport

89.3 Handball

89.4 Tanzen

Regelmäßige Bewegung hat folgende Auswirkungen auf den Körper:
- bessere Durchblutung und Versorgung der Haut mit Nährstoffen
- Straffung des Bindegewebes
- Verbesserung der Körperhaltung
- Linderung von Rückenschmerzen
- Abbau von Stress

Sportangebote vor Ort

Kriterien für die Auswahl von Sportangeboten vor Ort:
1. Wie viel kostet es?
2. Passen die Kurszeiten in meinen Alltag?
3. Wie komme ich zum Veranstaltungsort?
4. Wie ist die Hygiene vor Ort?
5. Wie viel Spaß macht es mir?
6. Welche Verpflichtungen gehe ich ein?

89.5 Wandergruppe

89.6 Tennis

---

1 Ⓐ
Warum sollten wir uns regelmäßig bewegen?

2 Ⓡ Ⓟ
a) Erstellt anhand des Fragenkatalogs einen Bewertungsbogen für Sportangebote vor Ort.
b) Erkundet die Sportangebote in eurer Umgebung.
c) Bewertet sie anhand des Bewertungsbogens.
d) Vergleicht eure Ergebnisse.

3 Ⓡ
Wie wirken sich Bewegung und Sport auf unser Sozialverhalten und unsere Psyche aus? Diskutiert über eure Ergebnisse.

> **Du kennst …**
> die positiven Auswirkungen von Bewegung auf deinen Körper und kannst das Sportangebot in deiner Umgebung bewerten.

Diäten

● Zig Diäten habe ich schon ausprobiert, aber keine hat mir wirklich geholfen. Nach dem Ende der Diäten habe ich sogar noch zugelegt. Dann habe ich die Low-Carb-Diät (Atkins-Diät) für mich entdeckt. Hier muss ich keine Kalorien zählen und mein Speiseplan ist voll mit fettigen Eiweißprodukten wie Fleisch, Käse oder Sahne. Lediglich auf Kohlenhydrate muss ich so gut es geht verzichten.

● Diäten waren noch nie so mein Ding, aber ich hatte einige Kilos zugenommen. Durch eine ausgewogene Ernährung mit viel Gemüse und Obst sowie täglich einer halben Stunde Bewegung habe ich mein Wohlfühlgewicht schnell wieder erreicht.

● Ganz auf Fast-Food und Süßes verzichten?! Niemals. Deshalb teste ich das Weight-Watchers-Programm. Finanziell unterstützt mich dabei meine Mutter. Inzwischen rechne ich nur noch in Punkten. Lebensmittel mit viel Fett haben viele Punkte, Lebensmittel mit viel Eiweiß wenige. Durch das Fußballtraining erhalte ich einige Aktivpunkte zusätzlich. Begrenzt wird das Ganze durch mein Tages- und Wochenbudget an Punkten.

● Ich leide unter Zucker und muss meine Ernährung, Bewegung und Insulintherapie in einem ausgewogenen Verhältnis halten. Zwar muss ich inzwischen auf nichts mehr verzichten, dennoch sollte ich Süßigkeiten und fettreiche Speisen nur in Maßen verzehren. Eine gesunde Ernährung hilft mir meinen Alltag besser zu meistern.

1 ≡ Ⓐ
Lies dir die vier Fälle durch und nenne Beweggründe, warum sich die Menschen so verhalten.

2
Hast du selbst schon einmal eine Diät gemacht? Sprecht über eure Erfolge bzw. Misserfolge.

3 ≡ Ⓡ
a) Recherchiere die Grundregeln einer ausgewählten Diät.
b) Bewerte diese Diät anhand folgender Kriterien: Kosten, Zeitaufwand pro Tag, Dauer, ausgewogene Nährstoffaufnahme, Menge der Einschränkungen, Energieaufnahme und versprochener Gewichtsverlust pro Woche.
c) Tauscht euch über die unterschiedlichen Diäten aus.

Du kennst ...
verschiedene Diäten und kannst diese bewerten.

SCHÖN SEIN UND SICH WOHLFÜHLEN

Schönheitsoperationen

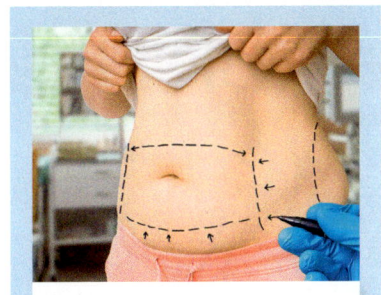

● Für den Sommer musste ein flacher Bauch her, aber Sport?! Das ist nichts für mich. Ich habe mich daher für eine Fettabsaugung entschieden. Das hat mich zwar viel Geld gekostet, aber die Strandfigur für den Sommerurlaub war es mir wert. War halb so wild, wenn ich zunehme, mache ich es einfach wieder.

● Die ständigen Rückenprobleme und die Gaffer im Sommer waren besonders schlimm für mich. Mein größter Wunsch war es daher meine Brüste verkleinern zu lassen. Mit 18 Jahren hörten meine Brüste endlich auf zu wachsen und ich konnte mir meinen Traum erfüllen. Die Kosten dafür hat sogar die Krankenkasse übernommen.

● Die Krümmung meiner Nasenscheidewand hat mir das Atmen enorm erschwert. Der einzige Weg, das wieder in den Griff zu bekommen war eine Korrektur meiner Nase vornehmen zu lassen. Heute habe ich keine Probleme mehr mit dem Atmen und eine schöne gerade Nase.

... da zahlt man dann sein Leben lang dafür.

Oder deine Wunden heilen nicht richtig. Dann hast du Narben die den ganzen Eingriff sinnlos erscheinen lassen.

Eine Vollnarkose ist immer gefährlich ...

... und dann noch die Angst vor Kunstfehlern.

Ich habe sogar gehört, dass viele mit dem Ergebnis überhaupt nicht zufrieden sind.

1 Ⓐ
Nenne mögliche Motive für Schönheitsoperationen.

2 Ⓐ Ⓡ
Welche Risiken sind tatsächlich mit einer Schönheitsoperation verbunden?

3
Bewerte Schönheitsoperationen anhand folgender Kriterien: Beweggründe, mögliche Risiken und Kosten.

4
Schönheitsoperationen nehmen bei Männern und Frauen zu. Diskutiert mögliche Gründe dafür.

Du kannst ...
Vor- und Nachteile von Schönheitsoperationen benennen.

Sportbekleidung – Funktional und trendy

Beim Sport oder bei der Freizeitgestaltung sollten die Leistungsfähigkeit und das Wohlbefinden nicht leiden, egal welches Wetter vorherrscht. Aus diesem Grund gibt es unterschiedliche Anforderungen an Bekleidung.

92.1 Triathlon

Anforderungen an Sportbekleidung

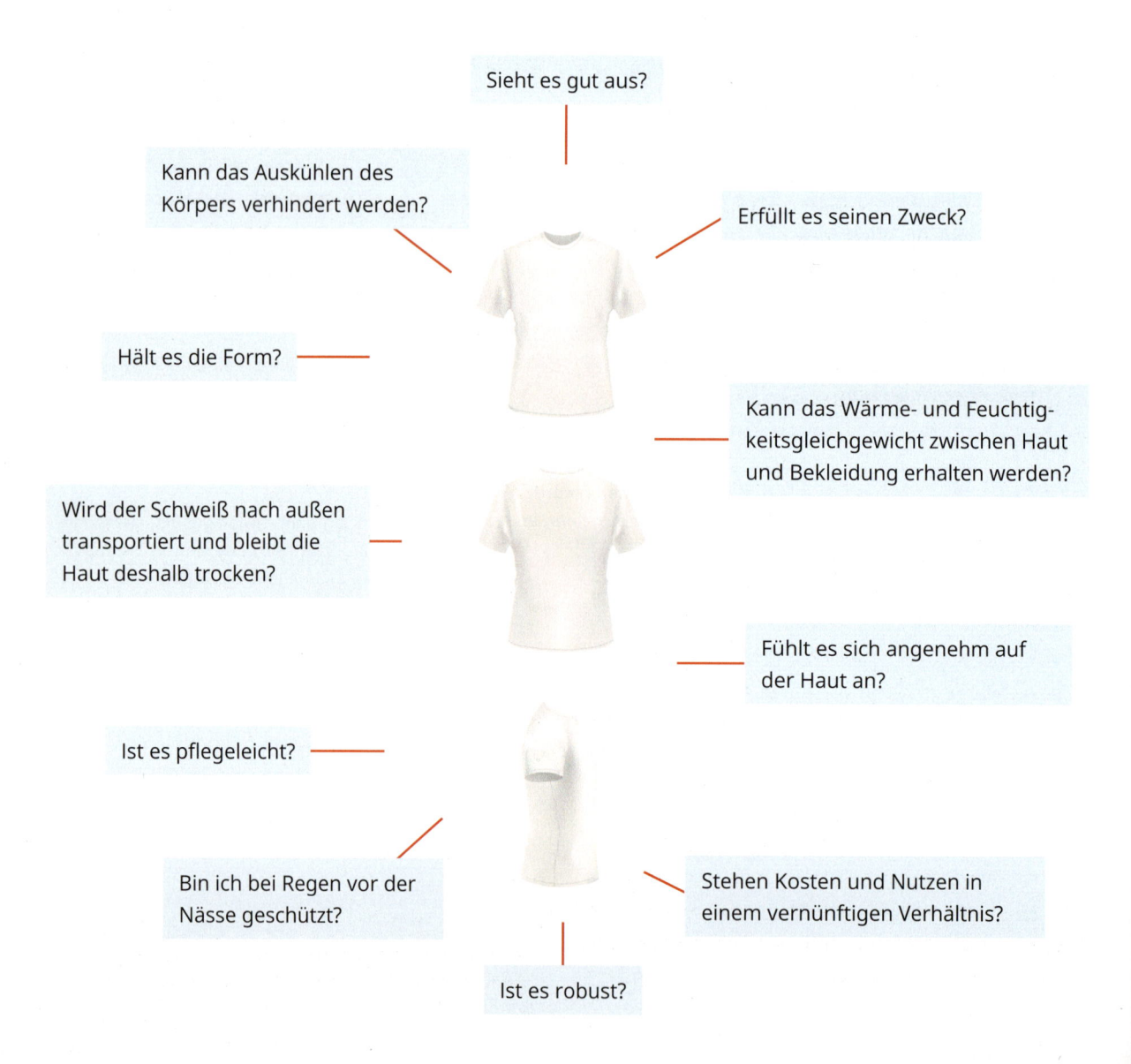

- Sieht es gut aus?
- Kann das Auskühlen des Körpers verhindert werden?
- Erfüllt es seinen Zweck?
- Hält es die Form?
- Kann das Wärme- und Feuchtigkeitsgleichgewicht zwischen Haut und Bekleidung erhalten werden?
- Wird der Schweiß nach außen transportiert und bleibt die Haut deshalb trocken?
- Fühlt es sich angenehm auf der Haut an?
- Ist es pflegeleicht?
- Stehen Kosten und Nutzen in einem vernünftigen Verhältnis?
- Bin ich bei Regen vor der Nässe geschützt?
- Ist es robust?

Sportbekleidung kann aus verschiedenen Fasern bestehen

Bei der Herstellung von Sportbekleidung werden Naturfasern, Chemiefasern oder eine Mischung aus den beiden Materialien verwendet.

Naturfaser
Verwendet wird in erster Linie Merinowolle. Da sie antibakteriell wirkt, ist die Geruchsbildung sehr gering. Dies hat zum Vorteil, dass die Sportbekleidung mehrere Tage in Folge getragen werden kann. Darüber hinaus können sie bis zu einem Drittel ihrer Masse an Flüssigkeit aufnehmen und fühlen sich dennoch nicht nass an.

Chemiefaser
Neben Polyester, Nylon, Polyacryl wird auch Elasthan verwendet. Der Vorteil von Chemiefasern ist, dass sie Schweiß schnell und zuverlässig aufnehmen und diesen an die nächste Kleidungsschicht weiterleiten. So bleibt der Körper trocken und kühlt nicht aus. Unangenehm ist jedoch, dass sich geruchsbildende Bakterien gut und schnell vermehren.

Ausrüstungsverfahren
Durch verschiedene Ausrüstungs- und Beschichtungsverfahren können herkömmliche Fasern so verändert werden, dass sie sich noch besser zum Treiben von Sport eignen.

Laminatsystem
Um den zahlreichen Anforderungen an Sportbekleidung gerecht zu werden, verwendet man auch Laminatsysteme.
Eine Kunststoffmembran zwischen Oberstoff und Futter verhindert, dass Wasser (Regen) eindringt, nimmt aber Wasserdampf (Schweiß) auf und transportiert ihn nach außen. Ein Beispiel für eine solche Membran ist Gore-Tex®. Die Poren dieser Membran sind zu klein für Wassertropfen. Wasserdampfmoleküle können die Membran jedoch passieren.
Durch das Imprägnieren des Oberstoffs und dem Verschweißen der Nähte entsteht ein absolut wasserdichtes Kleidungsstück. Zudem sind solche Kleidungsstücke auch winddicht.

Etwas ganz Besonderes – Smart Clothes
Die intelligente und schicke Kleidung verbindet herkömmliche Funktionen der Kleidung mit elektronischen Spezifikationen. Gemeint sind beispielsweise T-Shirts mit Herzfrequenz-Sensoren oder Socken, die während des Joggens genau speichern, wie hoch der Druck beim Abrollen ist. Es werden zwar bereits Smart Clothes verkauft, aber die Entwicklung ist längst noch nicht abgeschlossen. Wir können gespannt sein, welchen Nutzen diese Neuheit zukünftig für uns hat.

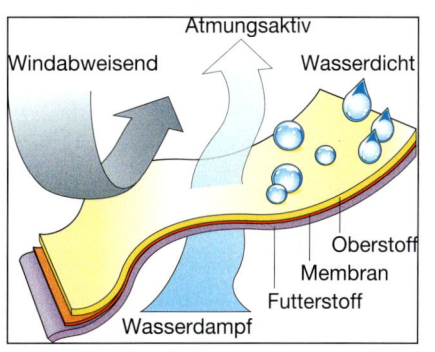

93.1 Smart Clothes

93.2 Gore-Tex-Membran

1
a) Welche Anforderungen werden an Funktionstextilien gestellt?
b) Warum sind diese Anforderungen im Sportbereich besonders wichtig?

2
Welche Textilien eignen sich für Sportbekleidung?
a) Wählt Eigenschaften aus, die ihr untersuchen wollt.
b) Überlegt euch unterschiedliche Versuche.
c) Führt die Versuche mit Gore-Tex®, einer synthetischen Faser und Merinowolle durch.
d) Diskutiert eure Ergebnisse.

Du kennst ...
Anforderungen an Sportbekleidung und kannst die Eignung unterschiedlicher Textilien als Sportbekleidung bewerten.

Zwischen Parfümproben und Gutscheincodes –
Produkte clever vermarkten

Marketing

Unter dem Begriff Marketing versteht man nicht nur die Werbung, sondern alle Methoden und Maßnahmen, die ein Unternehmen anwendet, um seine Marketingziele zu erreichen. Bei den Marketingzielen werden die quantitativen von den qualitativen Marketingzielen unterschieden. Quantitativ bedeutet: die Anzahl oder die Größe von etwas betreffend. Man kann quantitativ mit „zahlen- oder mengenmäßig" übersetzen. Diese Ziele lassen sich z. B. in Geld messen und sind leicht überprüfbar. Bei quantitativen Marketingzielen geht es beispielsweise darum, den Gewinn oder Umsatz zu erhöhen, die Marktanteile zu steigern oder die Markführerschaft zu erlangen.

Qualitativ bedeutet: die Beschaffenheit von etwas betreffend. Sie sind nicht so leicht zu überprüfen. Bei den qualitativen Marketingzielen geht es darum, Kunden zu gewinnen, bekannter zu werden, das Image zu steigern oder das Vertrauen von potenziellen Kunden zu gewinnen.

Marketingstrategien

Damit ein Unternehmen seine Ziele erreicht, wendet es sogenannte Marketingstrategien an. Marketingstrategien sind die langfristige Ausrichtung und das Konzept eines Betriebes. Die Marketingstrategien werden durch Marketinginstrumente umgesetzt. Sie sind Grundlage für die Kombination der vier Marketinginstrumente.

> **Katharina hier: LAGO Shopping – Center, Konstanz.**
> Gestern um 11:30
>
> Perfekter Shopping-Tag in Konstanz mit meinen Liebsten. In meinem Lieblingsladen gabs 10 % auf Klamotten. Bin komplett neu eingekleidet. Hab mir zwei neue Röcke, ein T-Shirt und eine passende leichte Strickjacke dazu gekauft. Die Parfümprobe, die man mir geschenkt hat, riecht toll. Werde das Parfüm sofort im Internet bestellen. Kaufe es gleich zwei Mal, dann bekomme ich einen Gutscheincode für meinen nächsten Onlineeinkauf.
> #iloveshopping #goodlife #friendship

Die vier Marketinginstrumente werden auch die „4 P" (Marketing Mix) genannt. Sie stehen für:
- **P**roduct (Produkt),
- **P**rice (Preis),
- **P**romotion (Kommunikationspolitik) und
- **P**lace (Vertriebspolitik).

Product (Produkt)
Hierzu zählen alle Überlegungen und Entscheidungen, die mit den Eigenschaften des Produktes zu tun haben, z. B. Namensgebung, Qualität, Verpackung, Sortiment und Design.

Price (Preis)
Hierzu zählen alle Entscheidungen und Vereinbarungen, zu welchem Preis ein Produkt angeboten werden kann. Es geht z. B. um den Grundpreis, Preisnachlässe oder Gutscheine, aber auch um Lieferungs- und Zahlungsbedingungen.

Marketing Mix

Promotion (Kommunikationspolitik)
Ziel der äußeren Kommunikation ist es, aufzufallen und möglichst viele potenzielle Kunden anzusprechen und zu gewinnen. Hierzu zählen z. B. die klassische Werbung, Anzeigen, Events, Messen, Gutscheincodes, der persönliche Verkauf und das Verteilen von Produktproben.

Place (Vertriebspolitik)
Hier werden alle notwendigen Entscheidungen getroffen, wie das Produkt zum Verbraucher gelangt. Es geht um den Ort des Warenangebotes, also beispielsweise darum, ob die Produkte in einem klassischen Geschäft angeboten werden oder ob das Produkt dem Kunden geliefert wird.

1
Ordne die Aussagen von Katharina (10 % Rabatt, Parfümproben, Gutscheincode) dem richtigen Marketinginstrument zu.

2
Erkläre die Begriffe Marketingziele, Marketingstrategien und Marketinginstrumente in deinen eigenen Worten.

3
Denke an deinen letzten Shoppingtag zurück. Welchen Maßnahmen aus dem Bereich „Promotion" bist du dort begegnet? Was hat es bei dir bewirkt? Tauscht euch in Partnerarbeit aus.

Du kannst …
Begriffe des Marketings erklären und an Beispielen erläutern, wie Marketingstrategien umgesetzt werden.

Hält **Werbung**, was sie verspricht?

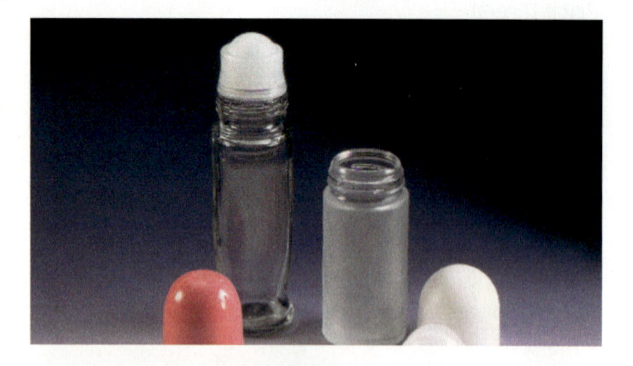

Im Bereich Kosmetik und Pflege gibt es vielversprechende Werbeaussagen. So wirbt Rexona mit seinem Stress Control Deodorant mit einem 48 Stunden Schutz vor Achselnässe. Dies soll auch für stressige Situationen zutreffen. In einem Werbespot von Schwarzkopf geht Heidi Klum bei Regen durch Hamburg, bei Sturm durch London und bei heißer Sonne durch Los Angeles. Dank des Taft Ultimates macht ihrer Frisur diese extremen Wettersituationen überhaupt nichts aus.

Das Super Stay 24 Stunden Make Up von Maybelline verspricht ultimativen Halt, Deckkraft und ein makelloses Aussehen – den ganzen Tag lang. Das Make Up färbt darüber hinaus nicht ab und bröckelt nicht. Dies sei einer speziellen <u>Micro-Flex-Technologie</u> zu verdanken. Maybelline wirbt auf der Website damit, dass das Make Up locker Hitze, Feuchtigkeit, Schweiß, Trockenheit und Bewegung widerstehe. Ebenfalls von Maybelline gibt es einen Nagellack, der in 40 Sekunden trocknet und bereits nach nur einem Mal Auftragen ein präzises Ergebnis verspricht.

1
Welche Produkte kennt ihr, die mit solchen Werbeversprechen werben? Tauscht euch zunächst in Partnerarbeit aus und sammelt danach so viele Beispiele wie möglich im Plenum.

2
Welche Erfahrungen habt ihr beim Kauf von solchen vielversprechenden Produkten gemacht?

3
a) Wählt in der Kleingruppe zwei Werbeversprechen von Pflege- oder Kosmetikartikeln, die ihr überprüfen wollt. Geht nach der Methodenseite „Versuche planen und durchführen" vor (S. 128).
b) Versucht dabei die Versuchsbedingungen so authentisch wie möglich darzustellen (z. B. Regen durch eine mit einer wassergefüllten Sprühflasche, Sturm mit einem Föhn, etc.).
Überlegt euch im Vorfeld mögliche Gefahren eurer Versuche und trefft notwendige Sicherheitsmaßnahmen.

Du kannst ...
Werbeversprechen von Pflege- oder Kosmetikprodukten überprüfen.

Schön sein und sich wohlfühlen

Zeig, was du kannst:

1
Nenne zwei Faktoren, die das Schönheitsideal beeinflussen können.

2
Tattoos sind für viele ein Schönheitsideal. Dennoch müssen sie in einigen Berufssparten immer noch verdeckt werden. Was sind mögliche Gründe?

3
Dein Schönheitsideal wird unter anderem durch Medien und dein Umfeld mitbeeinflusst. Was beeinflusst dich am meisten?

4
Die Haut ist schuppig und rau. Es bilden sich Fältchen und teilweise auch schmerzhafte Risse, die von einem Juckreiz begleitet werden. Welcher Hauttyp wird hier beschrieben?

5
Wie solltest du Kosmetika aufbewahren?

6
Du sollst deine Haut vor direkter Sonneneinstrahlung schützen. Was passiert, wenn du das nicht tust?

7
Nenne zwei Auswirkungen, die regelmäßige Bewegung auf deinen Körper hat.

8
Welche Kriterien sollte ein Sportangebot, das dich ansprechen will, erfüllen?

9
Wann spricht man von einer Diät?

10
Erkläre kurz, was man unter dem Weight-Watchers-Programm versteht.

11
Muss man eine Diät halten, um erfolgreich Gewicht zu verlieren?

12
Nenne je zwei Vor- und Nachteile einer Schönheitsoperation.

13
Welche Materialien werden für Sportbekleidung verwendet?

14
Skizziere den Aufbau der Gore-Tex®-Membran.

15
Warum werden Laminatsysteme den Anforderungen im Sportbereich besonders gut gerecht?

16
Was versteht man unter Smart Clothes?

17
Was bedeutet Marketing?

18
Was sind quantitative und qualitative Marketingziele? Nenne je zwei Beispiele.

19
Beschreibe die vier Elemente des Marketing-Mix.

20
Erkläre das Wort Werbeversprechen.

21
Warum nutzen Unternehmen Werbeversprechen? Nenne mindestens drei Gründe.

22
Nenne eine Möglichkeit, wie man ein Werbeversprechen aus dem Bereich Pflege- und Kosmetikprodukte überprüfen kann.

✓ **Lernbilanz**

Global denken – lokal handeln

Was ist ein nachhaltiger Lebensstil?

Wie kann ich mich beim Kauf einer Pizza, eines Kleidungsstücks oder eines Geräts nachhaltig verhalten?

Wie kann ich reklamieren?

Wer schützt mich als Verbraucherin und Verbraucher?

verbraucherzentrale

Morgens mit dem Fahrrad zur Arbeit,
in den Urlaub mit dem Zug, Tomaten, Zwetschgen und Äpfel jeweils zur Saison, energiesparende Haushaltsgeräte und ein gut gedämmtes Haus – das alles gehört zu einem nachhaltigen Lebensstil. Jede und jeder einzelne kann mit seinem Konsumverhalten dazu beitragen, dass wir die Umwelt weniger verschmutzen und weniger Ressourcen verbrauchen. Damit senden wir zugleich ein Signal an Wirtschaft und Politik: Denn was nachgefragt wird, wird auch angeboten und weiterentwickelt.

In diesem Kapitel ...
lernst du, was sich hinter dem Slogan „global denken – lokal handeln" verbirgt. Du lernst Möglichkeiten kennen, wie du dich bei Konsumentscheidungen im Alltag so verhalten kannst, dass sowohl die weltweiten Auswirkungen als auch die Folgen für dich und deine Umgebung in den Blick genommen werden.

Global denken – lokal handeln: Was heißt das für dich?

Jeder hat diesen Slogan schon einmal gehört. Betrachtet man die unterschiedlichen Lebensstile von Menschen, so stellt sich die Frage, welche Bedeutung dieser Slogan für das Denken und Handeln der einzelnen Personen hat.

● Mein Motto heißt Spaß haben und etwas erleben. Das gilt für mich bei der Arbeit und in der Freizeit. Meine Ausbildung als Friseurin ist total cool, denn alle sind jung und leben im Hier und Jetzt. Ausgefallene Frisuren, hippe Kleidung und Schmuck gehören bei uns dazu. Ich färbe jeden Monat meine Haare in einer anderen Farbe. Klar weiß ich, dass die Färbeprodukte Hautausschläge und Reizungen verursachen können. Außerdem sind sie nicht gerade umweltfreundlich. Aber was soll's? Mir gefällt's! Mit meiner Clique gehe ich oft fort. Meist entscheiden wir spontan und machen das, was Spaß macht. Natürlich geht nicht alles. Mein Lehrlingsgehalt ist nicht sehr üppig.

● Schon immer habe ich ein Ziel vor Augen, auf das ich spare. Bei mir muss alles, was ich kaufe, schön aussehen, einfach zu bedienen und lange haltbar sein. Meist sind es deshalb Markenprodukte. Es gefällt mir, wenn andere mich bewundern und für meinen Stil loben. Ich habe mich bewusst für einen kaufmännischen Beruf entschieden, bei dem es gute Aufstiegschancen und die Aussicht auf einen hohen Verdienst gibt. Außerdem finde ich es schön, dass man in meinem Beruf immer gut gekleidet sein muss. Mein größter Wunsch ist im Moment, mir ein kleines Cabrio leisten zu können. Bisher muss ich mit dem Bus zur Arbeit fahren. Aber mit dem Auto vorzufahren – das hat schon was!

Global denken heißt, bei allen Entscheidungen zu bedenken, welche Auswirkungen diese auf die Umwelt und die Gesellschaft nicht nur bei uns, sondern weltweit haben. Lokal handeln heißt, dieses Wissen vor Ort unter den lokalen Gegebenheiten umzusetzen oder sogar die lokalen Gegebenheiten aktiv zu verändern.

100.1 Verschiedene Menschen – unterschiedliche Lebensstile

GLOBAL DENKEN – LOKAL HANDELN

● Ich lasse mich nicht gerne festlegen. Ich habe viele Ideen und es macht mir Spaß, diese umzusetzen. Langeweile kommt bei mir nicht vor. Der Markenwahn von manchen Leuten geht mir auf den Wecker. Die haben alle keine Ideen, wie man zum Beispiel Kleidung geschickt und witzig kombinieren kann. Da findet man oft tolle Teile auf dem Flohmarkt. Ich muss nicht immer der neuesten Mode hinterherrennen. Ich muss nicht allen gefallen. Da habe ich ein gutes Selbstbewusstsein. In meiner Ausbildung als Dekorateurin kann ich mich total ausleben. Meine Ideen sind gefragt und es macht mir Spaß, mit anderen am gleichen Thema zu arbeiten. In meiner Clique bin ich bekannt als Sammlerin. Ich kann aus allem noch was machen, meine Geschenke sind Unikate und kommen gut an. Einmal im Monat treffen wir uns bei einer meiner Freundinnen zum Kochen. Wir erfinden Gerichte und kaufen, wenn möglich, das ein, was zur Jahreszeit passt und nicht so teuer ist.

● Seit zwei Jahren esse ich kein Fleisch mehr. Die Berichte über Massentierhaltung und die Auswirkungen auf Tier und Umwelt haben mich echt fertiggemacht. Ich finde, dass man als Einzelner schon eine Verantwortung hat. Das afrikanische Sprichwort ist mein Lebensmotto: „Viele kleine Leute an vielen kleinen Orten, die viele kleine Dinge tun, werden das Gesicht der Erde verändern." Das hat auch meine Berufswahl beeinflusst. Als Erzieherin hoffe ich, dass ich den Kindern ein Vorbild bin. Umweltgerechtes Verhalten muss schon im Kindesalter anfangen. Mit meiner Clique bin ich mir einig. Wir versuchen, unsere Freizeit so zu gestalten, dass wir uns möglichst nachhaltig verhalten. Letztes Jahr sind wir zum Beispiel mit Fahrrad und Zelt um den Bodensee gefahren. Die Kleidung, die mir nicht mehr gefällt, bringe ich zu Tauschbörsen. Oft finde ich da im Gegenzug tolle Sachen. Gut, dass ich auf dem Land wohne. Da kann ich vieles beim Bauern einkaufen.

1 ≡ Ⓐ
Vergleiche die Lebensstile der Personen und finde eine Überschrift für jeden Lebensstil.

2 ≡
Beschreibe deinen Lebensstil und gib ihm eine Überschrift.

3 ≡
Was haben diese Lebensstile mit dem Slogan „Global denken – lokal handeln" zu tun?

Du kannst ...
unterschiedliche Lebensstile benennen und bewerten.

Was ist ein **nachhaltiger Lebensstil?**

Bei einem nachhaltigen Lebensstil geht es um eine Alternative zum konsumorientierten Verhalten. Nachhaltig leben bedeutet nicht, auf alles verzichten zu müssen, sondern gut und maßvoll zu leben und Verschwendung zu vermeiden. Das Stichwort heißt „Suffizienz", übersetzt „das richtige Maß" oder „genügend". Es geht dabei um eine Haltung dem Konsum gegenüber: ein „Genug" anstelle des „Immer mehr". Hinter dieser Haltung stehen Fragen wie „Brauche ich das wirklich?" oder „Was passiert, wenn ich darauf verzichte?" Es wird deutlich, dass zu einem nachhaltigen Lebensstil auch der Verzicht gehört. Neben ökologischen und ökonomischen Überlegungen spielt auch die Frage nach der Sozialverträglichkeit eine große Rolle: „Welche Auswirkungen hat unser Konsumverhalten auf die Arbeits- und Lebensbedingungen der Menschen, die an der Produktion beteiligt sind?" „Welche Auswirkungen hat unser Konsumverhalten auf die Lebensbedingungen der kommenden Generationen?" „Welche Auswirkungen hat mein Konsumverhalten auf meine eigene soziale Situation?".

Ein nachhaltiger Lebensstil bezieht sich also auf drei Bereiche:
- Sozialverträglichkeit
- Umweltverträglichkeit (Ökologie)
- Wirtschaftlichkeit (Ökonomie)

Tipps für einen nachhaltigen Lebensstil
- Kaufe nur Produkte, von denen du weißt, woher sie stammen.
- Kaufe, wo immer möglich, Produkte, die in der Region hergestellt wurden.
- Kaufe, wenn möglich, saisonal ein.
- Kaufe nur Produkte mit geringer Verpackung.
- Reduziere deinen Fleischkonsum.
- Achte beim Einkauf auf Produkte mit Ökolabel.
- Vermeide Billigware. Der Preis geht meistens auf Kosten der Umwelt und Sozialverträglichkeit.
- Mache nach Möglichkeit keine Spontankäufe. So hast du Zeit zu überlegen, ob du das Produkt wirklich brauchst.
- Achte beim Kauf von Geräten auf die Effizienzklasse.
- Verbrauche so wenig Wasser und Energie wie möglich.
- Kaufe nicht alle Produkte selbst, sondern überlege, welche du mit anderen teilen oder tauschen kannst.
- Vermeide nach Möglichkeit Müll.
- Vermeide Verschwendung.
- Teile dein Geld ein und konsumiere nicht auf Kosten deiner Mitmenschen.
- Achte beim Einkauf auf Gütesiegel und Testergebnisse.
- Informiere dich über Verbraucherrechte und -pflichten.
- Lies die Informationen auf den Produkten und mache dich kundig, wenn du etwas nicht verstehst.

1
Beschreibe in eigenen Worten, was man unter einem nachhaltigen Lebensstil versteht.

2
Beschreibe Verhaltensweisen aus deinem eigenen Leben, die nachhaltig sind.

3
Lies die Tipps für einen nachhaltigen Lebensstil und überlege dir zu jedem Tipp ein konkretes Beispiel.

4
Bildet Gruppen. Wählt aus den folgenden Bereichen ein Thema aus. Erstellt dafür Tipps für einen nachhaltigen Lebensstil. Präsentiert eure Ergebnisse und erstellt z. B. eine Broschüre, einen Zeitungsartikel oder ein Plakat mit Tipps für einen nachhaltigen Lebensstil.

Essen	Mobilität	Energie	Textilkonsum
Freizeit	Medien	Geräte	Reisen
Wasser	Wohnen	...	...

Du kennst ...
Kriterien eines nachhaltigen Lebensstils und kannst Beispiele dafür nennen.

Nachhaltig konsumieren: Jeder Anfang hat ein Ende

Der Lebenslauf von Produkten

Produktion
- Arbeitsbedingungen (Zeit, Arbeitsplatzgestaltung, Maschineneinsatz …)
- Rohstoffgewinnung
- Anbaumethode
- Tierhaltung

Herkunft
- Land
- Transportwege
- Transportmittel
- Produzent, Firma

Konsum
- Preis
- Qualität (Aussehen, Geschmack, Hygiene …)
- Verarbeitung
- Angebot
- Haltbarkeit, Lebensdauer

Entsorgung
- Recycling
- Restmüll
- Sondermüll

Der gesamte Ablauf von der Produktion bis zur Entsorgung hat Auswirkungen auf:

Sozialverträglichkeit
- Gesundheit
- Einhaltung der Menschenrechte
- gerechte Entlohnung
- Lebensgestaltung

Umweltverträglichkeit
- Ressourcenverbrauch: Wasser, Energie, Rohstoffe, Land
- Belastung von Wasser, Luft, Erde, Mensch

Wirtschaftlichkeit
- Kosten und Nutzen
- Gewinn und Gewinnverteilung
- Produktion und Nachfrage
- Handelsbeziehungen

Als Wertschöpfungskette bezeichnet man die Stationen, die Produkte von der Herstellung bis zur Entsorgung durchlaufen. Für die Bewertung eines Produkts unter Aspekten der Nachhaltigkeit muss bei allen Stationen die Sozialverträglichkeit, die Umweltverträglichkeit und die Wirtschaftlichkeit geprüft werden. Dies ist für Verbraucherinnen und Verbraucher nicht möglich. Sie müssen sich auf Siegel, Hersteller, Inhaltsstoffe und Bewertungen durch Medien verlassen.

Du weißt, …
was man unter einer Wertschöpfungskette versteht.

Nachhaltig konsumieren: Pizza unter der Lupe

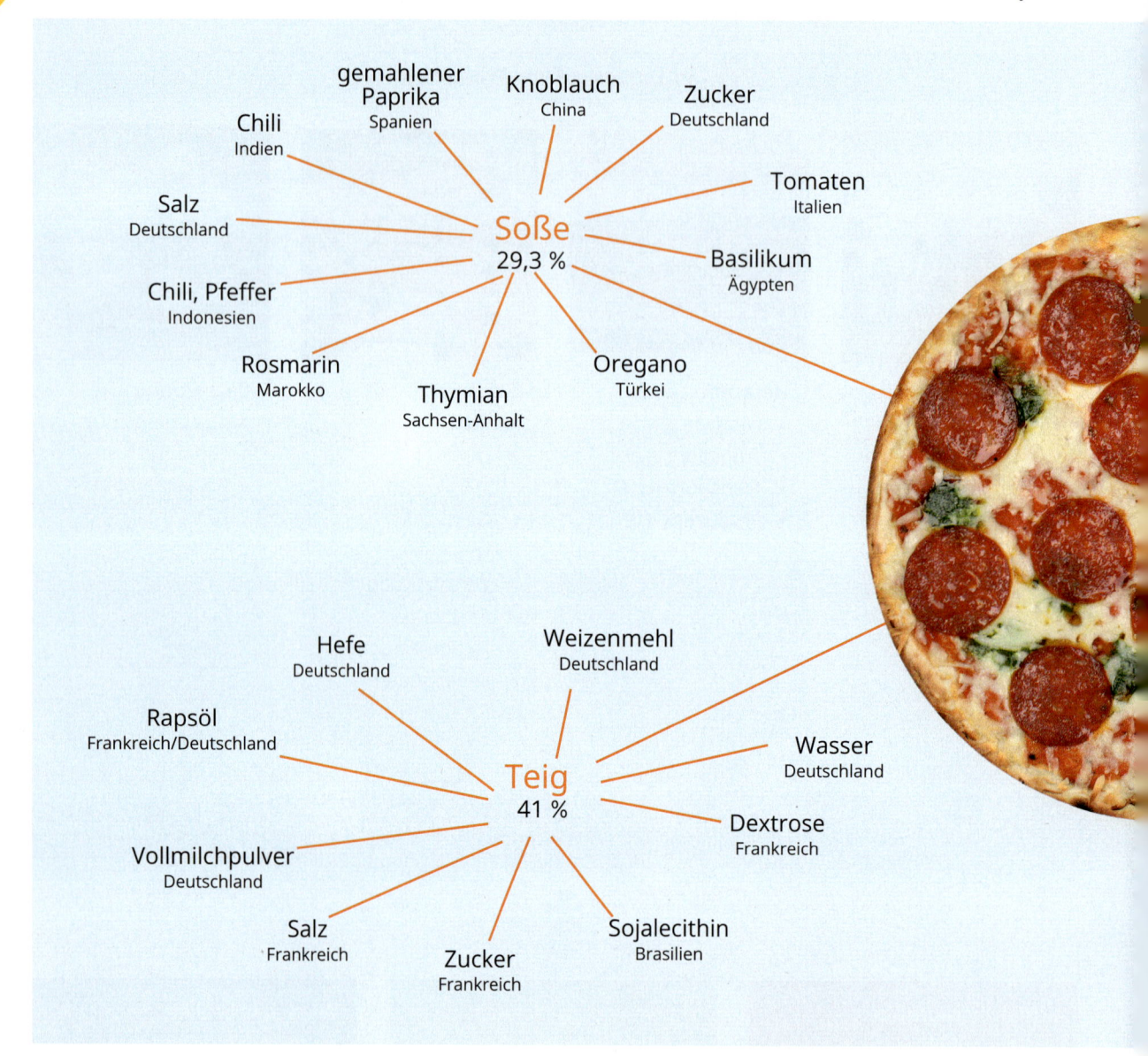

Soße 29,3 %
- Chili – Indien
- gemahlener Paprika – Spanien
- Knoblauch – China
- Zucker – Deutschland
- Salz – Deutschland
- Tomaten – Italien
- Basilikum – Ägypten
- Chili, Pfeffer – Indonesien
- Rosmarin – Marokko
- Thymian – Sachsen-Anhalt
- Oregano – Türkei

Teig 41 %
- Hefe – Deutschland
- Weizenmehl – Deutschland
- Rapsöl – Frankreich/Deutschland
- Wasser – Deutschland
- Dextrose – Frankreich
- Vollmilchpulver – Deutschland
- Salz – Frankreich
- Zucker – Frankreich
- Sojalecithin – Brasilien

Quelle: nach Die Zeit Nr. 31, S. 18, 25.7.2013

Das Beispiel einer Salami-Tiefkühlpizza zeigt, dass bei diesem Produkt die Zutaten aus der ganzen Welt stammen. Die Herkunftsrecherche zeigt auf, aus welchem Land die Zutat stammt. Bei der Nachhaltigkeitsbewertung kann dabei nur die Länge des Transportweges beurteilt werden. Grundsätzlich gilt: Je kürzer die Transportwege, desto besser fällt die Bewertung aus ökologischer Sicht aus.

1 Betrachte die Grafik und markiere auf einer Weltkarte die Herkunft der Zutaten. Überschlage die Gesamtsumme der Transportwege in Kilometer.

2 Vergleicht die Angaben auf verschiedenen Pizzaverpackungen. Welche Informationen sind für die Bewertung der Nachhaltigkeit von Bedeutung? Kennzeichnet diese und präsentiert eure Ergebnisse.

GLOBAL DENKEN – LOKAL HANDELN

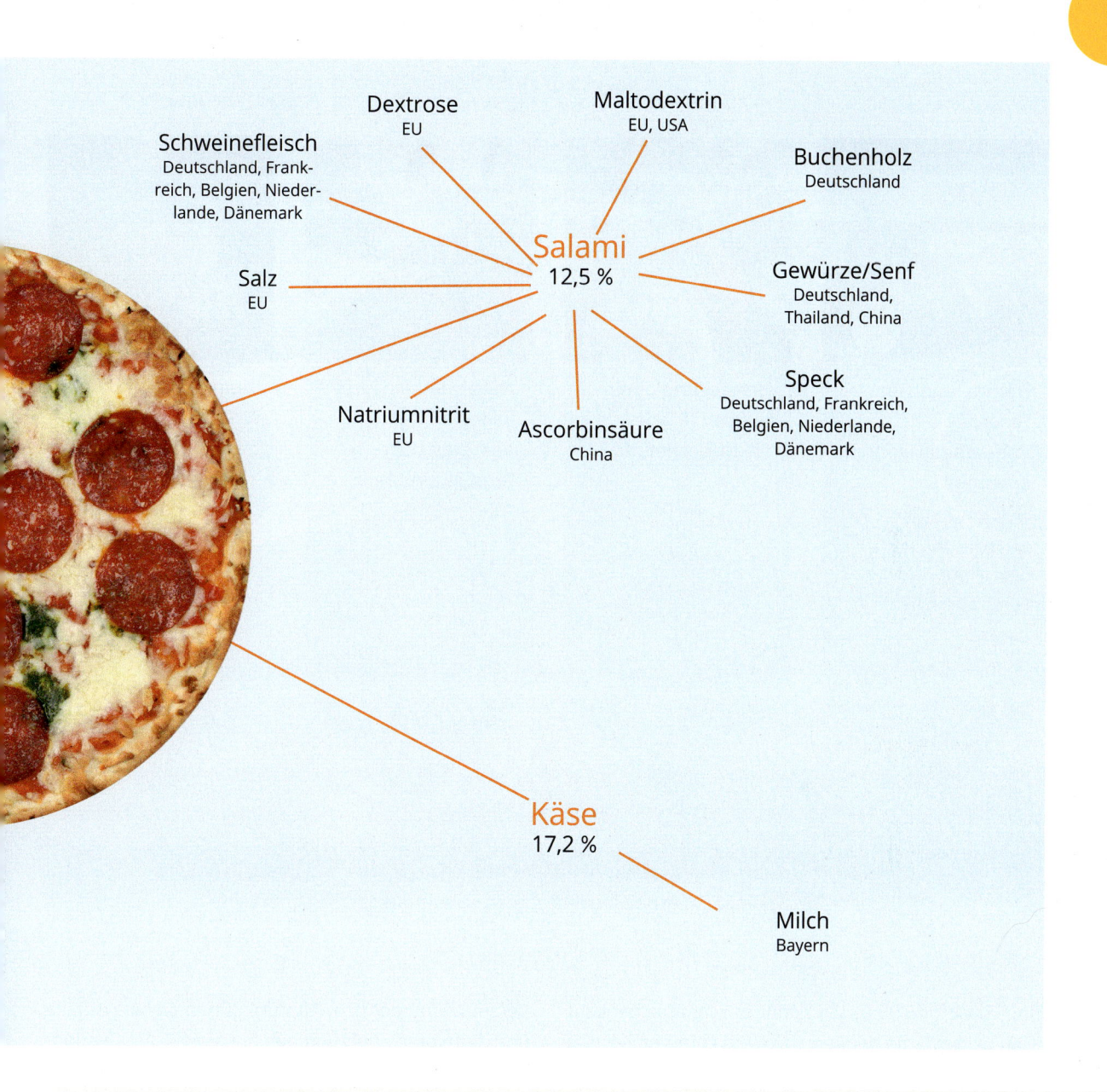

Salami 12,5 %
- Dextrose – EU
- Maltodextrin – EU, USA
- Schweinefleisch – Deutschland, Frankreich, Belgien, Niederlande, Dänemark
- Buchenholz – Deutschland
- Salz – EU
- Gewürze/Senf – Deutschland, Thailand, China
- Natriumnitrit – EU
- Ascorbinsäure – China
- Speck – Deutschland, Frankreich, Belgien, Niederlande, Dänemark

Käse 17,2 %
- Milch – Bayern

3
Stellt selbst eine Pizza her. Wählt Zutaten mit möglichst geringen Transportwegen aus. Berechnet die Summe der Transportwege und vergleicht sie mit dem Buchbeispiel.

a) Wirtschaftlichkeit (z. B. Preis),
b) Sozialverträglichkeit (z. B. Arbeitsbedingungen),
c) Umweltverträglichkeit (z. B. Anbaumethoden).

4
Versucht, am Beispiel einer Zutat eurer Pizza (z. B. Mehl) weitere Nachhaltigkeitsaspekte zu recherchieren:

Du kannst ...
eine grafische Darstellung interpretieren und durch die Auswahl von Produkten nachhaltig handeln.

Nachhaltig konsumieren: Bekleidung unter der Lupe

Der Lebenslauf eines T-Shirts

Herstellung von Fasern
Rohstoffgewinnung: weltweite Gewinnung von pflanzlichen, tierischen und synthetischen Fasern

Herstellung einer textilen Fläche/ Textilveredelung

Garn
↓
Textile Fläche
↓
Veredelung

Nähen des T-Shirts
inländische und ausländische Produktion

Angebot des T-Shirts im Laden
Läden, Internet, Märkte

Umweltverträglichkeit: Abwasser, Abluft, Verbrauch an Boden und Energie, Abfall
Sozialverträglichkeit: Arbeitsbedingungen, Entlohnung, Menschenrechte

Ein T-Shirt für 5,99 € - ein richtiger Schnäppchenkauf. „Geiz ist geil" – so denken viele und kommen leicht in einen Kaufrausch. Betrachtet man die Stationen einer textilen Produktion, so kann es gar nicht sein, dass bei einem solchen Preis nachhaltig produziert wurde. Viele Berichte von Näherinnen, die unter unmenschlichen Bedingungen Schuhe, Kleider und Taschen produzieren, bestätigen dies. Produziert wird häufig in Ländern, in denen billige Arbeitskräfte zur Verfügung stehen und deren Umweltauflagen locker sind. So kommt es, dass für den Transport eines Textils mehr Energie verbraucht wird als für die Herstellung und aufwendige Textilveredelung selbst. Ein T-Shirt kann bis zu 20.000 km zurücklegen, bis es bei uns im Laden landet. Was jedoch nicht sichtbar wird, ist die Verseuchung der Umwelt durch Chemikalien, Abfälle und Luftverschmutzung genauso wie die Gesundheitsschäden für die Arbeiterinnen und Arbeiter. Es ist nicht einfach, bei Kaufentscheidungen die Bedingungen der Produktionskette zu überblicken und zu bewerten, da die Kennzeichen in den Textilien nur das Land angeben, in dem der letzte Verarbeitungsschritt vollzogen wurde. Es gibt seit einiger Zeit jedoch Firmen, die für ihre Kundinnen und Kunden die Nachhaltigkeit ihrer Produkte überprüfen und garantieren, dass diese nachhaltig produziert werden. Global denken – lokal handeln kann zum Beispiel heißen, bei Neuanschaffungen solche Firmen zu bevorzugen, den eigenen Bekleidungskonsum zu reduzieren oder gebrauchte Kleidung wiederzuverwerten.

GLOBAL DENKEN – LOKAL HANDELN

Der Lebenslauf eines T-Shirts

Einkauf
Preis, Verpackung, Transport, Verbraucherrechte und -pflichten

Gebrauch und Pflege
- waschen
- Chemische Reinigung
- reparieren, ausbessern

Wiederverwertung
- Tauschbörse
- Flohmarkt
- Textil verändern/ weiterverarbeiten

Entsorgung
- Recycling
- Restmüll
- Sondermüll

Wirtschaftlichkeit: Gewinn des Unternehmens, Angebot und Nachfrage

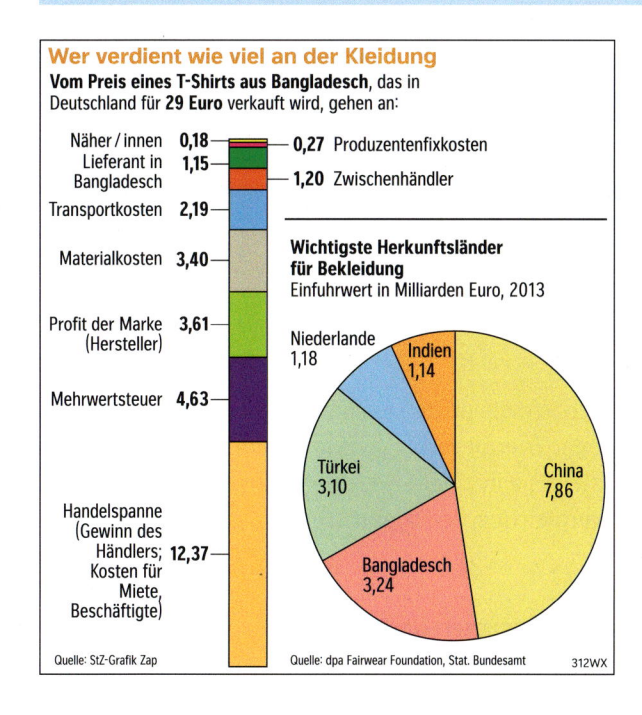

Wer verdient wie viel an der Kleidung
Vom Preis eines T-Shirts aus Bangladesch, das in Deutschland für **29 Euro** verkauft wird, gehen an:

- Näher/innen Lieferant in Bangladesch: 0,18 / 1,15
- 0,27 Produzentenfixkosten
- 1,20 Zwischenhändler
- Transportkosten: 2,19
- Materialkosten: 3,40
- Profit der Marke (Hersteller): 3,61
- Mehrwertsteuer: 4,63
- Handelsspanne (Gewinn des Händlers; Kosten für Miete, Beschäftigte): 12,37

Quelle: StZ-Grafik Zap

Wichtigste Herkunftsländer für Bekleidung
Einfuhrwert in Milliarden Euro, 2013
- Niederlande 1,18
- Indien 1,14
- Türkei 3,10
- China 7,86
- Bangladesch 3,24

Quelle: dpa Fairwear Foundation, Stat. Bundesamt

Du kannst ...
Auswirkungen der Konsumgüterproduktion beschreiben und Folgen für dein eigenes Konsumverhalten ableiten.

1 Ⓐ Ⓡ
Betrachtet die Stationen der Textilproduktion. Wählt eine Station aus und untersucht diese unter dem Aspekt der Nachhaltigkeit. Macht eine Erkundung (z. B. Schafzucht, Textilfabrik, Mülldeponie) oder recherchiert dazu im Internet.

2 Ⓡ
Wie sehen die Arbeitsbedingungen für Näherinnen aus? Sammelt Zeitungsberichte und recherchiert im Internet.

3 Ⓡ
Recherchiert, welche Firmen damit werben, nachhaltige Produkte im Bekleidungsbereich zu verkaufen. Vergleicht die Werbeaussagen.

4 Ⓐ
Erstellt in Kleingruppen Tipps für den eigenen nachhaltigen Konsum von Bekleidung und entscheidet euch für ein geeignetes Präsentationsmedium.

Nachhaltig konsumieren: Geräte unter der Lupe

Haushalte verbrauchen in Deutschland durchschnittlich 28 % der erzeugten Energie und 79 % des Wassers (Bundesumweltamt). Wasser, aber vor allem Energie, wird durch den Einsatz von verschiedenen Geräten im Haushalt verbraucht.

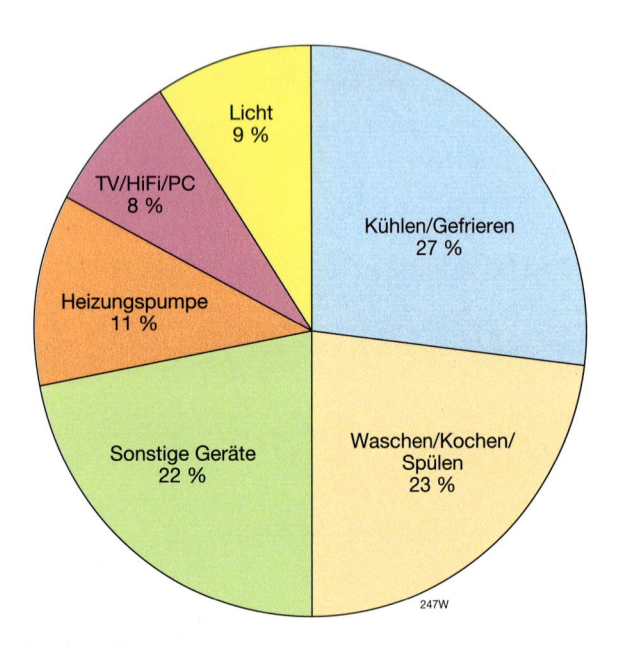

108.1 Verteilung des Energieverbrauchs im privaten Haushalt

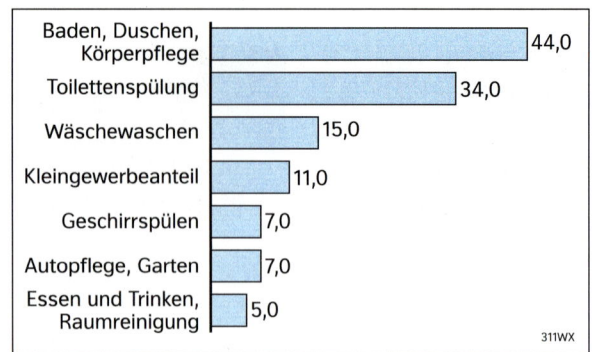

108.2 Verteilung des Wasserverbrauchs in privaten Haushalt in Litern pro Einwohner und Tag

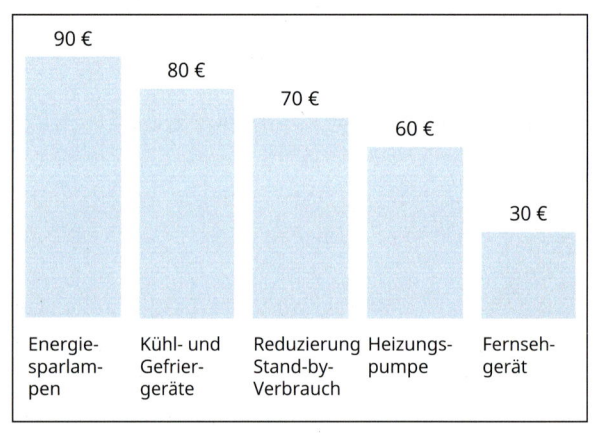

108.3 Strom sparen = Geld sparen

Soll der Verbrauch reduziert werden, müssen neben den alltäglichen Verhaltensweisen der einzelnen Personen die Geräte im Haushalt in den Blick genommen werden. Viele technische Neuerungen sind in den letzten Jahren unter dem Aspekt der Nachhaltigkeit entwickelt worden. Zusätzlich wurde der Verbraucherschutz weiterentwickelt, um den Verbraucherinnen und Verbrauchern Orientierungshilfen bei Kauf, Gebrauch und Entsorgung von Geräten zu bieten.

Auf Geräte kann und mag niemand verzichten. Wichtig ist, dass Verbraucherinnen und Verbraucher bei der Anschaffung, bei der Nutzung und bei der Entsorgung auf ein nachhaltiges Handeln achten. Durch den Einsatz effizienter Geräte und die Umsetzung einfacher Verhaltensmaßnahmen kann Strom und Wasser und letztlich auch Geld gespart werden. Mit effizienten Geräten und einfachen Tipps können über 300 € Stromkosten im Jahr gespart werden.

1 Erkundet, wofür bei euch zu Hause Wasser und Energie verbraucht wird.

2 Schätze die prozentuale Verteilung des Wasser- oder Energieverbrauchs in eurem Haushalt ein, stelle sie in einem Kreisdiagramm dar und vergleicht eure Ergebnisse.

3 Welche wasser- und energiesparenden Neuerungen im Haushalt kennt ihr? Tauscht euch aus.

4 Recherchiert, welche wasser- und energiesparenden Neuerungen es in den letzten fünf Jahren gab. Präsentiert eure Ergebnisse.

Anschaffung eines Haushaltsgerätes

Nachhaltig produzierte Geräte wählen

Unter welchen Bedingungen ein Produkt hergestellt wurde, sieht man ihm nicht an. Viele Elektronikprodukte werden in sogenannten Billiglohnländern gefertigt. Der Preis für diese Produkte ist deshalb so niedrig, weil Arbeitsbedingungen und Entlohnung häufig nicht den Anforderungen der Nachhaltigkeit entsprechen. Mit welchen Materialien das Produkt hergestellt wurde, kann man unter Umständen sehen und z. T. den Produktinformationen entnehmen. Die verwendeten Materialien sind für die Nachhaltigkeitsbewertung wichtig (z. B. Wiederverwertung der Materialien).

Energie- und wassersparende Geräte wählen

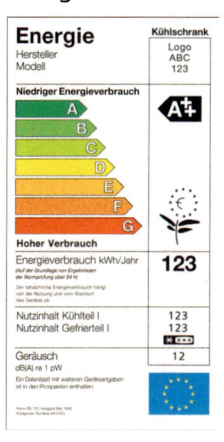

Das **EU-Energielabel** teilt Geräte in sieben Energieeffizienzklassen von A (sehr sparsam) bis G (extrem hoher Verbrauch) ein. Bei Kühl- und Gefriergeräten ist die Effizienzklasse A+++ die beste.
Auf guten Effizienzlabeln werden freiwillig auch Angaben zum Wasserverbrauch und über die Lautstärke der verursachten Geräusche gemacht.

109.1 Energieeffizienzzeichen

Kennzeichen zur Orientierung

Der blaue Engel steht seit vielen Jahren für viele Produkte im Haushalt, die sich durch die Einhaltung von ökologischen Kriterien auszeichnen. Er ist z. B. auf Toastern, Wasserkochern, Haartrocknern usw. zu finden.
Weitere Informationen: www.blauer-engel.de

Der Energystar kennzeichnet energiesparende Bürogeräte, wie Computer, Drucker, Faxgeräte, Kopierer usw.
Weitere Informationen: www.eu-energystar.org/

Das TCO-Prüfsiegel erhalten Geräte bei niedrigem Stromverbrauch, Umweltverträglichkeit, gesundheitsförderlichem Design und bei hoher Wiederverwertbarkeit der Einzelteile.
Weitere Informationen: www.tcocertified.com

Sonstige wichtige Überlegungen:

- bei manchen Haushaltsgeräten lohnt es sich, auf die passende Größe zu achten (z. B. Waschmaschine, Spülmaschine)
- das Gerät sollte einfach zu bedienen sein
- Pflege und Reinigung des Gerätes sollten unaufwendig selbst durchzuführen sein
- das Gerät sollte reparierbar sein
- auf schriftliche Garantie- und Serviceleistungen achten
- gesundheitliche Auswirkungen des Produkts (z. B. Strahlenbelastung) beachten
- das Gerät sollte bezahlbar sein

Die Energieeffizienz der angebotenen Produkte muss verglichen werden. Für Kühl- und Gefriergeräte, Waschmaschinen und Wäschetrockner, Geschirrspülmaschinen, Elektrobacköfen, Raumklimageräte und Lampen gibt es das EU-Energielabel.
Weitere Informationen zum Energie- und Wasserverbrauch von Geräten kann man durch Testberichte oder durch die Angaben in den Produktbeschreibungen, bei Verbraucherzentralen und durch die Verkaufsexpertinnen und -experten in Erfahrung bringen. Informationen findet man auch im Internet.

Einsatz von Haushaltsgeräten

Wusstet ihr schon…
- dass durch den Leerlauf von DVD-Geräten, Druckern, Telefonanlagen, Computern, Kaffeemaschinen etc., die im Stand-by-Modus immer noch Strom verbrauchen, in ganz Deutschland ungeheuer viele Kilowattstunden an Strom verschwendet werden? Die Stromverschwendung entspricht der Jahresleistung von drei Kernkraftwerken.
- dass Haushalte bis zu 76 % Strom einsparen könnten, wenn sie ihre alten Geräte durch effiziente Geräte eintauschen würden?
- dass der Wasserverbrauch eines Haushaltes um 50 % reduziert werden kann, wenn Sparduschköpfe verwendet werden und die Toilettenspülungen Stoppfunktionen haben?
- dass Heizlüfter, die z. B. häufig im Badezimmer eingesetzt werden, Strom im Wert von 75 € im Jahr verbrauchen?
- dass durch einen tropfenden Wasserhahn mehr als 1000 Liter Wasser im Jahr verschwendet werden?

TIPP
Den Stand-by-Modus durch das Ausschalten der Geräte unterbrechen. Hilfreich ist es, eine Steckerleiste mit Ein-/Aus-Schalter dazwischen zu schalten.

Ideen zum Strom und Wasser sparen:

Heizung und Beleuchtung
- Raumtemperatur senken: bereits ein Grad weniger spart eine erhebliche Menge Heizenergie
- im Winter Räume kurz und kräftig lüften
- gute Energiesparlampen verwenden. Der hohe Preis lohnt sich!
- in nicht genutzten Räumen Licht ausschalten

Computer, Drucker, Scanner…
- nur dann einschalten, wenn man sie auch tatsächlich braucht
- den Energiesparstatus der Geräte aktivieren

Haushaltsgeräte
- Geräte auslasten: Spülmaschine und Waschmaschine erst dann einschalten, wenn sie voll ist
- beim Spülen und Waschen mit Maschinen nach Möglichkeit das Sparprogramm wählen
- Kühl- und Gefriergeräte nie neben Wärmequellen, wie Heizungen und Herde stellen
- im Kühl- und Gefrierschrank Ordnung halten, damit die Geräte nur kurz geöffnet werden müssen
- Dichtungen von Kühl- und Gefriergerät, Waschmaschine und Geschirrspülmaschine regelmäßig kontrollieren
- verhindern, dass Gefriergeräte zu sehr vereisen
- die Temperatur des Kühl- und Gefriergerätes messen (Kühlschrank: +7 °C, Gefriergerät: −18 °C)

Körperpflege
- Duschen statt Baden – am besten mit einem Sparduschkopf.

1
Lies die Informationen durch. Was ist neu für dich?

2
Suche nach Strom- und Wasserfressern: zu Hause, in der Schule und in der Gemeinde. Mache Vorschläge.

3
Nimm dir eine neue umweltbewusste Handlungsweise vor, halte sie schriftlich fest und übe sie ein.

4
Stellt Fragen zusammen, die ihr an eine Energieberaterin oder einen Energieberater stellen könnt. Interviewt diese Person.

GLOBAL DENKEN – LOKAL HANDELN **111**

Entsorgung von Geräten

Wusstet ihr schon…
- dass seit 2005 die Rücknahme und die umweltverträgliche Entsorgung von Elektro- und Elektronikgeräten gesetzlich geregelt sind?
- dass die Elektro- und Elektronikaltgeräte kostenlos zurückgegeben werden können?
- dass manche Firmen Altgeräte selbst zurücknehmen, Einzelteile wiederverwenden und den Rest umweltgerecht entsorgen?
- dass in Europa jährlich 100 Millionen Handys im Müll landen?
- dass ein Handy durchschnittlich nur ein Jahr genutzt wird, obwohl es eine durchschnittliche Lebensdauer von fünf Jahren hat?
- dass Elektro- und Elektronikgeräte aus nicht nachwachsenden Rohstoffen bestehen?

Das ist wichtig!
Das Gesetz zur Rücknahme des Elektroschrotts gilt u. a. für folgende Geräte:
Haushaltsgroß- und -kleingeräte, Geräte der Informations- und Telekommunikationstechnik, Geräte der Unterhaltungselektronik, Beleuchtungskörper, elektrische und elektronische Werkzeuge, Spielzeug sowie Sport- und Freizeitgeräte.

111.1 Elektroschrott

Was hat der Krieg im Kongo mit meinem Handy zu tun?

In den meisten Handys ist das Metall Tantal enthalten. Dies wird aus dem wertvollen Erz Coltan gewonnen. Etwa 80 % des weltweit vorhandenen Coltans liegt in den Böden des Kongo. Der Kongo ist das ressourcenreichste Land Afrikas. Allerdings sind die Menschen dort nicht reich, denn auch wegen des Rohstoffs Coltan herrscht seit 1998 Bürgerkrieg. Dieser Krieg wird auch durch den Verkauf dieses Rohstoffes finanziert. Mehr als 2,5 Millionen Menschen verloren in diesem Krieg ihr Leben. Daher muss die Nachfrage nach Coltan reduziert werden. Außerdem herrschen im Coltanabbau menschenverachtende Arbeitsbedingungen – einschließlich der Kinderarbeit.

TIPPS
- Nutze Handys, Computer, Mp3-Player und andere Elektronikgeräte solange wie möglich.
- Wechsle alte Elektrogeräte aus, wenn sie im Vergleich zu Neugeräten Strom- und Wasserfresser sind.
- Funktionstüchtige Elektronikgeräte (z. B. Computer…) können weiterverkauft oder verschenkt werden.
- Informiere dich bei der kommunalen Abfallwirtschaft, wie und wo der Elektroschrott entsorgt werden kann.
- Bringe alte Geräte zur Entsorgung zu den Sammelstellen (auch Kleingeräte).

1 ≡ Ⓐ
Lies die Informationen durch. Was ist neu für dich?

2 ≡ Ⓡ
Befragt Expertinnen und Experten vor Ort, wie das Rücknahmegesetz umgesetzt wird.

3 ≡
Führt eine Erkundung z. B. in einem Demontagebetrieb oder Wertstoffhof durch (siehe S. 70).

Du kannst …
Kriterien für nachhaltigen Kauf und Gebrauch und die Entsorgung von Geräten benennen.

Nachhaltig konsumieren: Sich fortbewegen unter der Lupe

Wie man sich fortbewegt, hat unterschiedliche Folgen. Neben den **Umweltbelastungen** durch Abgase werden für den Straßenbau und Parkplätze Flächen verbraucht.

Außerdem entsteht durch Verkehr **Lärm**.

Etwa ein Drittel aller Autofahrten sind kürzer als zehn Kilometer und 23 % sogar kürzer als zwei Kilometer. Und das, obwohl das Fahrrad bei Wegstrecken unter zwei Kilometern in der Stadt das schnellere Fortbewegungsmittel ist.

● Familie Kühnert: Vater 40 Jahre, Mutter 38 Jahre, Philip 15 Jahre, Kira 13 Jahre

Familie Kühnert besitzt zwei Autos. Der Vater fährt täglich die acht Kilometer zu seiner Arbeitsstelle mit dem Auto. Wartezeiten bei öffentlichen Verkehrsmitteln und das Gedränge sind ihm lästig. Philip fährt mit dem Fahrrad zur vier Kilometer entfernten Schule. Dreimal in der Woche hat er Fußballtraining im Nachbarort. Seine Mutter bringt und holt ihn mit dem Auto. Kira fährt täglich mit dem Bus in die Schule. Zum Musikvereinstreffen wird auch sie von ihrer Mutter gefahren. Ihre Mutter liebt das Autofahren über alles und macht fast nichts zu Fuß oder mit öffentlichen Verkehrsmitteln.

Öffentlicher Personennahverkehr
Mit Bus und Bahn können viele Fahrten zurückgelegt werden. Das öffentliche Personennahverkehrsnetz ist in den meisten Regionen gut ausgebaut.

Fahrgemeinschaften und Mitfahrzentralen
Viele Fahrten im Alltag lassen sich als Fahrgemeinschaften organisieren. Für weitere Fahrten kann z. B. über das Internet das Angebot von Mitfahrzentralen genutzt werden.

Mit dem Fahrrad oder zu Fuß
Zu Fuß gehen oder mit dem Fahrrad fahren ist gesund und verursacht keine Umweltschäden.

Carsharing
Für Personen, die bis zu 10.000 km im Jahr fahren und das Auto nicht täglich benötigen, ist das Carsharing eine Möglichkeit der Fortbewegung. Für gelegentliche Fahrten rechnet sich dann auch das Taxi oder ein Mietwagen.

Reiselust: Die Umwelt zahlt den Preis
Bei einer Reise von 500 km entstehen pro Person

	Kohlendioxid in kg	Stickstoffoxide in g	Schwefeldioxid in g
mit dem Flugzeug	130	490	62
mit dem Auto (Pkw mit Kat)	88	220	17
mit der Bahn	19	57	17
mit dem Reisebus	14	340	14

Quelle: Die Deutschen Bahnen / WWF

1 Lies den Fall und die Informationen. Was könnte die Familie anders machen? Tauscht euch über eure Ideen aus.

Reisen unter der Lupe

Immer mehr Menschen möchten in ihrem Urlaub in andere Länder reisen. Die Reiseveranstalter haben sich darauf eingestellt und ein vielfältiges Reiseangebot entwickelt. Bei der Auswahl einer Reise wird vor allem an die Kosten, an die Freizeitmöglichkeiten, an die Verpflegung und Unterbringung und an die Verkehrsanbindung gedacht. Das eigene Reiseverhalten und dessen Auswirkungen auf die Umwelt sowie die Menschen im Reiseland werden beim Reisen wenig berücksichtigt.

Auswirkungen des Tourismus
- Steigerung des Pro-Kopf-Einkommens im Reiseland
- Schaffung von Arbeitsplätzen
- Ausbau der Verkehrswege, Freizeitmöglichkeiten, ...
- Steigerung der Grundstücks- und Mietpreise
- Bebauung von Landschaft mit großen Hotelanlagen und Straßen
- Probleme mit der Müllentsorgung
- in vielen Regionen Wasserver- und entsorgungsprobleme
- Beeinflussung kultureller und sozialer Verhaltensweisen

Aufgrund des weltweit gestiegenen Reisebooms werden Forderungen nach einem **„sanften Tourismus"** laut.

113.1 Hotelanlage auf Mallorca

Forderungen für einen „sanften Tourismus"

- Reiseveranstalter informieren über Umweltschutz und die Kultur des Landes.
- Speisen und Getränke kommen aus der Urlaubsregion.
- Verzicht auf das Auto im Reiseland und Busservice vor Ort nutzen.
- Umweltverträgliche Sportarten wie Wandern, Schwimmen, Radeln auswählen
- Reisende reduzieren ihr Müllaufkommen und achten auf eine umweltgerechte Entsorgung
- Reisende stellen sich im Verhalten und in der Kleidung auf die Sitten und Gebräuche des Reiselandes ein.
- Unterbringung in kleinen Anlagen, die dem ökologischen Bauen entsprechen
- Im Urlaubsland werden Souvenirs gekauft, die auch dort produziert wurden.
- Beim Fotografieren Menschen um ihr Einverständnis bitten.
- Fernreisen werden begrenzt, um umweltschädliche Flüge zu reduzieren
- Reisende informieren sich über die Gewohnheiten des Gastlandes.
- Reisende achten auf einen sparsamen Wasserverbrauch.

1 Ⓐ
Lies die Möglichkeiten zum „sanften Tourismus", bewerte sie und begründe deine Meinung.

2 Ⓡ
Schaut in Reisekatalogen nach. Welche Informationen zum „sanften Tourismus" findet ihr? Schreibt sie auf.

Du kannst ...
Möglichkeiten benennen, dich nachhaltig fortzubewegen und zu reisen.

Verbraucherschutz

Wirtschaftliche Interessen und Verbraucherschutz

Stress im Haushalt von Familie Werner. Gerade jetzt, wo so viel los ist, ist die Spülmaschine defekt und laut Kundendienst nicht mehr zu reparieren. Dabei ist diese Maschine erst vier Jahre alt und die Garantiefrist ist seit einem halben Jahr abgelaufen. Nun muss wieder von Hand gespült werden, bis eine neue Spülmaschine gekauft ist. Freunde behaupten, dass der schnelle Verschleiß von Produkten kein Zufall ist. Sie vermuten, dass die Hersteller diesen schnellen Verschleiß bewusst planen. Für ihre Behauptung gibt es jedoch keinen wissenschaftlichen Beweis.

Rechtliche Situation
Gesetzliche Mindestanforderungen an die Lebensdauer von Produkten bestehen derzeit nicht.

Sicht der Hersteller
Hersteller haben keine Informationspflicht über bestimmte Produkteigenschaften – ob beispielsweise ein Produkt repariert werden kann oder nicht. Sie haben aus verschiedenen Gründen ein Interesse daran, dass Produkte nicht ewig halten, u. a. weil die technischen Entwicklungen zu einer Verbesserung der ökologischen Situation beitragen.

Sicht der Verbraucherinnen und Verbraucher
Verbraucherinnen und Verbraucher wollen, dass Produkte lange halten, um Geld und Zeit zu sparen. Sie haben ein Interesse daran, dass ihre Rechte schriftlich festgehalten und von unabhängiger Stelle kontrolliert werden.

114.1 defekte Spülmaschine

Sicht der Verbraucherschutzorganisationen
Die Verbraucherkommission Baden-Württemberg hat einen Empfehlungskatalog für unterschiedliche Zielgruppen (die Landesregierung, die Wirtschaft, die Verbraucher) aufgestellt. Sie empfiehlt u. a. die verstärkte Kontrolle/Durchsetzung der Einhaltung bereits bestehender Informationspflichten für Hersteller. Zusätzlich fordert sie eine Kennzeichnung der Mindestlebensdauer von Produkten. Diese sollte klar, einfach, verständlich und vergleichbar die Konstruktionsüberlegungen und Planungen der Anbieter eines Produkts dokumentieren. Ob die Politik eine solche Mindestlebensdauer einführen wird, bleibt abzuwarten.

> **Obsoleszenz** bezeichnet den vorzeitigen Verschleiß von Konsumgütern.

---

1 Beschreibe in eigenen Worten, was man unter dem Begriff „Obsoleszenz" versteht.

2 Vergleicht die unterschiedlichen Sichtweisen von Verbraucherinnen und Verbrauchern, Herstellern und Verbraucherschutzorganisationen. Worin liegen die Unterschiede?

3 Diskutiert die Unterschiede der Interessensgruppen unter wirtschaftlichen, sozialen, rechtlichen und ethischen Aspekten.

4 Recherchiert, wie die unterschiedlichen Interessensgruppen auf die Entwicklung von Verbraucherschutzgesetzen Einfluss nehmen.

> **Du kennst …**
> den Konflikt zwischen Verbraucherschutz und wirtschaftlichen Interessen.

Verbraucherschutzinstitutionen

Es gibt in Deutschland einen umfassenden Verbraucherschutz. Grundlage dafür sind nationale und europäische Gesetze. Manche Institutionen sind staatliche Behörden (z. B. Gesundheitsamt, Lebensmitteluntersuchungsamt), andere arbeiten unabhängig und gemeinnützig (z. B. Verbraucherzentrale). Die einzelnen Institutionen schützen und beraten die Verbraucherinnen und Verbraucher. Die gemeinnützigen Verbraucherorganisationen beraten unter anderem in folgenden Bereichen:

- Rund um den privaten Haushalt, beispielsweise zu Kauf- und Dienstleistungsverträgen, zu Versicherungen, zur richtigen Altersvorsorge und Krankenversicherung.
- Sie verfolgen Rechtsverstöße (z. B. irreführende Werbung oder unzulässige Vertragsklauseln) durch Abmahnungen und Klagen.
- Sie vertreten Verbraucherinteressen auf kommunaler und landespolitischer Ebene.
- Sie informieren Medien und Öffentlichkeit über wichtige Verbraucherthemen.
- Sie führen Aktionen, Projekte und Ausstellungen durch.
- Sie arbeiten mit Schulen und Einrichtungen der Jugend- und Erwachsenenbildung zusammen.

Beispiele für Verbraucherschutzinstitutionen sind die Energieberatung, die vor Ort beurteilt, wie und wo sich beispielsweise bei Heizung und Strom Kosten einsparen lassen, das Bundeszentrum für Ernährung und die Verbraucherzentralen. Verbraucherorganisationen arbeiten unabhängig und sind gemeinnützig. Vielfach werden sie durch die öffentliche Hand unterstützt.

Jeder vierte Bürger hatte schon einmal Kontakt zu einer Verbraucherzentrale. Rund 20 Millionen Anfragen erreichen die Verbraucherzentralen jährlich.

115.1 Verbraucherzentrale in Baden-Württemberg

115.2 Bundeszentrum für Ernährung

115.3 Energieberatung der Verbraucherzentrale

115.4 Deutsche Gesellschaft für Ernährung

INFO

Die Deutsche Gesellschaft für Ernährung e.V. ist keine Verbraucherschutzinstitution. Sie stellt als wissenschaftliche Fachgesellschaft Informationen zu allen Fragen bereit, die auf dem Gebiet der Ernährung auftreten.

1 A
Lies die Informationen und nenne die Aufgaben der gemeinnützigen Verbraucherschutzinstitutionen.

2
Warum ist es wichtig, dass es neben den staatlichen Stellen auch unabhängige Institutionen gibt?

3 R
Wählt in der Kleingruppe eine staatliche oder gemeinnützige Institution aus und recherchiert ihr Angebot (Zielsetzung, Schwerpunkte, Kosten, Kontaktaufnahme).

Du kennst …
Verbraucherschutzinstitutionen und weißt, welche Aufgaben sie haben.

Verbraucherschutz als Hilfe in schwierigen Situationen

Tagtäglich schließen wir Kaufverträge ab, auch wenn uns dies nicht bewusst ist. Ob man Schuhe, ein Auto oder eine Brezel kauft, macht rechtlich gesehen keinen Unterschied. In allen Fällen wird ein Kaufvertrag abgeschlossen, auch wenn dies nur selten schriftlich geschieht. Grundsätzlich gilt, dass ein Kaufvertrag bindend ist und nicht rückgängig gemacht werden kann, auch wenn man es sich später anders überlegt. Allerdings kommt es immer wieder vor, dass die gekaufte Ware mangelhaft ist, nicht mit der Beschreibung übereinstimmt oder man zu einem Kauf überredet wurde. Für diese Fälle gibt es gesetzlich geregelte Verbraucherrechte, die für ganz Europa gelten und solche, die nur in Deutschland gültig sind. Die Einhaltung der Gesetze wird staatlich überwacht. Tritt ein solcher Fall ein, ist es wichtig, dass man sich zunächst einmal über seine Rechte informiert. Im Internet oder bei Verbraucherorganisationen bekommt man fachkundigen Rat. Wer informiert ist, kann seine Rechte beim Verkäufer eher durchsetzen. Gelingt dies nicht, muss man sich eventuell rechtlichen Beistand holen.

● Stellt euch vor, was mir passiert ist. Vorgestern hat es bei uns geklingelt. Da war ein Vertreter, der Zeitschriftabos verkauft, die viel billiger als im Laden sind. Zwei Zeitschriften habe ich als Geschenk bekommen. Die waren echt cool. Ich habe mich für eine Zeitschrift entschieden. Das Jahresabo kostet nur 36 €. Meine Mutter war stinksauer, weil sie meinte, das wäre Abzocke. Jetzt bin ich unsicher, ob ich aus dem Vertrag überhaupt noch rauskomme.

● Ich habe mir letzte Woche im Internet Turnschuhe bestellt. Endlich habe ich eine Farbe gefunden, die ich im Laden noch nie gesehen habe. Als die Schuhe ankamen, habe ich sie natürlich gleich angezogen. Abends war ich total geschockt. Die Sohle hat sich vorn schon etwas gelöst. Und das, obwohl es Markenschuhe sind, die fast 100 € gekostet haben. Meine Schwester hat gesagt, da kann man nichts machen, weil ich die Schuhe schon anhatte.

● Das ist doch echt nicht zu fassen! Letztes Jahr habe ich zu Weihnachten von meinen Eltern und Großeltern einen Fernseher für mein Zimmer bekommen. Neulich Abend wollte ich mit meinen Freundinnen unsere Lieblingsserie schauen. Plötzlich war das Bild ganz verzerrt und schließlich ganz weg. Das war vielleicht ärgerlich! Meine Eltern behaupten, dass es bei Geräten eine Garantie gibt und der Händler den Fernseher bei uns zur Reparatur abholen muss.

1 Lies die Fälle und schreibe in Stichworten auf, um welches Problem es dabei geht.

2 Welche ähnlichen Fälle kennt ihr? Berichtet darüber.

Gewährleistung

Wer einen Kaufvertrag mit einem Unternehmen geschlossen und bei Übergabe eine mangelhafte Ware erhalten hat, hat ein gesetzliches Recht auf Gewährleistung, die in der Regel 24 Monate beträgt. Die Ware ist mangelhaft, wenn sie von der vereinbarten Beschaffenheit oder Qualität abweicht. Wurde zwischen Käufer und Verkäufer beim Vertragsschluss keine konkrete Beschaffenheit vereinbart, muss die Ware zumindest so sein, wie es von einem vergleichbaren Produkt erwartet werden kann. Ein Mangel liegt somit nicht nur dann vor, wenn die Ware beschädigt oder nicht funktionsfähig ist, sondern auch, wenn sie z. B. nicht die beim Kauf bzw. bei der Bestellung vom Verkäufer angegebenen Eigenschaften (Farbe, Leistung usw.) aufweist. Verbraucherinnen und Verbraucher haben zunächst die Wahl zwischen Nachbesserung (Reparatur der mangelhaften Ware) oder Ersatzlieferung einer mangelfreien Ware. Ist eine Reparatur zum wiederholten Mal nicht möglich, so können sie den Preis mindern oder vom Kauf zurücktreten. Bei allen Reklamationen ist es wichtig, den Kassenbon vorzulegen.

Garantie

Eine Garantie auf Produkte ist nicht gesetzlich vorgeschrieben. Manche Unternehmen (meistens die Hersteller) gewähren ihren Kundinnen und Kunden freiwillig eine Garantie. Das Unternehmen räumt dabei meist eine Garantie dafür ein, dass das Produkt über einen bestimmten Zeitraum einwandfrei funktioniert. Oft legen Hersteller ihren Produkten einen Garantieschein bei, der für die Geltendmachung der Garantierechte vorgelegt werden muss. Es ist wichtig, diesen sowie den Kassenbon sorgfältig aufzubewahren.

Stornierung von Kaufverträgen

Kaufverträge können mündlich oder schriftlich abgeschlossen werden. Ein Vertrag kommt zustande, wenn man sich mit dem Verkäufer über Ware und Preis geeinigt hat. Kaufverträge kann man nicht grundsätzlich rückgängig machen. Sie sind verbindlich. Beide Seiten sind an die Verträge gebunden. Wenn man den Vertrag rückgängig machen will, weil man es sich anders überlegt hat, kann der Verkäufer frei entscheiden, ob er einer Stornierung zustimmt. Für diesen Fall sind häufig hohe Stornierungskosten zu zahlen.

Die Möglichkeiten eines Umtauschs oder einer Rückgabe sind bei **Online-Einkäufen** und bei sogenannten **Haustürgeschäften** großzügiger als beim Einkauf im **Geschäft vor Ort**. Bei der Bestellung von Waren und Dienstleistungen über das Internet oder bei Vertragsabschlüssen an der Haustüre steht Verbraucherinnen und Verbrauchern grundsätzlich ein 14-tägiges Widerrufsrecht zu.

> **Checkliste: „So reklamieren Sie richtig"**
> **Reklamation**
> Defekte Ware sollte am besten immer schriftlich reklamiert werden. Beschreiben Sie in einem Brief oder per E-Mail die aufgetretenen Mängel möglichst genau. Wird im Geschäft mündlich reklamiert, ist es hilfreich, eine Notiz über das Gespräch anzufertigen: Name des Gesprächspartners, Datum, Reklamationsgründe und das Ergebnis des Gesprächs inklusive gesetzter Fristen sollten Sie dabei festhalten.
>
> **Fristen**
> Bei einer Reklamation innerhalb der Gewährleistungsfrist sollten Sie mit dem Verkäufer immer eine Frist vereinbaren, innerhalb der die Ware entweder repariert oder durch ein neues Produkt ersetzt wird. Ein Zeitraum zwischen einer und zwei Wochen ist hierbei in den meisten Fällen angemessen.
> *Quelle: www.verbraucherzentrale.de*

1
Wählt in der Kleingruppe einen Fall aus und recherchiert, welche rechtlichen Grundlagen gelten (Internet, Verbraucherinstitutionen). Präsentiert je nach dem gewählten Fall eure Ergebnisse in Form eines Rollenspiels (mündliche Reklamation) oder eines Reklamationsbriefs (schriftliche Reklamation).

Du kennst ...
grundlegende Verbraucherrechte und kannst eine Reklamation durchführen.

Online einkaufen

Es gibt fast keine Ware oder Dienstleistung mehr, die man nicht rund um die Uhr im Internet bestellen könnte. Online-Shopping hat viele Vorteile, aber es kann auch böse Überraschungen beim virtuellen Einkaufsbummel geben. Deshalb ist es wichtig, ein paar Grundregeln zu beachten.

Button-Lösung gegen Kostenfallen
Verbraucherinnen und Verbraucher sollten [...] wissen, dass ein kostenpflichtiger Vertrag mit einem Unternehmen im Internet nur zustande kommt, wenn sie mit ihrer Bestellung ausdrücklich bestätigen, dass sie sich zu einer Zahlung verpflichten. Dafür muss die Schaltfläche für die endgültige Abgabe der Bestellung („Bestellbutton") mit der Aufschrift „Zahlungspflichtig bestellen", „Kostenpflichtig bestellen", „Kaufen" oder einer ähnlich eindeutigen Formulierung beschriftet sein. Hält sich ein Unternehmen nicht an diese Vorgabe, kommt kein Vertrag zustande. Macht es anschließend dennoch Geldforderungen geltend, sind Verbraucherinnen und Verbraucher nicht zur Zahlung verpflichtet.
www.verbraucherportal-bw.de/,Lde/2107859

Sichere Datenübermittlung
Wichtig ist darauf zu achten, ob der Online-Shop bei der gewünschten Zahlungsmethode **die Daten verschlüsselt übermittelt**. Dies ist [daran] zu erkennen, dass im Browser aus dem „http" in der Adresszeile ein „https" [wird], ebenso erscheint im unteren Bereich oder in der Adresszeile ein kleines Vorhängeschloss.
www.klicksafe.de/themen/einkaufen-im-netz/sicher-einkaufen/

Widerrufsrecht
- Die Frist zur Erklärung des Widerrufs beträgt grundsätzlich 14 Tage. Bei Warenlieferungen beginnt die Frist mit Erhalt der Ware; bei Dienstleistungen und bei digitalen Produkten, die nicht auf einem Datenträger geliefert werden (z. B. Download einer MP3-Datei oder Bestellung eines Videos als Online-Stream), bereits mit Vertragsschluss. Zusätzliche Voraussetzung für den Beginn der Frist ist, dass der Online-Händler die Verbraucherin oder den Verbraucher ordnungsgemäß [...] belehrt hat. [...]
- Der Widerruf kann durch eindeutige Erklärung gegenüber dem Online-Anbieter formlos (d. h. auch per Telefon, E-Mail etc.) oder unter Verwendung des gesetzlichen Muster-Widerrufformulars erklärt werden. Er muss keine Begründung enthalten.
- Nach Abgabe bzw. Absendung der Widerrufserklärung hat die Verbraucherin oder der Verbraucher 14 Tage Zeit, die Ware an den Händler zurückzuschicken. Der Händler hat nach Erhalt der Widerrufserklärung seinerseits 14 Tage Zeit, etwaige Zahlungen der Verbraucherin oder des Verbrauchers zurück zu gewähren. [...]
- Gesetzlich ist es Anbietern erlaubt, die Rücksendekosten unabhängig vom Warenwert den Verbraucherinnen und Verbrauchern aufzuerlegen, vorausgesetzt das Unternehmen hat die Verbraucherin/Verbraucher hierüber vor der Bestellung informiert. [...]
- Wurde ein falscher Artikel geliefert oder hat die Ware einen Defekt, trägt die Retourenkosten auch weiterhin das Unternehmen.

www.verbraucherportal-bw.de/,Lde/2107859

Gütesiegel
Sie können bei der Wahl eines seriösen Online-Shops Orientierung geben. Die Initiative D21 hat Qualitätskriterien für Online-Händler definiert und empfiehlt bestimmte Gütesiegel:

118.1 EHI Retail Institute

118.2 datenschutz cert

118.3 TÜV SÜD

118.4 Trusted Shops

Online-Shopping – Fallen vermeiden

Vor dem Kauf
- Du solltest wissen, mit wem du es zu tun hast. Suche auf der Webseite Informationen über den Anbieter. Vergewissere dich, dass du auf der Webseite sehen kannst, um was für eine Art von Geschäft es sich handelt und wo der Sitz der Firma ist. Notiere dir alle Kontaktinformationen. Je mehr Kontaktinfos auf der Seite vorhanden sind, desto renommierter ist das Unternehmen. Adresse und Telefonnummer sollten auf der Seite einfach zu finden sein.
- Du solltest genug Einzelheiten über das Kaufobjekt, die Kosten des Produktes oder der Dienstleistung und die Währung, in der der Preis angegeben ist, haben.
- Achte auf Zusatzkosten für Versand, Abfertigung, Steuern und Abgaben jeder Art.
- Prüfe ebenfalls, ob es Einschränkungen beim Verkauf gibt und lies die Rückgabeklauseln aufmerksam durch.
- Lies, was auf der Seite über die Zahlungssicherheit ausgesagt wird.
- Finde heraus, wie lange du warten musst, bis deine Bestellung geliefert wird.

Während des Kaufs
- Die Seite sollte die Möglichkeit bieten, dass du die Bestellung ausdrucken oder speichern kannst.
- Prüfe, ob es ein System zum Schutz deiner Zahlungsinformationen bei der Online-Zahlung gibt. […]
- Warte geduldig auf die Bearbeitung der Bestellung. Wenn du klickst, während die Zahlung abgewickelt wird, könntest du unter Umständen zweimal zahlen.
- Du solltest die Möglichkeit haben, die Mitteilung von persönlichen Informationen zu verweigern.
- Lade dir die Rückgabebedingungen, die Informationen zu Rücksendungen, Rückzahlungen oder Gutschriften oder zum Umtausch enthalten müssen, herunter und speichere sie.

Nach dem Kauf
- Bedenke, dass du als Online-Käufer die gleichen Rechte wie ein Kunde in einem Laden hast. Wenn du etwas kaufst, das beschädigt ist oder nicht der Beschreibung entspricht, muss der Verkäufer dieses Problem beheben.
- Bewahre die Bestellunterlagen, auch die Telefonnummern oder E-Mail-Adressen, für eventuelle spätere Beschwerden oder Probleme auf.
- Speichere die Geschäftsbedingungen ebenfalls ab oder mache dir eine Kopie.
- Kontrolliere nach dem Online-Kauf regelmäßig deine Mailbox. Du könntest wichtige Informationen über deinen Kauf erhalten.
- In Deutschland hast du als Käufer das Recht, innerhalb einer bestimmten Frist das Produkt zurückzuschicken oder eine Leistung zu stornieren. Diese Frist („Bedenkzeit") beträgt normalerweise 14 Tage ab dem Erhalt des Produkts oder der Inspruchnahme der Dienstleistung.
- Wenn du dein gekauftes Produkt zurückschicken möchtest, kann es sein, dass du die Kosten tragen musst.

119.1 Online-Shopping

1
Du hast im Internet Bekleidung bestellt. Die Ware kam vor zehn Tagen bei dir an. Nun hast du die gleichen Sachen bei einem anderen Anbieter zufällig um einiges billiger gefunden. Wie kannst du vorgehen?

2
Welche Bedeutung hat die Regelung mit dem Bezahl-Button?

Du kannst …
Risiken des Online-Einkaufs nennen und kennst gesetzliche Regelungen bei Online-Einkäufen.

Verantwortungsvoll handeln in konkreten Situationen

Global denken, lokal handeln – wer diesen Anspruch in den Alltag übertragen will, kann bei ganz alltäglichen Dingen beginnen. An zwei ausgewählten Situationen könnt ihr dies im Unterricht erproben. Wer konsequent nach diesem Slogan lebt, wird feststellen, dass sich der Lebensstil stark verändert und Kompromisse notwendig sind.

120.1 Lerngruppe bei der Auswahl des T-Shirts

Planen und Zubereiten einer Mahlzeit
- Für welchen Anlass soll gekocht werden?
  jahreszeitliches Mittagessen
- Für wen soll gekocht werden?
  zwei Erwachsene mit zwei Jugendlichen
- Wie viel Geld steht zur Verfügung?
  15 € für Lebensmittel
- Wie viel Zeit steht für die Zubereitung zur Verfügung?
  60 Minuten
- Welche Besonderheiten sind zu berücksichtigen?
  (Küchenausstattung, Geschmacksvorlieben und Unverträglichkeiten, Einkaufssituation vor Ort,…)

Sechs Regeln für einen verantwortlichen Konsum im Alltag
- Überlege, welches Produkt du wirklich brauchst.
- Vergleiche die Produkte und wähle fair hergestellte, regionale, saisonale und ökologisch produzierte Produkte.
- Entscheide, wie viel Geld du für das Produkt ausgeben kannst.
- Überprüfe die Qualität des Produkts.
- Prüfe, ob die Verpackung notwendig bzw. recycelbar ist.
- Überlege, welche soziale Auswirkungen der Kauf des Produkts hat.

Kauf eines T-Shirts
- Für welchen Anlass wird das T-Shirt benötigt?
  Musicalauftritt der Schule
- Wie viel Geld steht zur Verfügung?
  max. 20 €
- Welche Anforderungen soll das T-Shirt erfüllen?
  Farbe: weiß, kein Aufdruck, hoher Baumwollanteil, stabile Nähte
- Welche Einkaufsmöglichkeiten stehen zur Verfügung?
  (Textilgeschäft am Ort, Kaufhaus am Ort oder Online-Einkauf)

1
a) Wählt eins der beiden Beispiele zur Bearbeitung aus. Ergänzt oder verändert es, sodass es für euch umsetzbar ist. Notiert die Bedingungsfaktoren, die für euch gelten sollen.
b) Setzt das Beispiel um und berücksichtigt dabei die sechs Regeln für einen verantwortlichen Konsum.
c) Reflektiert euer Handeln mithilfe dieser Regeln.

2a)
Erstelle für eine deiner Konsumentscheidungen aus der Vergangenheit ein Mindmap, in dessen Zentrum das gekaufte Produkt steht. Zeige auf, welche wirtschaftlichen, sozialen und ökologischen Überlegungen für dich eine Rolle gespielt haben. Präsentiere dein Ergebnis.

b)
Diskutiert und bewertet, welche wirtschaftlichen, sozialen und ökologischen Auswirkungen die präsentierten Konsumentscheidungen hatten.

> **Du kennst …**
> Regeln für einen verantwortungsvollen Konsum und kannst sie umsetzen.

Global denken – lokal handeln

Lernbilanz

Zeig, was du kannst:

1
Erkläre den Slogan „Global denken, lokal handeln".

2
a) Beschreibe in eigenen Worten, was man unter einem nachhaltigen Lebensstil versteht.
b) Nenne fünf Tipps für einen nachhaltigen Lebensstil.

3
a) Du hast ein T-Shirt gekauft, das in Bangladesch hergestellt wurde. Welche Stationen umfasst die sogenannte „Wertschöpfungskette"?
b) Formuliere zur Station „Konsum" je eine Frage zur Sozialverträglichkeit, Umweltverträglichkeit und Wirtschaftlichkeit.

4
Eine Freundin erzählt dir ganz stolz, dass sie T-Shirts zum Superpreis von 3,99 € entdeckt hat. Dieses Angebot hat sie ermuntert, gleich vier Stück zu kaufen. Stelle deiner Freundin drei Fragen, die sie zum Nachdenken über einen nachhaltigen Konsum anregen.

5
Nenne drei wasser- oder energiesparende Maßnahmen im privaten Haushalt.

6
Du kaufst ein Elektrogerät, auf dem folgendes Label angebracht ist. Erkläre, was es bedeutet.

7
Nenne drei Kriterien des sanften Tourismus.

8
Manche behaupten, dass der frühzeitige Verschleiß von Produkten beabsichtigt ist. Was antwortest du darauf?

9
Nenne die Verbraucherschutzinstitution, an die du dich in folgenden Fällen wenden kannst:
a) Du bekommst eine Mahnung für ein Zeitschriftenabonnement, das du an der Haustür bestellt hast und das du bereits fristgerecht wieder gekündigt hast.
b) Du möchtest dir eine neue Digitalkamera kaufen, bist aber unsicher, welches Fabrikat die besten Bewertungen hat.
c) Du hast gelesen, dass Olivenöl zum Teil hoch belastet ist und weißt nicht, welches du noch kaufen kannst.

10
Du hast online Kopfhörer bestellt. Beim ersten Gebrauch stellst du ein unangenehmes Rauschen fest. Beschreibe die Schritte, wie du bei einer Reklamation vorgehst.

121.2 Kopfhörer reklamieren

11
a) Nenne fünf Fallen beim Online-Shopping.
b) Wie kannst du sie vermeiden?

12
Worin wurdest du bei diesem Thema in deinem persönliches Konsumverhalten bestätigt?

Trends und Gesundheit

Welche Ernährungsformen liegen im Trend?

Wie werden heutzutage Lebensmittel produziert?

Wie sehen Werbeversprechen im Ernährungsbereich aus?

Wie kann ich als verantwortungsvoller Verbraucher handeln?

Nicht nur in der Mode, sondern auch in der Ernährung gibt es aktuelle Trends. Vegane Ernährung boomt, ein Döner-Geschäft nach dem anderen wird eröffnet. Schnelles Essen vom Straßenstand oder doch lieber alles zuhause gemütlich selbst gemacht?
Wie wichtig ist dir das neueste Smartphone, die modernste Jeans? Kaufst du beim Bäcker, Metzger, Bauernladen ein oder bevorzugst du die Supermarktkette? Welche Auswirkungen haben deine Entscheidungen auf Gesellschaft, Wirtschaft und Politik?
Tagtäglich musst du beim Konsumieren Entscheidungen treffen. Durch unseren Konsum tragen wir Mitverantwortung auf der Welt, es gibt nicht immer richtig oder falsch. Jede Medaille hat zwei Seiten, was uns vielleicht das Leben vereinfacht und verschönert, kann anderswo zu Problemen führen. Wir müssen eine Entscheidung treffen und diese verantworten. Dazu ist es wichtig, die Ziele von Wirtschaft, Politik und Gesellschaft zu kennen und zu verstehen. Dann können wir in unserer Gesellschaft mitbestimmen und Verantwortung übernehmen.

In diesem Kapitel ...
erfährst du, welche Ernährungsformen und Produkte gerade trendy sind und wie du sie bewerten kannst.
Du lernst, wie Lebensmittel produziert werden und welche Auswirkungen das auf deine Gesundheit und die Umwelt haben kann.
Du erkennst die Zusammenhänge zwischen Wirtschaft, Politik und Konsumenten und verstehst, was ein verantwortungsvoller Verbraucher ist.
Werbeversprechen und Warenkennzeichnung nimmst du kritisch unter die Lupe.
In einem geplanten Aktionstag nutzt du dein Wissen als Verbraucher und zeigst deinen Einfluss auf gesellschaftliche oder politische Rahmenbedingungen auf.

Voll im **Trend**

Es gibt sehr viele unterschiedliche **Ernährungstrends** – also bestimmte Tendenzen oder Richtungen, wie man sich ernährt. Die Hintergründe dafür sind vielfältig.

Streetfood

„Zum Essen brauche ich niemanden. Ich esse alleine, im Gehen und meistens mache ich nebenher etwas anderes – checke meine E-Mails oder telefoniere. Ich kaufe mir an einem Verkaufsstand etwas, was ich gut mit einer Hand essen kann – einen Hotdog, ein Stück Pizza, ein Sandwich, einen Döner Kebab oder manchmal nur einen gekochten Maiskolben."

Superfood

„Ich gehe immer mit dem neuesten Trend – sei es Kleidung, Autos, Wohneinrichtung oder eben Ernährung. Dabei spielt es für mich keine Rolle, was das alles kostet – Hauptsache modern! Momentan esse ich am liebsten Acai-, Goji,- oder Heilbeeren, Chiasamen, Acerola-Kirschen und Avocados. Anscheinend wirken manche dieser Lebensmittel antioxidativ, sind sehr vitaminreich oder beugen bestimmten Krankheiten vor. Genau auseinandergesetzt habe ich mich mit dem Thema aber nicht."

Paleo-Ernährung

„Der neueste Trend heißt Paleo-Ernährung oder auch Steinzeiternährung. Dabei verzehre ich nur noch Lebensmittel, die den Menschen in der Altsteinzeit bereits zur Verfügung standen: Fleisch, Fisch, naturbelassenes Obst und Gemüse, Kräuter, Nüsse und Eier. Tabu sind Zucker, Fertiggerichte, Alkohol, Getreide und Michprodukte. Ich habe mir überlegt, dass ernährungsbedingte Krankheiten Probleme der heutigen Zeit sind, also warum nicht back to the roots?!"

TRENDS UND GESUNDHEIT

DIY-Ernährung

„DIY steht für „do – it – yourself". Genau nach diesem Prinzip leben meine Familie und ich seit letztem Sommer. Wir bereiten unsere Speisen nicht nur selbst zu, sondern wir bauen auch möglichst viel selbst an. Wir möchten einfach wissen, was in unserem Essen drin steckt. Auf Geschmacksverstärker, künstliche Aromen, versteckte Fette, Überzuckerung und Haltbarmacher können wir gut verzichten."

Soft-Health-Ernährung

„Mein Ehemann und ich versuchen uns möglichst gesund, geschmackvoll, qualitativ hochwertig und abwechslungsreich zu ernähren, indem wir die Angebotsvielfalt der Lebensmittel nutzen. Es gibt zwar keine verbotenen Lebensmittel, aber der Schwerpunkt unserer Ernährung liegt auf Obst, Gemüse und Getreideprodukten. Fleisch und Fisch gibt es auch, aber nicht so oft. Wichtig ist für uns, dass wir bewusst kochen und essen, dabei Spaß haben und genießen."

1 A
Lest euch die Fälle zu den unterschiedlichen Ernährungstrends durch und arbeitet die Beweggründe heraus, warum sich die einzelnen Personen dem jeweiligen Ernährungstrend zuwenden.

2
Was ist bei euch trendy? Tauscht euch in Partnerarbeit über eure Erfahrungen aus.

3 R
a) Arbeitet in Kleingruppen. Jede Kleingruppe bearbeitet einen Ernährungstrend. Sucht im Internet nach weiteren Informationen.

b) Bewertet den Ernährungstrend nach ökologischen, ökonomischen, sozialen und gesundheitlichen Aspekten.
c) Bereitet eine etwa 10-minütige medienunterstützte Präsentation über euren Ernährungstrend vor. Versucht, eure Präsentation so anschaulich wie möglich zu gestalten.

Du kannst …
Informationen zu verschiedenen Ernährungstrends beschreiben und die Ernährungstrends anhand von verschiedenen Aspekten bewerten.

Industrielle **Lebensmittelproduktion**

Im Supermarkt können wir nahezu alle Lebensmittel einkaufen: Getränke, Obst, Gemüse, Getreideprodukte, Milch und Milchprodukte, Öle, Wurst, Fisch und Fleisch. Vieles wird angeboten als verschiedene Halbfertig- und Fertigprodukte. Wie diese Lebensmittel produziert werden, ist meist nur schwer nachzuvollziehen.

Die industrielle Lebensmittelproduktion erfolgt in drei Schritten:

Im **ersten Schritt** wird ein natürlicher Rohstoff ausgewählt, die Basis des Produkts. Er kann pflanzlichen oder tierischen Ursprungs sein oder auch künstlich. Welcher Rohstoff weiterverarbeitet wird, hängt von dessen Qualität, der saisonalen und regionalen Verfügbarkeit sowie der Marktnachfrage ab.

Im **zweiten Schritt** werden die Rohstoffe mit physikalischen, biologischen oder chemischen Verfahren zu standardisierten Produkten verarbeitet. Dies kann einzeln, nacheinander oder kombiniert geschehen. Nach der Verarbeitung ist eine Halbfertig- oder eine Fertigware entstanden.

Im **dritten Schritt** werden die Produkte auf ihre notwendigen und gewünschten Eigenschaften überprüft, sie müssen sehr hohe hygienische und sensorische Anforderungen erfüllen. Kleine Änderungen am Rezept oder dem Verarbeitungsverfahren können bei gleichen Zutaten schon ein neues Produkt entstehen lassen.

126.1 Gummi Arabicum

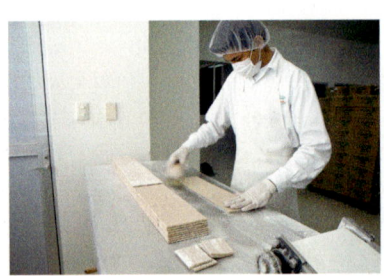

126.2 Kaugummiplatten in der Herstellung

126.3 Kaugummi

Als Konsumenten stellen wir unterschiedliche Ansprüche an die Qualität unsere Lebensmittel. Beispielsweise sollen sie makellos aussehen, appetitlich riechen und lecker schmecken. Vielleicht ist es uns auch wichtig, dass sie einen hohen Gesundheitswert haben oder sozialverträglich und umweltfreundlich produziert wurden.

Industriell verarbeitete Lebensmittel sollten möglichst einfach in der Zubereitung sein. Geschmack, Geruch und Aussehen sollen immer gleich sein. Das Produkt soll beispielsweise strahlend weiß sein, nicht oxidieren oder verklumpen.
Welche Hilfsmittel setzt die Lebensmittelindustrie ein, um diesen Ansprüchen gerecht zu werden? Oft kennen wir die Technologien, Hilfsmittel und Zusatzstoffe nicht.

1
In der industriellen Lebensmittelproduktion werden Nahrungsmitteln verschiedene Zusatzstoffe zugesetzt. Wähle ein Fertigprodukt (z. B. Bonbons, Kekse, Tütensuppe, ...) aus und prüfe die Inhaltsstoffe. Welche Funktion übernehmen sie?

2
Welche Berufe gibt es in der Lebensmittelindustrie? Erstelle eine Mind-Map und tausche dich mit deinem Sitznachbarn aus. Wählt einen Beruf aus und erstellt gemeinsam einen Steckbrief.

> **Du kannst ...**
> die einzelnen Schritte der Lebensmittelproduktion beschreiben.

Nanotechnologie in der Lebensmittelproduktion

Nanopartikel begegnen uns in vielen Alltagsprodukten, sie werden unter anderem in der Lebensmittelproduktion eingesetzt. Nanopartikel sind kleinste Teilchen (griech. nano = Zwerg). Ein Nanometer ist der milliardste Teil von einem Meter. Zur besseren Vorstellung: ein menschliches Haar ist ungefähr 80.000 nm dick.

Der Begriff bezieht sich also auf die Größe von ganz unterschiedlichen Stoffen.
Nanopartikel wie beispielsweise Siliziumdioxid, Titandioxid und Aluminiumsilikate können Zutaten von Lebensmitteln sein.

Nano-Siliziumdioxid E551	Aluminiumsilikate	Titandioxid E171
wird als Rieselhilfe für pulvrige Nahrungsmittel wie Salz oder Tütensuppen verwendet.	werden eingesetzt, um Verklumpungen in Pulvern und Granulaten zu verhindern.	ist ein gängiges Mittel zum Bleichen und Aufhellen von Süßwaren, z. B. Kaugummis oder Dragees.

Innovativ und nützlich?
Vielleicht sind dir Nanopartikel schon in antibakterieller Funktionskleidung oder Verpackungen begegnet. Diese sind mit Silberdioxid beschichtet. Die chemischen und physikalischen Eigenschaften von Nanopartikeln ermöglichen ein riesiges Potenzial für innovative Produkte. Gleichzeitig können sie viele Eigenschaften von Lebensmitteln vorteilhaft verbessern. Sie verhindern beispielsweise das Verkleben oder verbessern die Farbe eines Produktes.

Unnötig und gefährlich?
Den Einsatz von Nanopartikeln in Lebensmitteln muss man auch kritisch sehen, da noch zu wenig darüber bekannt ist, was mit den Partikeln im Körper und in der Natur passiert. Nach aktuellen Studien (2016) könnte es sein, dass sie der Gesundheit schaden, da sie aufgrund ihrer geringen Größe vielleicht Barrieren durchdringen, die eigentlich vor Eindringlingen schützen sollen. Dazu gehören Haut, Darmwand und die Blut-Hirn-Schranke.

127.1 In diesen Produkten können Nanopartikel enthalten sein: Kaffeepulver, Kaugummi, Ketchup ...

Gesetzliche Grundlage:
In der Lebensmittelinformations-Verordnung, die seit Dezember 2014 gilt, ist festgelegt, dass Zutaten in zusammengesetzten Lebensmitteln, die „technisch hergestelltes Nanomaterial" sind, auch entsprechend gekennzeichnet werden müssen. Der Name der Zutat ist durch die Silbe „nano" zu ergänzen.

1 A
Weshalb werden in der Lebensmittelproduktion Nanopartikel eingesetzt?

2 R
Recherchiert, weshalb Verbraucherschützer den Einsatz von Nanopartikeln in der Lebensmittelproduktion kritisieren.

Du kannst ...
Vor- und Nachteile von Nanopartikeln in der Lebensmittelproduktion bewerten und diskutieren, deine eigene Meinung zum Einsatz von Nanopartikeln nennen, erklären und begründen.

Methode

Versuche planen, durchführen und bewerten

Arbeiten wie Wissenschaftler

Wer mit offenen Augen durch die Welt geht, dem begegnen im Alltag manchmal seltsame Dinge. Wieso fühlen sich die Zähne nach dem Essen von Spinat oder Rhabarber so rau an? Weshalb sollen Teige mit Backpulver vor dem Backen nicht lange stehen bleiben? Wie viel Vitamin C enthalten Orangensäfte? Diese Probleme können wir untersuchen, mithilfe eines Versuchs. Am besten arbeiten wir dabei in Gruppen.

So führt ihr einen Versuch durch:

1. Notiert eure Frage
Was möchtet ihr genau wissen? Was möchtet ihr herausfinden? Was möchtet ihr überprüfen?

2. Sammelt Vermutungen
Damit ihr das Experiment planen könnt, überlegt ihr euch zunächst Vermutungen zu eurer Frage. Was könnt ihr messen? Was wisst ihr bereits?

3. Plant einen Versuch
Entsprechend euren Vermutungen plant ihr den Versuchsaufbau. Wie könnt ihr eure Vermutungen messen? Welches Material benötigt ihr?

4. Führt den Versuch durch
Verteilt die Aufgaben in eurer Gruppe. Führt den Versuch durch. Arbeitet genau und notiert alle eure Beobachtungen.

5. Dokumentiert den Versuch
Dokumentiert eure Ergebnisse und Beobachtungen. Zu welchen Ergebnissen kommt ihr? Stellt das Ergebnis anschaulich dar.

6. Wertet den Versuch aus
Überlegt, ob eure Vermutungen zutrafen. Was folgert ihr aus eurem Ergebnis? Welche Bedeutung hat das für euren Alltag?

128.1 Verschiedene Orangensäfte

Vorbereitung

Problem erkennen/Frage stellen

↓

Vermutungen sammeln

↓

Experiment planen

↓

Durchführung

Experiment durchführen

↓

Auswertung

Versuch auswerten

↓

Versuch dokumentieren

TRENDS UND GESUNDHEIT

Methode

Wir untersuchen Orangensäfte

Als du neulich vor dem Saftregal im Supermarkt standst, hast du einmal ganz genau verschiedene Orangensäfte betrachtet. Wirklich unglaublich, was es da alles gibt. Süße oder säurearme Säfte, mit und ohne Fruchtfleisch, mit und ohne Zusatz von Vitamin C und Mineralstoffen. Welchen Saft sollst du da nur einkaufen? Aber Moment einmal, Saft aus Orangen hat doch immer Vitamin C und Mineralstoffe – oder?

1. Notiert eure Frage.
Wenn der Saft tatsächlich aus Orangen hergestellt ist, enthält er von Natur aus Vitamin C. Unterscheidet sich der Vitamin-C-Gehalt der einzelnen Säfte?

2. Sammelt Vermutungen
100 g Orangen enthalten 45 mg Vitamin C. Orangensaft müsste demnach reich an Vitamin C sein. Weshalb wird Vitamin C auf der Verpackung jedoch zusätzlich erwähnt? Vermutlich enthält dieser Saft mehr Vitamin C als andere Säfte. Vitamin C geht durch Zubereitung und Lagerung verloren.

129.1 Vermutungen zum Vitamin-C-Gehalt

3. Plant einen Versuch
Die ungefähre Menge an Vitamin C können wir mit Teststäbchen nachweisen. Die Gebrauchsanweisung finden wir auf der Packung. Wir benötigen Vitamin-C-Teststäbchen, kleine Gläser, verschiedene Orangensäfte und eine Uhr.

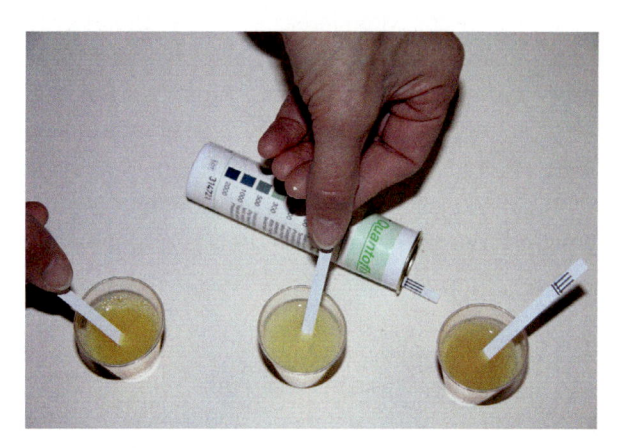

4. Führt den Versuch durch
Person A besorgt das Material, Person B dokumentiert. Person C füllt die Gläser mit den verschiedenen Säften. Personen A, B und C messen jeweils den Vitamin-C-Gehalt eines Saftes mit je einem Teststäbchen. Person A misst die Zeit und Person B notiert das Ergebnis.

129.2 Durchführung des Versuchs

5. Dokumentiert den Versuch
Dokumentiert eure Ergebnisse und Beobachtungen. Welche Mengen an Vitamin C habt ihr in den Säften gemessen? Wie sind die Unterschiede? Stellt das Ergebnis anschaulich dar.

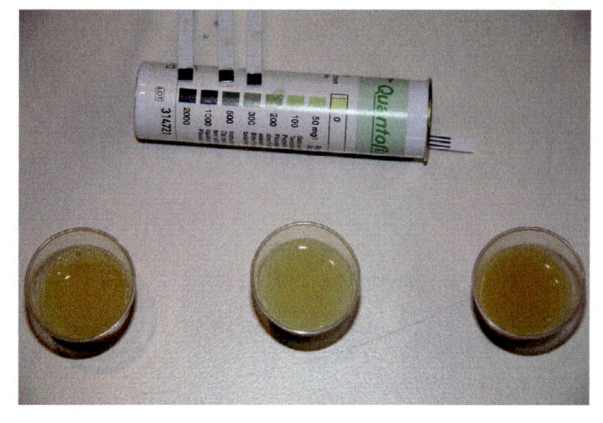

6. Wertet den Versuch aus
Waren eure Vermutungen richtig? Was folgern wir aus unserem Ergebnis? Welchen Saft kaufst du zukünftig? Was steht auf den Etiketten der jeweiligen Orangensäfte?

129.3 Teststreifen ablesen

Mit **Gesundheit** werben

Der Fruchtsaft enthält Zink und Vitamin C. Der Hersteller weist darauf hin, dass Zink einen Beitrag für ein gesundes Immunsystem leiste und Vitamin C helfe, die Zellen vor oxidativem Stress zu schützen.

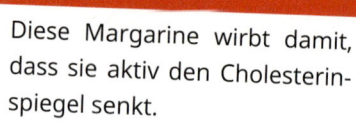

Diese Margarine wirbt damit, dass sie aktiv den Cholesterinspiegel senkt.

Diese Milch wirbt damit fettarm zu sein.

Health-claim-Produkte

Fettarme Milch? Vitaminreiche Säfte? Cholesterinsenkende Margarine? Health claims machen nährwert- und gesundheitsbezogene Aussagen über ein Produkt. Artikel mit angeblichen gesundheitlichen Zusatznutzen, werden auch als funktionelle Lebensmittel (functional food) bezeichnet. Die **nährwertbezogenen Aussagen** werben für ein beispielsweise zuckerfreies oder fettarmes Produkt oder ein Produkt, das z. B. reich an Vitamin C ist. Bei den **gesundheitsbezogenen** Aussagen werden zwei Kategorien unterschieden. Zum einen gibt es Produkte, die die **Gesundheit fördern** sollen (z. B. „unterstützt die Zellneubildung"), auf der anderen Seite gibt es Produkte, die Aussagen darüber machen, ein bestimmtes **Krankheitsrisiko** zu **verringern** (z. B. eine ausreichende Calciumzufuhr kann das Risiko an Osteoporose zu erkranken, verringern). Solche Angaben sind freiwillig. Sie müssen wahr bzw. belegbar sein und dürfen den Verbraucher nicht in die Irre führen. Aber stimmt das wirklich oder ist das nur ein Werbemittel?

1 Ⓐ
a) Was sind Health-claim-Produkte?
b) Welche drei verschiedenen Kategorien werden bei den Health-claim-Produkten unterschieden?
c) Ordnet die drei Produkte den verschiedenen Health-claim-Kategorien zu.

2
a) Welche Health-claim-Produkte kennst du? Erstelle eine Mindmap.
b) Welche Werbeaussagen zu den Health-claim-Produkten sprechen dich besonders an? Begründe deine Auswahl.

3
Warum bewerben so viele Unternehmen Produkte mit gesundheitsbezogenen Aussagen?

130.1 Functional Food

Du kannst ...
den Begriff „Health claim" erklären.

Die Health-claim-Verordnung

Die Health-claim-Verordnung ist eine Verordnung des Europäischen Parlamentes und Rates. Sie dient dem Schutz des Verbrauchers. Ein Lebensmittel darf nur unter bestimmten Voraussetzungen mit positiven nährstoffbezogenen und gesundheitsbezogene Aussagen beworben werden. Man darf ein Produkt als „zuckerarm" bezeichnen, wenn ein festes Lebensmittel auf 100 g nicht mehr als 5 g Zucker enthält. Das bedeutet, dass eine kleine Portion Müsli (50 g) nur knapp einen Würfelzucker enthalten dürfte, um mit zuckerarm beworben zu werden zu dürfen. Ein flüssiges Getränk darf nicht mehr als 2,5 g Zucker je 100 ml beinhalten. In einem Glas Getränk (200 ml) dürften also „nur" knapp zwei Stück Würfelzucker enthalten sein. Zum Vergleich: 1 Glas Cola enthält etwa sieben Stück Würfelzucker.

Problematisch ist, dass heutzutage viele Lebensmittel mit Health claims beworben werden. Dabei ist nicht das Gesamtprodukt gemeint, sondern nur der zugesetzte Stoff wird bewertet. Dieser angebliche Zusatznutzen sagt somit nichts über die gesamte Qualität des Produktes aus. Im Moment dürfen zucker- oder fetthaltige Produkte damit beworben werden, dass sie beispielsweise viel Calcium enthalten und dass Calcium zur Erhaltung gesunder Zähne beiträgt. Auch der Zusatz von Mineralstoffen oder Vitaminen macht aus einem fettigen, salzigen oder zuckrigen Lebensmittel kein gesundes Produkt.

> Ich liebe Süßigkeiten und neuerdings habe ich beim Naschen überhaupt kein schlechtes Gewissen mehr. Die leckeren Fruchtgummis enthalten Fruchtsaft und Vitamine. Vitamine und naschen – toll, oder?!

131.2 Gesundes Naschen?

Durchschnittliche Nährwerte der Fruchtgummis	Pro 100 g	Pro Portion (20 g)	Pro Portion %
Energie	1414 kJ/ 333 kcal	283 kJ/ 67 kcal	3 %
Fett	<0,2 g	<0,1 g	<1 %
davon gesättigte Fettsäuren	<0,2 g	<0,1 g	<1 %
Kohlenhydrate	75,4 g	15,1 g	6 %
davon Zucker	52,1 g	10,4 g	12 %
Eiweiß	6,5 g	1,3 g	3 %
Salz	0,11 g	0,02 g	<1 %

131.1 Nährwertinformationen

1 Was regelt die Health-claim-Verordnung?

2 Beurteile die Aussage des Mädchens. Berücksichtige dabei die Nährwertinformationen.

3 Wie entscheidest du dich verantwortungsbewusst, wenn du zukünftig Health-claim-Produkte im Supermarkt entdeckst?

Versteckter Zucker – auf der Suche nach dem „süßen Gift"

Die WHO empfiehlt, 5 bis maximal 10 % des täglichen Energiebedarfs in Form von freiem Zucker zu decken. Dabei ist nicht der Zucker gemeint, der in Obst, Gemüse und Milch enthalten ist, sondern Zucker, der Speisen und Getränken zugesetzt wird und Zucker, der in Honig, Sirup, Fruchtsäften und Fruchtsaftkonzentraten vorkommt. Bei einem Jugendlichen mit einem Gesamtenergiebedarf von 8000 KJ/Tag entspräche das zwischen ca. 23 und 47 g Zucker (ungefähr 8–16 Zuckerwürfel). Das hört sich vielleicht zunächst nach viel an, aber wenn man bedenkt, in wie vielen verarbeiteten Lebensmitteln sich Zucker versteckt, kann es leicht passieren, dass man die empfohlene Zuckermenge überschreitet. Oder wer hätte gedacht, dass in einer Mikrowellencurrywurst knapp 30 g Zucker enthalten sind (ca. 8 Würfelzucker) oder sich in einem kleinen Joghurtdrink ca. 6 Stück Würfelzucker verstecken?!

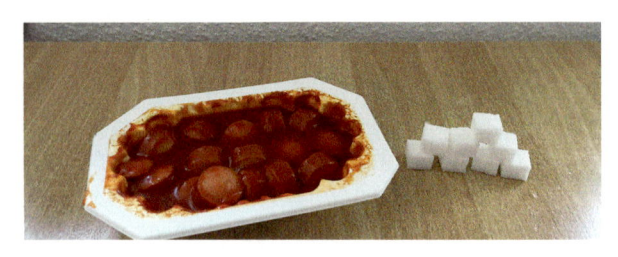

132.1 Mikrowellencurrywurst = 8 Stücke Würfelzucker

132.2 125 ml Jogurtdrink = 6 Stücke Würfelzucker

Umbenannter Zucker – so trickst die Lebensmittelindustrie

Unrealistische Portionsgrößen
Unternehmen können neben den verpflichtenden Nährwertangaben eine zweite Tabelle auf die Verpackung drucken, aus der hervorgeht, wie viel Zucker pro Portion enthalten ist. Dabei ist die Portionsgröße oft völlig unrealistisch, weil sie viel zu klein ist. Aber die Lebensmittelindustrie ist clever. Je kleiner die Portion, desto kleiner die enthaltene Zuckermenge.

Fruchtige Süße
Oft verwenden Lebensmittelproduzenten das Wort Fruchtsüße (Traubenfruchtsüße, Apfelfruchtsüße) auf ihrem Produkt. Das gibt dem Käufer ein gutes Gefühl, weil er Obst mit etwas Gesundem verbindet, das Vitamine und Mineralstoffe enthält. Aber weit gefehlt. Meist ist es nichts anderes als hochkonzentriertes Pulver, das dem normalen Haushaltszucker gleichzusetzen ist.

Zucker bleibt Zucker
Die Zutatenliste ist so aufgebaut, dass die Zutat, die am meisten enthalten ist, als erstes genannt wird. In absteigender Reihenfolge sind die Zutaten entsprechend ihrer Menge aufgelistet. Ein Produkt mit Zucker an erster Stelle lässt sich schwerer vermarkten. Der Produzent verwendet andere Namen für Zucker bzw. greift auf andere Süßungsmittel zurück, sodass das Wort Zucker gar nicht oder auf den hinteren Plätzen auftaucht. Aber auch bei Sirups, Malto- oder Weizendextrin, Magermilch- oder Süßmolkenpulver, (Gersten)malzextrakt, Glucose, Saccharose, Honig, Agavendicksaft ... handelt es sich um Zucker oder zuckerähnliche Stoffe.

Weniger süß
Bei dem Hinweis „weniger süß" handelt es sich lediglich um eine Geschmacksangabe. Das heißt, in dem entsprechenden Produkt ist nicht unbedingt weniger Zucker (und Energie) enthalten, sondern es ist eine weniger stark süßende Zuckerart (z. B. Traubenzucker) verwendet worden.

Verschlüsselte Nummern – auf der Suche nach dem Zusatzstoff

Was verbirgt sich hinter den Nummern?

Hinter einer sogenannten E-Nummer verbirgt sich nichts anderes als ein Lebensmittelzusatzstoff. Das E steht für Europa und bedeutet, dass diese Stoffe in Europa zugelassen sind. In Deutschland waren bis 1993 265 E-Nummern zugelassen. Allerdings hat die Angleichung der Gesetze in Europa zur Folge, dass die Anzahl der zugelassenen Zusatzstoffe permanent zunimmt. Im Jahr 2016 waren es ca. 320 Stoffe.

Die Zusatzstoffe haben verschiedene Funktionen. Sie dienen beispielsweise als
- Konservierungsstoffe,
- Emulgatoren,
- Geschmacksverstärker oder
- Farbstoffe.

Viele Hersteller schreiben auf ihr Produkt nicht die E-Nummer, sondern den Namen des Zusatzstoffes. So handelt es sich beispielsweise bei Citronensäure um die E-Nummer 330 und hinter Caranaubawachs" verbirgt sich E 903.

E-Nummern sind nichts grundsätzlich Schlechtes, allerdings gibt es Zusatzstoffe, die beispielsweise in Einzelfällen Allergien auslösen und die Aktivität und Aufmerksamkeit von Kindern beeinträchtigen können. Der Farbstoff E104 (Chinolingelb) ist in den USA, Japan und Norwegen sogar verboten, weil er unter Krebsverdacht steht. Auch der Farbstoff E150c (Ammoniak-Zuckerkulör) steht (besonders in den USA) im Verdacht krebsauslösend zu sein.

Die Lebensmittelindustrie versucht, ihre Produkte so ansprechend wie möglich zu gestalten. Dies gelingt unter anderem durch den Einsatz von Farbstoffen. Die unten stehende Zutatenliste stammt von einem Süßwarenprodukt, das der Kategorie „Fruchtgummi" zugeordnet wird und das besonders bei Kindern beliebt ist.

> **Zutaten:**
> Zucker, Weizenmehl, Glukosesirup, Stärke, Fett pflanzlich gehärtet, Dextrose, Emulgator: Mono- und Diglycerdie von Speisefettsäuren; Gelatine, Säuerungsmittel: **Citronensäure**; Aromen, Farbstoffe: **Chinolingelb, Gelborange S, Azorubin, Allurarot AC, Patentblau V**; Überzugsmittel: **Carnaubawachs.**

133.1 Zutatenliste eines „Fruchtgummis"

---

1 Recherchiere auf der Seite www.das-ist-drin.de und gib im Suchreiter die (dick gedruckten) Zusatzstoffe der Fruchtgummis ein, die in dem Fruchtgummi enthalten sind. Die Seite liefert dir Informationen zu den jeweiligen Zusatzstoffen. Notiere dir zu jedem Zusatzstoff die jeweilige E-Nummer und halte fest, ob und was du über ihn erfährst.

2
a) Wie wird Citronensäure hergestellt?
b) Was denkst du: Warum schreibt der Hersteller nicht E330 auf sein Produkt, sondern Citronensäure?

3 Überlege dir, was für und was gegen den Kauf der Fruchtgummis spricht.

4 Überlegt euch Alternativen für einen fruchtigen Snack und führt einen Geschmackstest durch.

> **Du kannst ...**
> die Warenkennzeichnung nutzen und Produkte anhand von verschiedenen Kriterien bewerten. Du weißt, mit welchen Tricks die Lebensmittelindustrie arbeitet.

Zusammenspiel von Wirtschaft, Politik und Konsument

Shoppen bedeutet für das Gehirn, sich mit Glückshormonen zu belohnen. Jugendliche haben so viel Geld wie noch nie. Vor allem für Kleidung, Kosmetik, Schmuck, Freizeitaktivitäten, Kommunikation per Handy/Internet und Suchtmittel wird Geld ausgegeben. 2016 lag die Kaufkraft bei 24 Milliarden Euro. Das zeigt eine Studie des Deutschen Jugendinstituts München.

Beim Shopping gilt oft der **Trend „Fast Fashion"** – also viel erwerben für wenig Geld. Auf Qualität und Produktionsbedingungen achten Jugendliche bei diesem Trend eher weniger. Ethik spielt laut Experten in der Konsumentscheidung nur dann eine Rolle, wenn sich damit eine Außenwirkung erzielen lässt. Wichtig für die Kaufentscheidung ist vor allem, gut bei der eigenen Clique anzukommen.

Immer wieder ist die Rede vom **„consumer citizenship"**, dem verantwortlichen Konsum. Wer so konsumieren will, fragt sich: Was bedeutet verantwortlicher Konsum? Politik, Gesellschaft sowie die Wirtschaft beeinflussen sich hierbei gegenseitig, jedoch teilweise mit unterschiedlichen Interessen.

Konsument
Einige Ziele: unbedenkliche Produkte von fairen Märkten erwerben, verständliche Verbraucherinformationen, gesicherte Verbraucherrechte, Möglichkeiten eines nachhaltigen Konsums, eine bessere Zukunft.

Politik
Einige Ziele: demokratisch und sozial regieren, das bedeutet u. a. Arbeitsplätze sichern, umweltfreundliche, sozial-verträgliche Arbeitsbedingungen und Produktionen schaffen, Anpassung an EU-Rechte, gesicherte Steuereinnahmen, Verbraucherschutz.

Wirtschaft
Einige Ziele: Stabilität des Preisniveaus wahren, einen hohen Beschäftigungsstand, ein außenwirtschaftliches Gleichgewicht, stetiges und angemessenes Wirtschaftswachstum.

1
Zeige Unterschiede und Gemeinsamkeiten der Ziele von Politik, Wirtschaft und Konsument auf.

2
Beschreibe an Beispielen politische Entscheidungen und wie sie dein Konsumverhalten beeinflussen (z. B. Plastiktüten sind kostenpflichtig, Rücknahme von Elektroschrott, ...).

3
Welche Handelsabkommen beeinflussen unsere Wirtschaft?

Du kannst ...
unterschiedliche Interessen von Politik, Wirtschaft und Konsumenten verstehen. Die gegenseitigen Abhängigkeiten sind dir bewusst.

Verantwortungsvoller Konsum am Beispiel Energy Drinks

Energy Drinks „verleihen Flügel" und „pushen" uns mit einer vollen Energieladung. Sie versprechen einen „hellwachen Geist" und eine „gute körperliche Verfassung". Das sind die Werbeversprechen von Energy Drinks.

Sie schmecken klebrig süß, sind zuckrige Koffeinbomben und könnten gesundheitsschädlich sein. Das sind die Bedenken der Mediziner.

Betrachten wir am Beispiel von Energydrinks, wie das Zusammenspiel von Wirtschaft, Politik und Verbrauchern aussieht.

135.1 Verschiedene Energy Drinks

Wirtschaft:
Die Lebensmittelindustrie entwickelt ein neues Getränk, eine Brause mit Koffein, Taurin, Zucker und Vitaminen. Das Getränk dient als „Wachmacher" und soll durch Zusatzstoffe für Energie sorgen. Sie bringt dieses Produkt auf den Markt. Ziel ist es, möglichst viele dieser Getränke zu verkaufen. Mit entsprechender Werbung spricht die Industrie junge, aktive Menschen an.

Konsumenten:
Besonders junge Verbraucher kaufen und genießen bedenkenlos diese Produkte. Mediziner befürchten jedoch aufgrund der Inhaltstoffe Taurin, Koffein und Zucker gesundheitsschädliche Wirkungen wie Herzrhythmusstörungen, Krampfanfälle und Nierenversagen, insbesondere bei Kindern, Jugendlichen und Schwangeren. Sie fordert von der Politik Altersgrenzen für den Verkauf von Energydrinks.

Politik:
Sie will sowohl den Verbrauchern als auch der Wirtschaft gerecht werden. Einerseits lehnt das Bundesernährungsministerium eine Altersgrenze beim Verkauf von Energydrinks ab. Andererseits hat sie 2015 eine steuerfinanzierte Aufklärungskampagne gestartet, die den Konsum von Energydrinks bei Jugendlichen reduzieren soll.

Je nachdem, welche Interessen nun vertreten werden, gibt es unterschiedliche Meinungen. Jeder muss für sich entscheiden, ob er Energy Drinks zu sich nimmt oder darauf verzichtet. Für einen kritischen Konsumenten bleibt die Frage offen, ob steuerfinanzierte Aufklärungskampagnen ein wirksames Mittel sind, um das Konsumverhalten zu beeinflussen.

---

1 ≡ Ⓡ
Wähle einen Energy Drink aus und erstelle einen Steckbrief. Sei kreativ! Mögliche Inhalte können sein: Welche Inhaltsstoffe sind vorhanden? Welche Wirkung haben diese Inhaltsstoffe? Wie wird der Drink beworben? Welche Versprechen stecken in der Werbung? Gibt es Rezeptideen zu diesen Getränken? Usw.

2 ≡ Ⓐ
Führt eine Podiumsdiskussion zu Energy Drinks durch. Bildet dazu drei Gruppen, teilt euch in Vertreter der Wirtschaft, der Politik und des Verbraucherschutzes ein. Sammelt gemeinsam Argumente für die jeweiligen Interessen. Wählt einen Moderator und führt die Diskussion durch.

Verantwortungsvoller Konsum am Beispiel Handy

Weltweit gibt es über 4 Milliarden Mobilfunknutzer. In Deutschland sind es ca. 114 Millionen Mobilfunkanschlüsse. Auf 100 Jugendliche kommen 109 Handyverträge. Das Smartphone hat die Nase vorne vor Tablets und Handys. Durchschnittlich wird ein Mobiltelefon nur etwa 1,5 Jahre benutzt. Ständig kommen neue Produkte und Angebote auf den Markt.

Wirtschaft:
Arbeitsbedingungen:
Die Produktionsstätten und Zulieferer sind weltweit zu finden. Es kommt zu sozialen und arbeitsrechtlichen Problemen (geringe Löhne, lange, unregelmäßige Arbeitszeiten, Kinderarbeit, keine Schutzkleidung, mangelnde Sicherheit.)

Konsumenten:
Entsorgung:
Etwa 100 Millionen Handys landen jährlich in Europa auf dem Müll. 83 Millionen Handys liegen in Deutschland ungenutzt in Schubladen. 65–80 % eines Handys können recycelt werden. Weltweit werden jedoch nur 3 % der Handys recycelt.

Politik:
Rohstoffförderung:
Ein Handy enthält ungefähr 30 Metalle. Viele dieser Rohstoffe werden in Minen in Asien oder Afrika abgebaut. Die Umweltbelastungen hierbei sind enorm (giftiges Quecksilber, Luft- und Wasserverschmutzungen). Händler müssen Elektroschrott zurücknehmen.

136.1 Smartphone

136.2 Elektroschrott

136.3 Minen

Ideen für den verantwortungsvollen Umgang mit Handys
- Smartphones länger benutzen – das schont Geldbeutel, Umwelt und Ressourcen.
- Verschenke dein altes Handy an Freunde, soziale Einrichtungen oder über ein Verschenkportal, z. B. www.handysfuerdieumwelt.de.
- Kaputte Handys im Laden oder bei Wertstoffsammelstellen zurückgeben.
- Beim Kauf nach fair und nachhaltig produzierten Handys fragen.
- ...

136.4 Fairphone

1 Erstelle eine Mindmap zum Thema Konsum von Handys.

Verantwortungsvoller Konsum am Beispiel Kunststoffverpackung

Verpackung spielt in unserem globalen Warensystem eine wichtige Rolle. Ca. 300 Millionen Tonnen Kunststoffe werden weltweit pro Jahr produziert. Etwa ein Drittel davon wird zu Wegwerfartikeln und Verpackungen verarbeitet. Ein Großteil davon wird dafür nur einmal verwendet, aufgerissen und weggeworfen. Jeder Mensch wirft durchschnittlich 100 kg Plastik im Jahr weg.

Wirtschaft:
Produktion und Entsorgung:
Bei der Produktion (Öl- und Trinkwasserverbrauch) und Entsorgung belasten Kunststoffe die Umwelt. Bis zu 500 Jahre kann Plastikmüll überdauern. Schwermetalle, Weichmacher und giftige Substanzen lösen sich in dieser Zeit aus den Kunststoffen und gelangen in die Umwelt.

Konsumenten:
Entsorgung und Recycling:
Nur 1/3 des Plastikmülls wird fachgerecht recycelt. Einerseits wird Müll nicht richtig getrennt, andererseits ist es schwierig, Plastik zu recyceln. Es kommt zu Qualitätsverlusten, weshalb die Stoffe meist nur ein oder zweimal verwertet werden können. Danach landen sie auch auf dem Müll.

Politik:
Verantwortung:
Der Verbrauch von Plastiktüten muss nach einer EU-Richtlinie reduziert werden, bis Ende 2025 auf maximal 40 Stück pro Kopf. Eine Vereinbarung des Bundesumweltministeriums und Handelsvertretern besagt, dass keine kostenlosen Plastiktüten mehr herausgegeben werden dürfen.

137.1 Plastikmüll im Meer

137.2 Gelber Sack

137.3 Papiertaschen und Stoffbeutel

1
Überlege dir, wie du als verantwortungsvoller Verbraucher der Müllproblematik begegnen kannst. Sammle Ideen, wie du Müll vermeiden kannst!

2
Suche im Drogerie- oder Supermarkt nach Produkten, die unnötig verpackt wurden und liste sie auf.

a) Überlege, weshalb die Industrie diese Produkte so verpackt.
b) Schreibe für ein Produkt einen Brief oder ein E-Mail an die Firma und erkundige dich.

> **Du kannst ...**
> an Beispielen den Einfluss von Politik und Wirtschaft auf dein Konsumhandeln erklären und als kritische/-r Verbraucher/-in in deinem Alltag nachhaltig handeln.

Handeln statt reden

Ganz egal, was wir konsumieren, Lebensmittel, Kleidung oder Gebrauchsgüter. Wir tragen die **Verantwortung für unseren Konsum**. Deshalb sollten wir immer einen Blick hinter die Kulissen werfen. Hinterfragen, wie, wo und von wem die Produkte produziert wurden und welche Auswirkungen das auf Mensch und Umwelt hat. Als „**Active citizenship**" (aktiver, verantwortungsvoller Bürger) ist es unsere Aufgabe, uns in der Gesellschaft zu engagieren. Doch wer unterstützt und informiert uns? Was kann jeder Einzelne von uns tun?

Unterstützung und Informationen von Staat und Verbraucherorganisationen

Verbraucherschutz und -aufklärung bieten **staatliche Institutionen** und **Nichtregierungsorganisationen (NGOs)**. **Staatliche Organisationen** sind das Bundesministerium der Justiz und Verbraucherschutz (BMJV), das Bundesamt für Verbraucherschutz und Lebensmittelsicherheit (BVL) sowie das Europäische Verbraucherzentrum Deutschland (EVZ). Die Ministerien, Bundesämter und Landesbehörden informieren die Konsumenten über ihre Rechte und setzen sich für wirtschaftliche und gesundheitliche Interessen der Verbraucher ein.

Nichtregierungsorganisationen NGOs sind beispielsweise Stiftung Warentest, Verbraucherzentralen, Verbraucherinitiative e. V., Greenpeace und foodwatch. Die NGOs informieren die Konsumenten über politische und wirtschaftliche Praktiken. Ebenso beeinflussen sie Politik und Wirtschaft und setzen sich für die Rechte der Verbraucher ein.

138.1 Greenpeace

Sechs einfache Regeln für einen verantwortungsbewussten Konsum

Verantwortlich konsumieren – die 6 R-Regeln
Rethink – DENKE NACH, ob du das Produkt wirklich brauchst.
Refuse – WEIGERE DICH, immer alles zu kaufen! Teile, leihe oder tausche Produkte!
Reduce – VERRINGERE deinen ökologischen Fußabdruck, indem du fair hergestellte, regionale und biologische Produkte bevorzugst.
Reuse – BENUTZE Konsumgüter möglichst lange.
Repair – REPARIERE Dinge und behandle sie so, dass sie lange halten.
Recycle – VERMEIDE Abfall, sei kreativ und recycle.

138.2 Hilfe im Repair-Café

1 Recherchiere im Internet die Webseite einer staatlichen und einer nichtregierungsorganisierten Institution. Schreibe eine für dich interessante Thematik auf und berichte darüber.

2 Überlege dir für jede R-Regel ein Beispiel, welches du in deinem Alltag umsetzen kannst.

Du kannst ...
dich bei verschiedenen Institutionen über deine Verbraucherrechte und aktuelle Themen im Verbraucherschutz informieren.

Engagement in der Gesellschaft

Es gibt unzählige kreative Ideen und Möglichkeiten, sich als verantwortungsvoller Verbraucher zu engagieren. Du kannst beispielsweise einer Verbraucherorganisation beitreten und dich dort engagieren oder selbst aktiv werden. Einige Ideen findest du im folgenden Internetblog:

	Newbie	Wer kann mir weiterhelfen? Ich suche eine Idee, wie wir uns in der Schule als verantwortliche Verbraucher engagieren können.
	Erna-lottchen	Wir haben in unserer Eine-Welt-AG einen Kiosk im Rathaus eingerichtet, das einmal in der Woche geöffnet ist. Es heißt „FairÄnderbar". Hier verkaufen wir umweltfreundliche und fair gehandelte Produkte wie Lebensmittel, Schulartikel, Tücher, Schmuck und Taschen.
	Schlauschlau	Habt Ihr einen wöchentlichen Veggy-day in eurer Schulmensa? Kommt bei uns klasse an.
	Pia	An unserer Schule gibt es eine Infowand zum Thema Lebensmittelverschwendung. Als Schule achten wir darauf, dass wir keine Pausenbrote wegwerfen und dass in der Schulkantine nichts weggeworfen werden muss.
	Hans	Echt cool! Funktioniert das?
	Pia	Ja, wir achten jetzt viel bewusster auf den Lebensmittelmüll und tauschen auch mal ein Vesperbrot mit unseren Freunden, wenn wir gern etwas anderes essen wollen.
	Hans	Mega – wir haben vor der Schule einen GIVE-AWAY-Schrank. Da kann jeder seine Bücher, die er nicht mehr braucht hineinstellen und sich auch Bücher, die er gerne lesen möchte raus nehmen. Wird super angenommen. Jetzt überlegen wir, ob wir das Angebot erweitern wollen.
	Umweltengelchen	Wir veranstalten zweimal im Jahr in der Fußgängerzone einen Anti-Kunststoff-Tag. Wir haben einen Flyer entworfen, der auf die Müllproblematik hinweist und fordern die Passanten auf, auf Plastiktüten und -verpackungen zu verzichten.
		Und DU???

1
Lies dir die Beiträge des Internetforums durch. Welche Idee gefällt dir am besten? Begründe deine Wahl.

2
Schreibe deinen eigenen Beitrag für das Forum.

3
Organisiert gemeinsam einen eigenen Aktionstag als Projekt.

Du kannst …
für einen verantwortungsbewussten Konsum Ideen entwickeln.

Lernbilanz

Trends und Gesundheit

Zeig, was du kannst:

1 Was versteht man unter einem Ernährungstrend?

2 Welche „Superfood"- Produkte kennst du?

3 Nenne drei Beispiele für typisches „Streetfood".

4 Erkläre, warum die Paleo-Ernährung auch Steinzeiternährung genannt wird.

5 Für welche drei englischen Begriffe stehen die drei Buchstaben DIY?

6 Worauf wird der Schwerpunkt bei der „Soft-Health-Ernährung" gelegt?

7 Benenne fünf aktuelle Ernährungstrends. Erkläre einen davon detailliert.

8 Nimm Stellung zu der folgenden Aussage: „Die Art, wie man sich ernährt, hängt mit dem jeweiligen Lebensstil zusammen."

9 Welche Health-claim-Produkte kennst du?

10 Welche drei Kategorien werden bei den Health-claim-Produkten unterschieden?

11 Welche Problematik siehst du bei Health-claim-Produkten?

12 Wie viel freier Zucker sollte laut der WHO täglich höchstens konsumiert werden?

13 Was versteht man unter „freiem Zucker"?

14 Erkläre anhand von vier Beispielen, wie die Lebensmittelindustrie im Umgang mit Zucker trickst.

15 Was verbirgt sich hinter den E-Nummern?

16 Wieso hat die Anzahl der zugelassenen Zusatzstoffe in den letzten Jahrzehnten so zugenommen?

17 Welche verschiedenen Funktionen haben die Zusatzstoffe, die mit E-Nummern gekennzeichnet sind?

18 Sind E-Nummern unbedenklich? Begründe.

TRENDS UND GESUNDHEIT

Lernbilanz

19
Beschreibe und zeichne die Produktionsschritte von Kartoffelchips oder schreibe ein Tagebucheintrag aus Sicht einer Kartoffel, die zu Kartoffelchips verarbeitet wird.

20
Erläutere Vor- und Nachteile von Nanopartikeln in der Lebensmittelproduktion.

21
Welche Inhaltsstoffe wurden diesem Produkt von der Industrie eventuell zugesetzt?

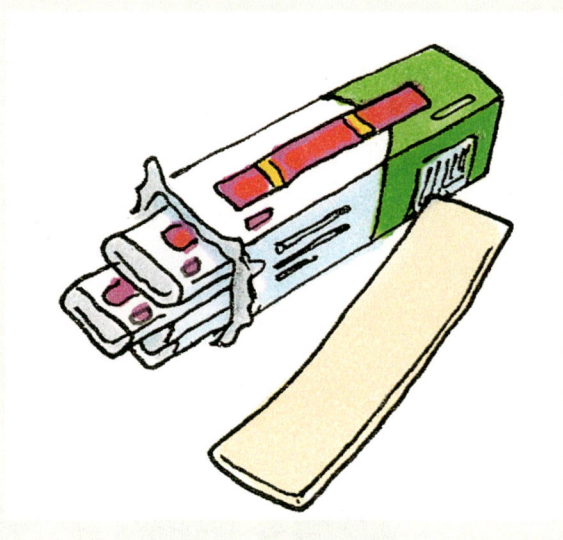

22
Wähle drei Inhaltsstoffe aus und beschreibe ihre Funktionen.

23
Übersetze und erkläre den Begriff „Consumer citizenship".

24
Weshalb spricht man von der heutigen Jugend auch von einer „Generation Konsum"?

25
Erkläre das Zusammenspiel und die Abhängigkeit von Politik, Wirtschaft und Verbrauchern.

26
Was ist deine persönliche Meinung zum Thema „Altersverkaufsgrenze bei Energy Drinks". Begründe deine Meinung.

27
Erläutere am Beispiel der Textilproduktion die Interessen der Wirtschaft, der Politik und der Konsumenten.

28
„Steter Tropfen höhlt den Stein". Bringe dieses Sprichwort in Verbindung mit dem Begriff „Consumer citizenship".

29
Als Verbraucher selbst aktiv werden und/oder sich einem Verbraucherverband anschließen? Erörtere jeweils die Vor- und Nachteile.

30
Wie gehst du beim Experimentieren vor? Beschreibe die einzelnen Schritte.

31
Wirken sich unterschiedliche Garmethoden auf den Vitamin-C-Gehalt aus? Überlege dir ein Experiment mit Paprika und führe es durch.

Lebensstil und Konsum

Wie leben Menschen in Deutschland zusammen?

Wie kannst du mit deinem Geld verantwortungsvoll umgehen?

Welche Versicherungen sind für dich wichtig?

Was kannst du durch deinen eigenen Lebensstil zur Nachhaltigkeit beitragen?

Jeden Tag geben wir Geld aus

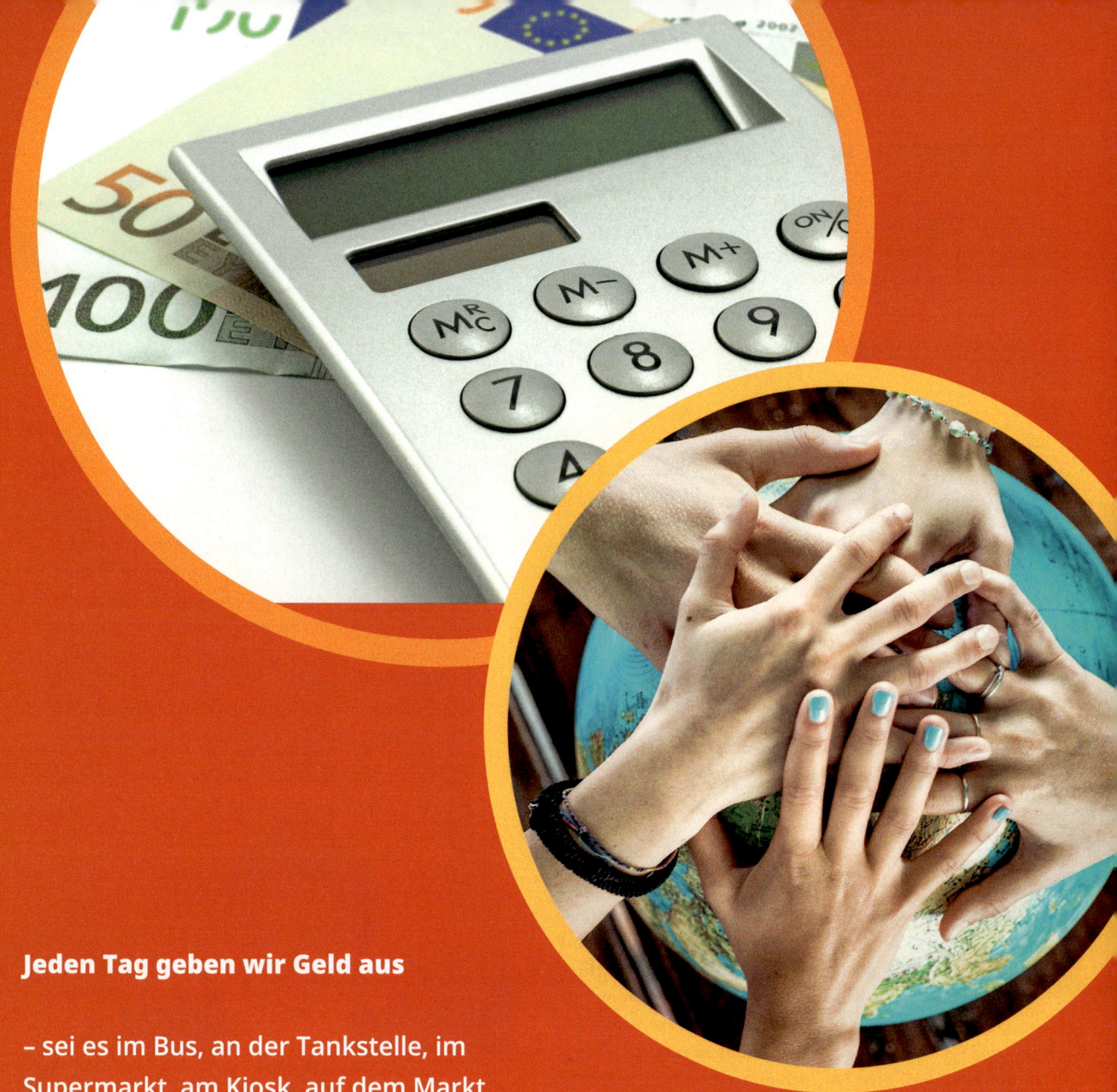

– sei es im Bus, an der Tankstelle, im Supermarkt, am Kiosk, auf dem Markt, im Schnellrestaurant, im örtlichen Bauernladen, im Internet oder in einem Bekleidungsgeschäft. Mit dem, was wir kaufen, drücken wir aus, wer wir sind und wie wir leben. Oft ist uns in diesem Zusammenhang aber nicht bewusst, dass wir mit jeder Kaufentscheidung Einfluss darauf nehmen, was, wie, wann und wo produziert wird. Nicht nur das sollten wir beim Einkaufen bedenken, sondern auch, ob wir uns bestimmte Dinge überhaupt leisten können.

In diesem Kapitel ...
lernst du verschiedene Formen des Zusammenlebens kennen und erfährst, welche Aufgaben in einem privaten Haushalt anfallen. Dabei spielt das Finanzmanagement eine große Rolle. Dieses Kapitel gibt Aufschluss darüber, welche Möglichkeiten es gibt, Geld anzulegen und wann es Sinn macht, sofort zu bezahlen, zu sparen oder zu finanzieren. In diesem Zusammenhang erfährst du, dass das Thema Finanzen eng mit dem Thema Nachhaltigkeit verknüpft ist. Du lernst Ursachen kennen, warum sich Jugendliche heutzutage verschulden und erfährst, an wen sie sich wenden können, um wieder aus der Schuldenfalle herauszukommen. Darüber hinaus weißt du, welche Versicherungen es gibt und welche sich für verschiedene Personengruppen eignen. Du lernst, wie du im Alltag selbst Verantwortung für die Umwelt übernehmen kannst.

Formen des **Zusammenlebens**

Lebensformen

Eine Schulklasse hat im AES-Unterricht in geteilten Gruppen ein Projekt zu den verschiedenen Lebensformen durchgeführt. In diesem Rahmen hat sich eine Schülergruppe der Frage gewidmet, welche Lebensformen an ihrer eigenen Schule vertreten sind. Dazu haben sie ihre Mitschülerinnen und Mitschüler befragt.

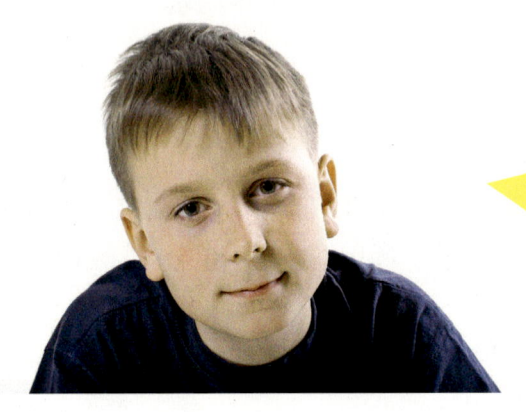

> Meine Eltern sind geschieden. Nach der Scheidung habe ich erst mit Mama in einer kleinen Wohnung gelebt. Später sind wir zu Stefan – Mamas neuem Freund – und seinen beiden Töchtern gezogen. Die beiden Mädels nerven mich manchmal wirklich tierisch und oft müssen wir Kompromisse finden, wenn es um die Essensauswahl oder das Fernsehprogramm geht. Die meiste Zeit kommen wir aber gut klar, spielen oder unternehmen etwas gemeinsam. Außerdem haben wir bei Stefan mehr Platz als in der kleinen Stadtwohnung. Er und Mama teilen sich die Miete und die anfallenden Nebenkosten.

144.1 Lukas

> Meine Mutter ist beruflich viel unterwegs. Papa hat sein Job als Werbekaufmann gekündigt. Er kümmert sich vormittags um den Haushalt und ist nachmittags für uns da, wenn wir aus der Schule kommen. Obwohl ich Mama mittags manchmal vermisse, ist das für mich so okay. Mama sagt immer, dass sie genauso das Recht hat, sich ihrem Beruf zu widmen. Immerhin habe sie lange dafür gekämpft.

144.2 Janno

> Mein großer Bruder hat sich von seiner Freundin getrennt und wohnt nun ganz alleine. Er sagt, er genießt die Freiheit und Unabhängigkeit. Niemand nerve ihn, wenn er mal nicht gleich nach dem Essen abspült, vergessen hat, den Müll raus zu bringen oder von seinem Freundeabend spät nach Hause kommt. Ich glaube aber, dass er manchmal schon recht traurig ist, wenn abends niemand auf ihn zu Hause wartet und er alleine essen muss. Das zum Beispiel genieße ich sehr in unserem Haushalt.

144.3 Ricarda

LEBENSSTIL UND KONSUM

> Meine Mutter ist alleinerziehend. Sie, mein jüngerer Bruder und ich wohnen zusammen in einer kleinen Wohnung. Unser Alltag muss gut durchorganisiert sein, weil Mama Vollzeit arbeitet. Nach der Arbeit holt sie mich von der Hausaufgabenbetreuung in der Schule ab und anschließend holen wir meinen kleinen Bruder im Kinderhort ab. Meistens geht Mama danach noch kurz einkaufen, während ich auf den Kleinen aufpasse. Oft helfe ich Mama auch im Haushalt, weil sie abends richtig geschafft ist. Das schweißt uns zusammen. Wir sind ein super Team!

145.1 Julia

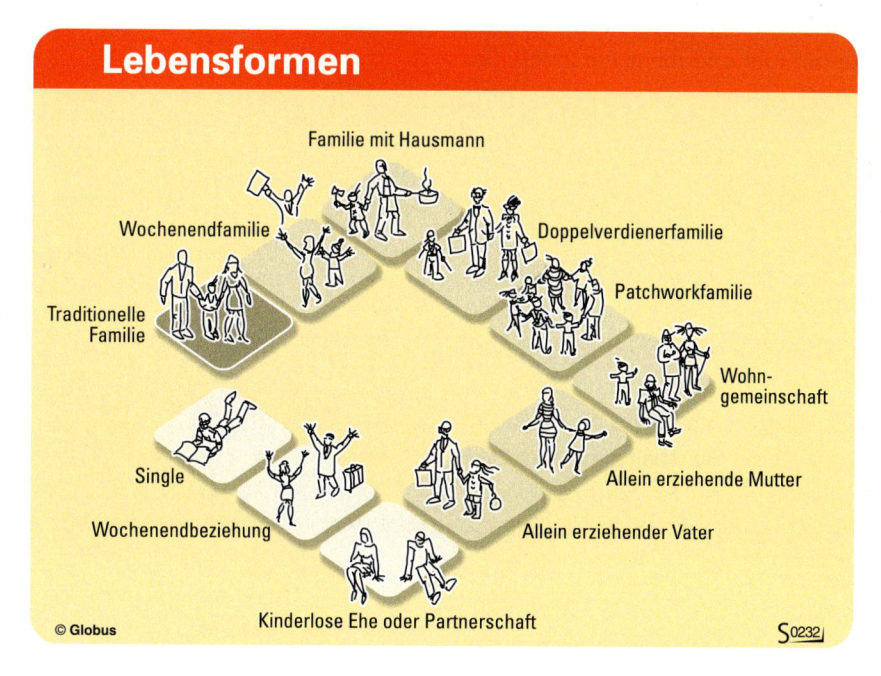

Lebensformen

- Familie mit Hausmann
- Wochenendfamilie
- Doppelverdienerfamilie
- Traditionelle Familie
- Patchworkfamilie
- Wohngemeinschaft
- Single
- Wochenendbeziehung
- Allein erziehende Mutter
- Allein erziehender Vater
- Kinderlose Ehe oder Partnerschaft

© Globus

1
Betrachtet das Schaubild zu den verschiedenen Lebensformen.
a) In welcher Lebensform lebt ihr? Tauscht euch darüber aus.
b) Welche Lebensformen fehlen in der Abbildung? Ergänzt.

2
In welcher Lebensform leben die befragten Jugendlichen?

3
Wie möchtest du einmal leben? Gestalte eine Zeichnung oder entwirf einen Tagebucheintrag dazu.

4
Teilt eure AES-Gruppe in vier etwa gleich große Gruppen ein. Jede Gruppe wählt eine der beschriebenen Lebensformen aus.
a) Beschreibt, welche positiven und negativen Aussagen die Befragten machen.
b) Ergänzt die Lebensformen mit euren eigenen Bewertungen.
c) Diskutiert eure Ergebnisse im Plenum.

Du kannst...
verschiedene Lebensformen mit ihren Vor- und Nachteilen beschreiben und diskutieren.

Private Haushalte verändern sich

In unserer heutigen Gesellschaft gibt es viele verschiedene Lebensformen. So gibt es beispielsweise zahlreiche Kinder, die nur bei einem Elternteil leben, Wochenendbeziehungen oder gleichgeschlechtliche Partnerschaften.

Wenn eine oder mehrere Personen in einer häuslichen Gemeinschaft zusammenleben, spricht man von einem privaten Haushalt. Man unterscheidet den Einpersonenhaushalt (auch Singlehaushalt) von dem Mehrpersonenhaushalt. Bei den Mehrpersonenhaushalten unterteilt man die 2-, 3-, 4- Personenhaushalte und die Haushalte mit fünf und mehr Personen. Sobald zwei und mehr Generationen in einem Haushalt zusammen leben, spricht man von einem Mehrgenerationenhaushalt.

So lebt Deutschland...

Der Trend in Deutschland geht weg von den Mehrgenerationenhaushalten. So lebten 1995 noch 351.000 Personen in mehreren Generationen zusammen, 2015 waren es nur noch 209.000. Dies ist ein Rückgang von mehr als 40 %. Ebenfalls sind die 3- und 4- Personenhaushalte und die Haushalte mit fünf und mehr Personen, zu Gunsten der Ein- und Zweipersonenhaushalte, rückläufig, wie die nebenstehende Tabelle veranschaulicht.

Es gibt verschiedene Ursachen für diese Entwicklung. Zum einen ist die durchschnittliche **Geburtenrate** zurückgegangen. So lag die Geburtenrate zu Beginn der 1960er-Jahre bei 2,5 und 2015 bei 1,5 Kindern pro Frau. Darüber hinaus lässt sich eine **höhere Lebenserwartung** verzeichnen. Ältere Menschen leben hauptsächlich in Ein- oder Zweipersonenhaushalten. Ebenso spielt die **Emanzipation der Frau** eine Rolle. Im Gegensatz zu früher erlernen die Frauen heute einen Beruf und sind von ihrem Ehemann nicht mehr finanziell abhängig. Heutzutage gibt es mehr Scheidungen als früher.

> **Du kannst...**
> verschiedene Haushaltsformen benennen und weißt, welche Arbeiten dort anfallen. Du kannst Vor- und Nachteile von verschiedenen Haushaltsformen diskutieren.

Tätigkeiten im privaten Haushalt

In einem privaten Haushalt fallen verschiedene Arbeiten an. Auf einer finanziellen Grundlage muss gewohnt, eingekauft, gekocht, geputzt, gewaschen, repariert und ausgebessert werden. Außerdem müssen Haustiere, Kinder und pflegebedürftige Familienmitglieder betreut und umsorgt werden. Des Weiteren müssen Verwaltungsarbeiten durchgeführt werden. Dazu gehören beispielsweise die Postbearbeitung, das Begleichen von Rechnungen oder die Führung eines Haushaltsbuches. Je nach Lebensform werden die Arbeiten unterschiedlich verteilt.

Haushaltsgröße	1	2	3	4	5+
1961	20,6 %	26,5 %	22,6 %	16 %	14,3 %
1995	34,9 %	32,1 %	15,8 %	12,4 %	4,7 %
2015	41,4 %	34,2 %	12,1 %	9 %	3,2 %

Ein- und Mehrpersonenhaushalte 1961, 1995 und 2015.
Quelle: www.destatis.de

1
a) Welche Arbeiten fallen in einem privaten Haushalt an?
b) Welche Arbeiten übernimmst du in eurem Haushalt?

2
Welche verschiedenen Haushaltsformen werden unterschieden?

3
Single Haushalt und 4-Personenhaushalt
a) Weshalb haben sich die Haushaltsformen die letzten 20 Jahre verändert?
b) Diskutiert mögliche Vor- und Nachteile dieser beiden Haushaltsformen. Berücksichtigt dabei die Aufgabenbereiche in einem privaten Haushalt.

LEBENSSTIL UND KONSUM

Unterschiedliche Bedürfnisse im privaten Haushalt

In einem privaten Haushalt leben verschiedene Personen mit unterschiedlichen Bedürfnissen zusammen. So hat eine alleinerziehende Mutter andere Bedürfnisse als beispielsweise eine Doppelverdiener-Familie, ein Baby hat andere Bedürfnisse als ein erwachsener Geschäftsmann. Ziel des privaten Haushaltes ist es, die unterschiedlichen Bedürfnisse zu befriedigen bzw. in Einklang zu bringen.

Materielle und immaterielle Bedürfnisse

Die Bedürfnisse der Haushaltsmitglieder können materieller oder immaterieller Natur sein.

„Ich brauche Ruhe!"
„Papa, ich habe Hunger."
„Ich habe Angst."
„Mama, mir ist kalt."
„Drück mich fest!"

Materielle Bedürfnisse

Unter materiellen Bedürfnissen versteht man Gegenstände, die man kaufen kann. Sie beziehen sich auf das Eigentum und auf die Nutzung von Besitztümern oder Dienstleistungen. Beispiele hierfür sind ein neues Handy, ein Roller oder ein Haarschnitt.

147.1 Materielle Bedürfnisse

Immaterielle Bedürfnisse

Immaterielle Bedürfnisse beziehen sich nicht auf den Besitz von Dingen, sondern sie spielen sich eher auf einer geistigen oder ethischen Ebene ab. Sie können nicht gekauft werden, sind aber trotzdem in vielen Fällen für das Leben notwendig. So sind immaterielle Bedürfnisse beispielsweise das Verlangen nach Liebe, Ansehen, Selbstverwirklichung, Schutz oder Geborgenheit.

147.2 Immaterielle Bedürfnisse

1
Wer lebt mit dir zusammen im Haushalt? Notiere dir für jede Person fünf mögliche Bedürfnisse.

2
Schreibe zunächst insgesamt zehn materielle und immaterielle Bedürfnisse auf, die in deinem Leben zurzeit besonders wichtig sind. Lege danach deine „top-five" fest und beschreibe, warum sie dir so wichtig sind.

Du kannst...
materielle von immateriellen Bedürfnissen unterscheiden.

Verantwortungsvoll und nachhaltig leben – aber wie?

Zunehmender (Flug)verkehr, Dünger, Müll, Chemikalien, weltweit importierte Lebensmittel, Energie- und Wasserverschwendung, unfairer Handel, Massentierhaltung – manchmal gehen wir sehr rücksichtslos mit unserer Umwelt um. Und das vor allem deshalb, weil wir in erster Linie an uns selbst und sehr kurzfristig denken. Wir wollen auch im Winter Erdbeeren essen, egal wie weit sie transportiert wurden, und wir sind häufig nicht dazu bereit, einen fairen Preis für Kleidung oder Lebensmittel zu bezahlen. Wenn wir günstig einkaufen, ist es uns auch egal, wenn mal ein Pullover kaum getragen wurde oder ein paar Steaks im Mülleimer landen.

Mein Name ist Vivian und ich liebe Kleidung, Schuhe und Accessoires. Dementsprechend groß sind mein Kleider- und Schuhschrank. Getragene Kleidung wird bei mir aber nicht weggeworfen. Wenn mir ein Kleidungsstück nicht mehr gefällt, verkaufe ich es online. Das ist total easy. Ich habe mir auf der Secondhand-Plattform „www.kleiderkreisel.de" ein Profil erstellt. Dort kann ich gebrauchte Kleidung kaufen, verkaufen, tauschen und verschenken. Wenn man bedenkt, wie aufwendig die Textilproduktion ist und wie sehr die Umwelt durch den immensen Wasserverbrauch, den hohen Einsatz von Düngemitteln und Chemikalien belastet wird, gibt mir das einfach ein gutes Gefühl, wenn ich meiner Kleidung ein zweites Leben schenke und Kleidung weitertrage, die jemand anderes nicht mehr anziehen möchte. Okay, manchmal bin ich schon neidisch auf meine Freundinnen, die immer die allerneusten Trends präsentieren, aber das Ganze schont auch meinen Geldbeutel.

Wir sind die Familie Ostermeier. Uns liegt die Gesundheit unserer Familie, ein geringer Energieverbrauch und damit verbunden die Umwelt sehr am Herzen. Aus diesem Grund haben wir uns vor fünf Jahren dazu entschlossen, ein Holzhaus zu bauen. Beim Bau wurden ausschließlich ökologische Baumaterialien verwendet. Die verwendeten Materialien können wieder in den Naturkreislauf zurückgeführt werden. Durch die intelligente Bauweise wird unser Ökohaus passiv erwärmt – dies geschieht durch die Sonneneinstrahlung oder Abwärme von technischen Geräten und Personen. Unsere Elektroleitungen sind abgeschirmt und wir werden so vor Elektrosmog geschützt. Wir verwenden ausschließlich Naturstrom. Das bedeutet, unser Strom wird nicht aus fossilen Energieträgern (Kohle, Erdöl, Erdgas) erzeugt, sondern aus erneuerbaren Energiequellen. Was mich wirklich stört, ist die Fassade. Die wurde mit der Zeit ziemlich grau. Wohl oder übel haben wir uns für eine Lackierung entschieden, obwohl das nicht gerade ökologisch ist.

LEBENSSTIL UND KONSUM

„Für viele hört sich das immer unglaublich an, aber meine Familie und ich besitzen kein Auto. Es ist nicht so, dass wir uns das nicht leisten könnten, nein. Aber wenn man sich mal ansieht, für welche Kurzstrecken wir Deutschen das Auto bemühen, ist es kein Wunder, dass der Pkw-Straßenverkehr einer der Hauptverursacher für die Umweltbelastung ist. Zu den Problemen hierbei gehören nicht nur die Luftschadstoffe wie Stickstoffoxide, Kohlenwasserstoffe, Kohlenmonoxid, CO_2 und Feinstaub, sondern auch die Lärmbelästigung für die Anwohner.

Wir gehen zu Fuß, nutzen das Fahrrad oder den öffentlichen Nahverkehr. Sollten wir doch mal ein Auto brauchen, nutzen wir das Carsharing. Klar, der Umwelt tut das gut, aber manchmal kann das schon ziemlich nervig sein, vor allem, wenn ich spontan zu meiner Freundin will. Auch die Schlepperei von den schweren Einkäufen ist bei meinen Geschwistern und mir sehr unbeliebt."

„Ich bin Frederick und was mich wirklich schockiert, ist die immense Lebensmittelverschwendung. Pro Jahr werden in Deutschland etwa 18 Millionen Tonnen Lebensmittel weggeworfen, oft handelt es sich um Lebensmittel, die noch absolut genießbar wären! Vor vier Jahren hat es mir wirklich gereicht und ich bin dem bundesweiten Netzwerk „Foodsharing" beigetreten. Mittlerweile sind wir 10.000 Ehrenamtliche, die in 1.000 kooperierenden Betrieben wegzuwerfende Lebensmittel abholen, um sie weiter zu verschenken oder selbst zu essen. Meistens funktioniert die Zusammenarbeit ganz gut, aber es gibt auch Tage, an denen es nicht so klappt. Da könnte ich mich echt ärgern, immerhin ist es ein großer Teil meiner Zeit, der da drauf geht. Wir sortieren die Lebensmittel, ob man sie noch verzehren kann und verteilen die Lebensmittel in sozialen Einrichtungen oder an Obdachlose. Einige Dinge werden auch selbst von uns verzehrt, oder an Freunde und Verwandte verschenkt."

1 Ⓐ
a) In jedem Fallbeispiel wird im Hinblick auf einen bestimmten Schwerpunkt nachhaltig gelebt. Benenne jeweils diesen Schwerpunkt (z. B. Mobilität).
b) Beschreibe in deinen eigenen Worten, warum es den Personen schwer fällt, konsequent nachhaltig zu leben.
c) Was bedeutet es für dich, nachhaltig zu leben?

2
a) Nenne Beispiele aus deinem sozialen Umfeld, wo Nachhaltigkeit gezeigt wird.
b) „Was bringt es, wenn ich mich als einzelne Person nachhaltig verhalte?" Nimm Stellung zu dieser Aussage.

Welchen Beitrag kann ich leisten?

- weniger Lebensmittel wegschmeißen
- Plastikmüll vermeiden
- Fernreisen vermeiden
- nie alleine Auto fahren
- Bäume pflanzen
- mit Bahn/Bus/Fahrrad fahren
- Geräte ausschalten statt Stand-by-Modus
- Textilien weiterverwerten
- Ökostrom nutzen
- Energiesparlampen einsetzen
- nachhaltig Fleisch essen
- Energiekühlschrank nutzen
- Kleidung länger tragen
- Recyclingpapier benutzen
- Eco-Programme nutzen
- Müll sortieren
- regional/saisonal einkaufen
- Heizung aus beim Lüften
- Bioprodukte kaufen
- Chemikalien vermeiden
- Wäsche energieschonend trocknen
- Plastiktüten vermeiden
- ???
- erneuerbare Energien nutzen

1

a) Benote dein eigenes Verhalten in Hinblick auf die Nachhaltigkeit. Begründe deine Bewertung.
b) Was könntest du ändern, um nachhaltiger zu leben? Überlege dir zwei Dinge, die du in der nächsten Zeit umsetzen wirst.
c) Besprecht in der Klasse, was euch bei der jeweiligen Umsetzung schwer fallen könnte.

Du kannst...
den Zusammenhang und Spannungsverhältnisse von Lebensstil, Konsumverhalten und nachhaltiger Entwicklung beschreiben und Schlussfolgerungen für deinen eigenen Alltag ableiten und begründen.

LEBENSSTIL UND KONSUM

Ideen zum Erproben eines nachhaltigen Verhaltens in der Schule

Kennt ihr das? Manchmal hat man einen vollen Schrank mit „nichts zum Anziehen". Die Sachen sind meistens noch völlig in Ordnung, aber sie gefallen einem einfach nicht mehr. Obwohl man die Kleidungsstücke quasi nicht mehr trägt, bekommt man es einfach nicht übers Herz, die Dinge wegzuschmeißen. Dies gilt nicht nur für Kleidung, sondern oft auch für Schals, Schmuck oder sonstige Accessoires. Eine Möglichkeit wäre, eure ungetragene Kleidung auszusortieren und eine Kleidertauschbörse oder einen Kleiderbasar zu organisieren.

Jeder von uns hat seine Lieblingsjeans, die er nie mehr hergeben möchte. Aber was tun, wenn die Kniepartie verschlissen ist? Mit ein paar Tricks und etwas Geschick lässt sich aus der Jeans eine abgeschnittene Shorts machen. Aber auch andere (kaputte) Kleidungsstücke lassen sich mit etwas Kreativität reparieren und aufbessern. Organisiert im Rahmen des AES-Unterrichts eine Reparatur- und Ausbesserungswerkstatt, bei der ihr eure Lieblingsstücke retten und ausbessern könnt.

Hättet ihr gedacht, dass diese Armreifen aus leeren Plastikflaschen bestehen und sich ganz leicht mithilfe von Klebeband, Schere, Bügeleisen und Nagellack herstellen lassen? Es gibt zahlreiche Möglichkeiten, Schmuck und andere Accessoires aus vermeintlichem Müll herzustellen. Getreu dem Motto „Upcycling" findet ihr im Internet zahlreiche Ideen, wie man aus Abfallprodukten z. B. Hüte, Gürtel, Taschen, Mützen, Armbänder, und Halsketten zaubern kann.

Was tun mit hart gewordenem Brot, geöffneten Lebensmitteln oder angeschnittenem Obst und Gemüse? Jährlich landen knapp 20 Millionen Tonnen Lebensmittel im Müll. Dabei gibt es mit etwas Kreativität für jedes Lebensmittel ein passendes Rezept. Bringt jeweils ein Lebensmittel von Zuhause mit, das wohl im Müll gelandet wäre und überlegt euch, was ihr aus den Resten kochen könnt. Ihr könnt die Reste mit den Lebensmitteln, die in eurer AES-Küche im Bestand sind (Mehl, Zucker, Gewürze, Backpulver, Trockenhefe etc.) ergänzen.

Finanzen managen

Auskommen mit dem Einkommen

Eine neue Jacke und Schuhe, regelmäßig ins Kino, mittags einen Döner, ins Fitnessstudio, am Wochenende ins Konzert und täglich mit dem Zug zur Ausbildung oder doch ein eigenes Zimmer? Damit du gut wirtschaftest und mit deinem Einkommen verantwortungsvoll umgehen kannst, musst du dir darüber im Klaren sein, woher du Geld bekommst und wofür du wie viel ausgibst. Eine ökonomische Aufgabe des Haushalts ist die Einkommenssicherung durch eine überlegte Finanzplanung und -verwaltung.

Was in einem Privathaushalt eingenommen und ausgegeben werden kann

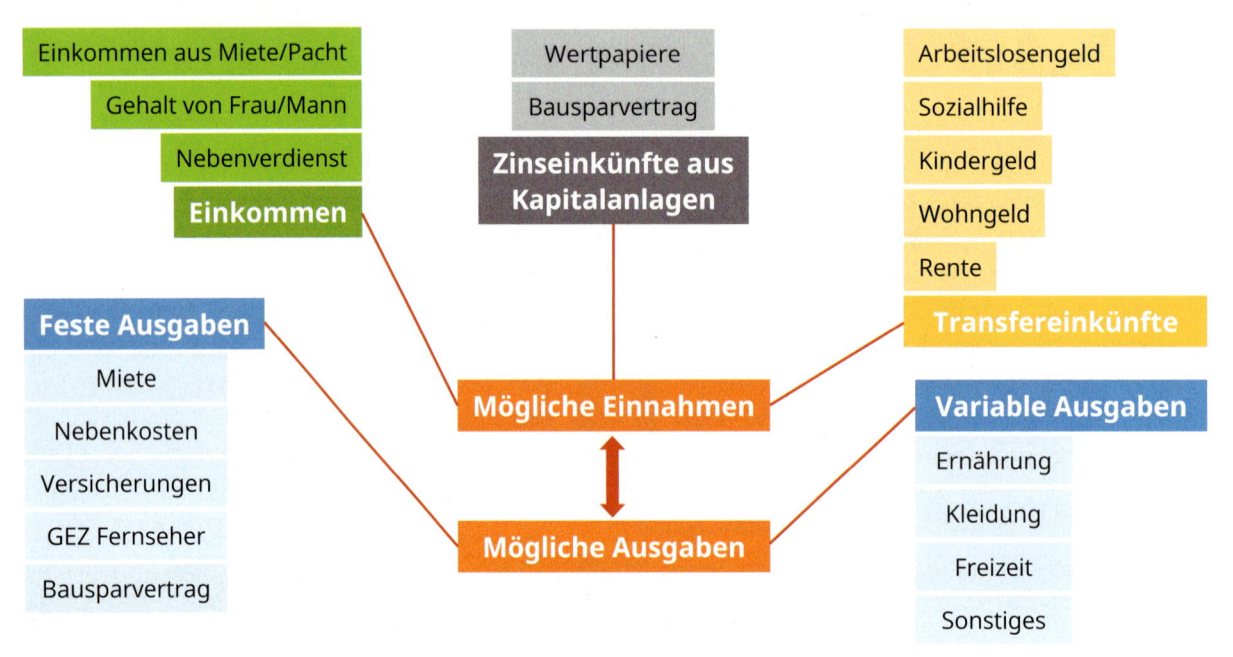

- Einkommen aus Miete/Pacht
- Gehalt von Frau/Mann
- Nebenverdienst
- **Einkommen**

- Wertpapiere
- Bausparvertrag
- **Zinseinkünfte aus Kapitalanlagen**

- Arbeitslosengeld
- Sozialhilfe
- Kindergeld
- Wohngeld
- Rente
- **Transfereinkünfte**

Feste Ausgaben
- Miete
- Nebenkosten
- Versicherungen
- GEZ Fernseher
- Bausparvertrag

Mögliche Einnahmen ↕ **Mögliche Ausgaben**

Variable Ausgaben
- Ernährung
- Kleidung
- Freizeit
- Sonstiges

Man unterscheidet **regelmäßige** und **zusätzliche** Einnahmen.

Einkommen sind Zahlungen aus nichtselbständiger oder selbständiger Arbeit. Mieteinnahmen, Pacht oder Einnahmen aus einem Nebenverdienst zählen auch zum Einkommen. Zinseinkünfte aus den Kapitalanlagen bekommt man von Aktien, Bausparverträgen oder Wertpapiere. **Transfereinkünfte** sind soziale Leistungen ohne Gegenleistung, diese bezahlt der Staat.

Es gibt **variable** und **feste** Ausgaben.

Ausgaben für Lebensmittel, Freizeit und Kleidung sind variable Kosten, da nicht jeden Monat dieselbe Summe dafür ausgegeben wird. Diese Kosten sind schwer planbar, deshalb kann mithilfe eines Haushaltsbuches einen Übersicht behalten werden.

Feste Ausgaben sind immer gleich in der Höhe, wie beispielsweise Miete, Nebenkosten (Strom, Abwasser und Wasser, Schornsteinfeger, Müll,...) und Versicherungsbeiträge.

1 Welche Einnahmen und Ausgaben fallen bei dir an? Erstelle deine persönliche Mind-Map. Vergleiche sie mit einem/r Partner/-in und erörtere die Unterschiede.

Du kannst...
mögliche Einnahmen und Ausgaben eines Privathaushaltes beschreiben.

LEBENSSTIL UND KONSUM

Ein **Haushaltsbuch** führen

Damit man mit seinem Geld gut haushalten kann, empfiehlt es sich, ein Haushaltsbuch zu führen. In einem Haushaltsbuch vermerkt man die Einnahmen und Ausgaben und erhält somit einen guten Überblick über die Finanzen. Zudem kann man besser entscheiden, falls man größere Ausgaben machen muss, wie viel langfristig gespart werden kann oder wann man einen Kredit aufnehmen sollte.

Es gibt verschiedene Möglichkeiten ein Haushaltsbuch zu erstellen.
Entweder kauft man ein Haushaltsbuch oder kann es downloaden. Es ist auch recht einfach, eine Tabellenkalkulation anzulegen oder seine Ausgaben in einer Haushaltsbuch-App zu notieren.
Wichtig ist nur, dass ein Haushaltsbuch regelmäßig und gewissenhaft geführt wird.

Haushaltsbuch – Kauf bzw. Download

Hier kann man eine vorgefertigte Matrix nutzen. Es gibt Haushaltsbücher in Heftform oder als kostenlose Downloads. Täglich notiert man Ein- und Ausgaben und berechnet die Differenz. Somit hat man einen guten Überblick über seine Finanzen.

Vorteile: leicht zu führen, teilweise kostenlos

Nachteile: Rechenfehler, aufwendige Einträge

Tabellenkalkulationsprogramm

Man kann sich nach seinen eigenen Bedürfnissen am PC eine Tabelle anlegen. Man unterteilt die Einträge im Jahr in die einzelnen Monate und Tage und beschriftet die Zeilen mit Datum und den jeweiligen festen und variablen Einnahmen und Ausgaben.

Vorteile: geschützt auf dem eigenen Rechner, individuell gestaltbar, kostenlos

Nachteile: nicht ständig verfügbar

Haushaltsbuch-App

Bei Apps sollte man auf jeden Fall das Kleingedruckte lesen. Eine Budget-App soll den gesetzlichen Datenschutzbestimmungen entsprechen, der Anbieter soll die Daten nicht an Dritte weitergeben. Darüber hinaus ist eine Haushalts-App mit Passwortschutz sinnvoll.

Vorteile: jederzeit verfügbar, einfache Bedienung

Nachteile: evtl. Werbung und Weitergabe von Daten, Anschaffungskosten

Was tun mit meinen Ersparnissen?

Wenn du gut mit deinem eigenen Geld haushalten kannst, gelingt es dir auch zu sparen. Es ist wertvoll, Rücklagen für Unerwartetes, wie Reparaturen oder größere Wünsche, zu bilden.

154.1 Geld sparen

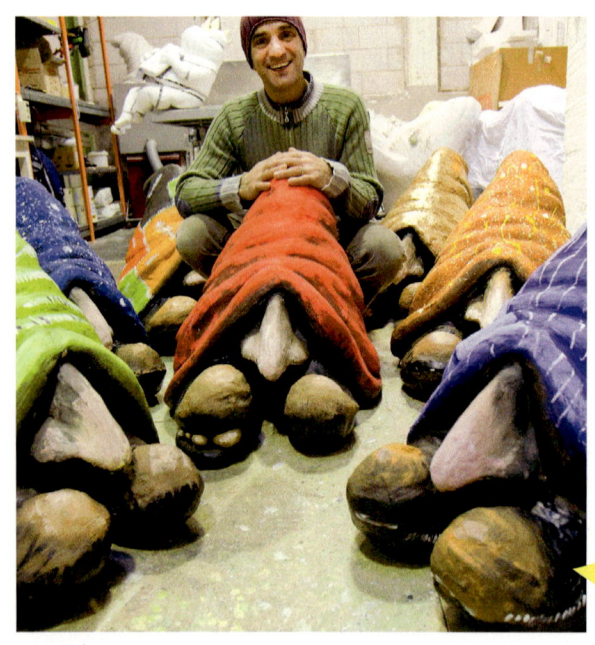

154.2 Tom, Auszubildender

Hallo, ich bin Tom. Ich bin im dritten Lehrjahr und mache eine Ausbildung als Bühnenmaler am Theater. Mithilfe einer Haushaltsbuch-App führe ich Buch über meine Einnahmen und Ausgaben. Mein Ziel ist es, monatlich mindestens 50 € auf die hohe Kante zu legen. Jetzt stellt sich mir die Frage, wie ich dieses Geld sparen soll? Ein Sparstrumpf unter dem Kopfkissen fällt definitiv aus und ansonsten habe ich keine Ahnung. Deshalb war ich bei der Verbraucherzentrale und habe mich beraten lassen. Ich habe Folgendes erfahren:

1. Achte bei der Wahl deiner Kapitalanlage auf das magische Dreieck:

Das magische Dreieck enthält in jeder Ecke einen wichtigen Aspekt einer Geldanlage. Allerdings können nie alle drei Aspekte bei einer Geldanlage gleichzeitig erreicht werden. Also muss ich mich entscheiden, ob ich jederzeit über das Geld verfügen will (Liquidität L), ob mir Guthabenzinsen (Rendite R) wichtig sind oder die Sicherheit der Geldanlage (Sicherheit S) an erster Stelle stehen soll. Entsprechen meinen Bedürfnissen kann ich dann eine Anlegeart wählen.

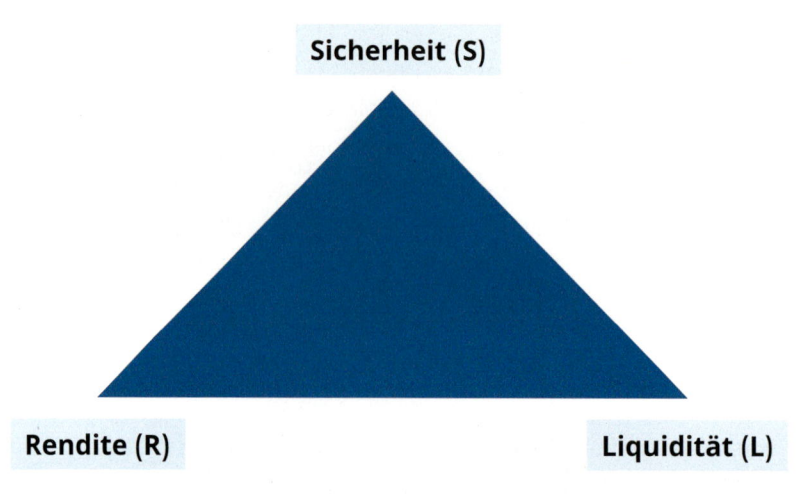

Sicherheit (S) — **Rendite (R)** — **Liquidität (L)**

---

1 Ⓐ
Erkläre das „magische" Dreieck mit eigenen Worten.

2 Ⓡ
Erkläre, weshalb man von einem „magischen" Dreieck spricht.

LEBENSSTIL UND KONSUM

2. Eine der folgenden Anlageformen zum Sparen kannst du auswählen:

Auch bei Geldanlagen hat das Thema Nachhaltigkeit an Bedeutung gewonnen. „Grüne" Geldanlagen sind Geldanlageprodukte, die nachhaltige Aspekte berücksichtigen. Dies betrifft z. B. Banken, die nachhaltige Projekte fördern oder Unternehmen, die besondere Umweltvorschriften berücksichtigen. Bevor sich Tom für eine Geldanlage entscheidet, sollte er verschiedene Alternativen kennenlernen, vergleichen und bewerten.

Anlageform	Beschreibung	Toms Bewertung
Sparbuch	Die klassische Form für den Notgroschen ist das Sparbuch. Bei einem Sparbuch mit dreimonatiger Kündigungsfrist können in der Regel 2.000,00 € pro Monat abgehoben werden. Das Geld steht schnell zur Verfügung, die Verzinsung ist jedoch relativ gering. Da es heutzutage viele Anlageformen gibt, hat das Sparbuch an Bedeutung verloren.	S + R − L +
Bausparen	Ein Bausparvertrag wird hauptsächlich zur Finanzierung von wohnwirtschaftlichen Maßnahmen verwendet. Bausparkassen bieten Bausparverträge an. Sie sammeln Spargelder ein und verteilen Bausparkredite an die Bausparer. Dazu wird ein Bausparkonto mit einer vertraglich vereinbarten Bausparsumme und -zeit eingerichtet. Für eigene Leistungen auf dem Bausparkonto zahlt der Staat eine Wohnungsbauprämie.	S + R + L −
Wertpapiere Aktien	Aktien sind Wertpapiere. Mit Aktien erwirbt man Eigentumsrechte an einem Unternehmen. Eine Aktie ist eine Urkunde, die meistens in einem Depot einer Bank aufbewahrt wird. Aktien werden an der Börse gehandelt. Einige Unternehmen schütten Dividenden an ihre Teilhaber aus, wenn sie Gewinne erzielt haben. Aktiengesellschaften sind beispielsweise VW oder Coca-Cola.	S + R −/+ L +
Sparbriefe	Ein Sparbrief ist eine festverzinsliche Anlagemöglichkeit, die in Banken erhältlich ist. Die Höhe des Zinses wird bei Vertragsabschluss festgeschrieben und ändert sich über die gesamte Laufzeit nicht. Der Mindestanlagebetrag unterscheidet sich von Bank zu Bank, liegt jedoch oft bei 2.500 € als Einmaleinzahlung.	S + R + L −
Immobilien	Statt Miete zu bezahlen, kann man sich auch eine Wohnung oder ein Haus kaufen. Dazu muss man kreditfähig sein und einen Kredit aufnehmen. Damit wird dann die Immobilie abbezahlt. Je nach Eigenkapital und Verdienst erhält man den nötigen Kreditrahmen. Hier kann auch ein Bausparvertrag hilfreich sein.	S + R − L −

1 Ⓐ
Was rätst du Tom? Wie soll er sein Geld anlegen? Begründe deinen Rat.

2
Lasst euch von einem Experten zum Thema Sparen beraten.

Du kannst...
verschiedene Sparmöglichkeiten mit ihren Vor- und Nachteilen nennen und bewerten.

Sofort bezahlen, sparen oder finanzieren?

Tom hat schon lange den Wunsch, einmal eine Woche in New York am Broadway zu verbringen. Er möchte dort verschiedene Theater besuchen und die Bühnengestaltung betrachten. Jetzt überlegt er sich, ob er sich diesen Wunsch erfüllt. Über wie viel Geld verfügt er tatsächlich? Welche Kluft besteht zwischen seinem Wunsch und der Realisierung? Wie wichtig ist ihm die Erfüllung seines Wunsches? Lohnt es sich wirklich, dafür Schulden zu machen? Er stellt folgende Überlegungen an:

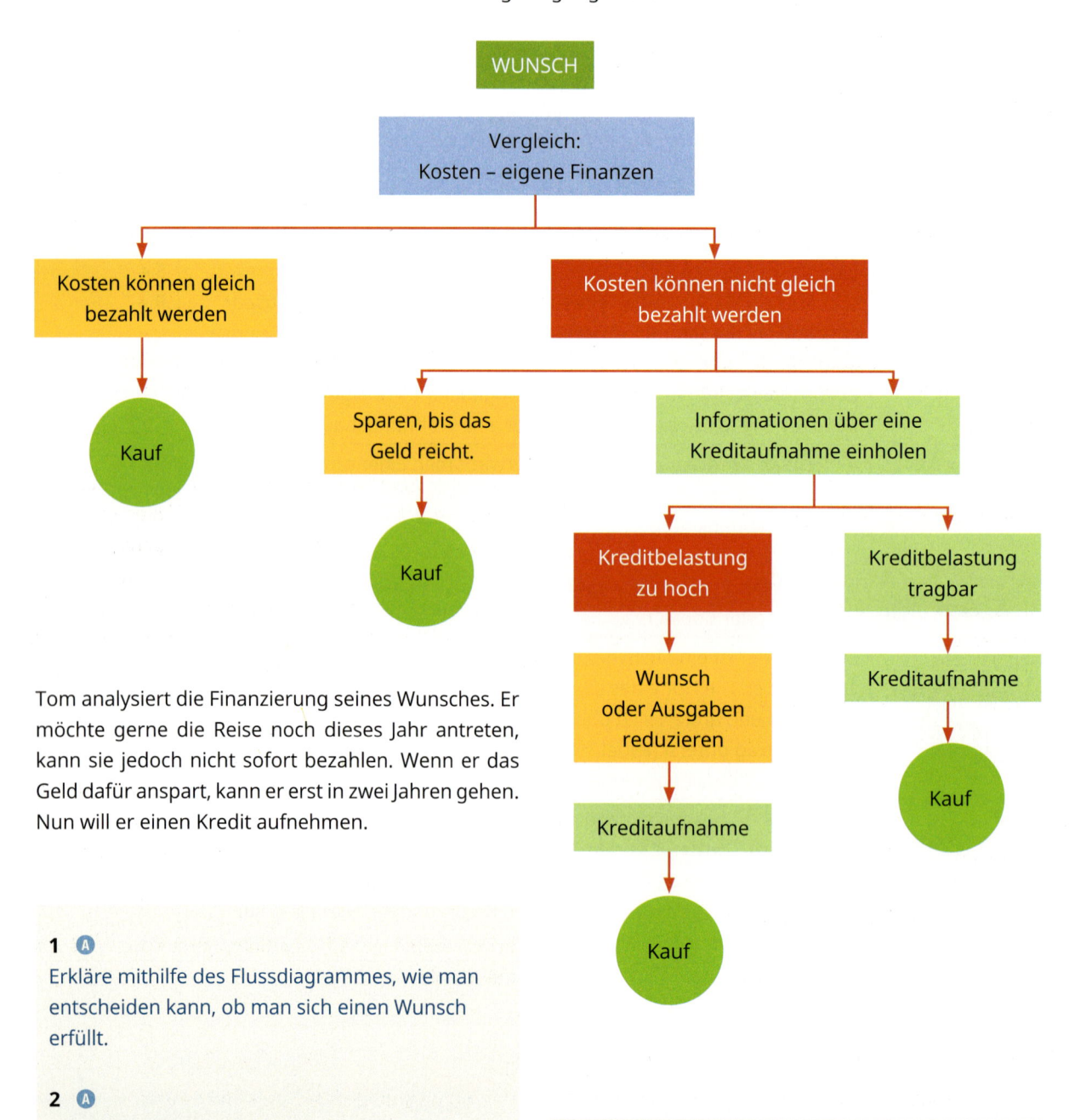

Tom analysiert die Finanzierung seines Wunsches. Er möchte gerne die Reise noch dieses Jahr antreten, kann sie jedoch nicht sofort bezahlen. Wenn er das Geld dafür anspart, kann er erst in zwei Jahren gehen. Nun will er einen Kredit aufnehmen.

1 Ⓐ
Erkläre mithilfe des Flussdiagrammes, wie man entscheiden kann, ob man sich einen Wunsch erfüllt.

2 Ⓐ
Zu welcher Entscheidung kommst du beim Kauf
a) einer Kinokarte,
b) eines Rollers,
c) einer Wohnung?

Du kannst...
ein Flussdiagramm lesen und erklären;
selbst entscheiden, welche Wünsche du dir erfüllen kannst.

LEBENSSTIL UND KONSUM

Kredite und Darlehen

Tom hat einen Beratungstermin. Er will sich nach einem Kredit erkundigen. Er hat vier Fragen an die Expertin Frau Klein, Sachbearbeiterin einer Verbraucherzentrale.

Frau Klein, ich würde gerne nach New York fliegen und benötige 1.800 €. Kann ich einen Kredit aufnehmen?
Generell schon, wenn Sie **kreditfähig** sind. Darunter versteht man die rechtliche Fähigkeit, einen Kredit aufnehmen zu können (**Bonität**). Dies ist der Fall, wenn Sie **geschäftsfähig**, also mindestens 18 Jahre alt und **kreditwürdig** sind, das heißt aller Voraussicht nach den Kredit wieder zurückzahlen können. Daher interessiert sich das Kreditinstitut für Ihre finanzielle Lage. Sie holt Auskunft bei der SCHUFA (Schutzgemeinschaft für allgemeine Kreditsicherung) ein oder verlangt Sicherheiten (z. B. Bürgschaft, Anspruch auf Gehaltszahlungen, KFZ-Brief).

Was macht die SCHUFA genau?
Bei der Eröffnung eines Girokontos, beim Ratenkauf oder bei einem Kreditvertrag unterschreibt man stets, dass die Daten bei der SCHUFA gespeichert werden dürfen. So kann Auskunft darüber gegeben werden, wie viele Schulden jemand hat. Darüber informieren sich die Banken, bevor ein neuer Kredit gewährt wird.
Einmal jährlich kann jede Privatperson sich über die Eintragungen zur eigenen Person kostenfrei informieren. So hofft man, Sie vor der Schuldenfalle zu schützen.

Prima, und welchen Kredit bekomme ich jetzt?
Als erstes müssen Sie wissen, dass es einen Ratenkredit und einen Dispositionskredit gibt.
Ein **Dispositionskredit** ist ein Kreditrahmen bei Überziehungen, den die Banken einem Kunden auf sein Girokonto einräumen. Als Faustregel beträgt der Dispo etwa das Dreifache eines Monatsgehaltes. Der Dispozins ist sehr hoch, weshalb man ihn eher für kurzfristige finanzielle Engpässe nutzen sollte.

Beim **Ratenkredit** handelt es sich um einen ausgezahlten Kreditbetrag, der in festen Raten zurückzuzahlen ist. Die Raten bestehen aus Zinsen und Tilgung. Das Verbraucherkreditgesetz erlaubt, dass die Kunden den Ratenkredit jederzeit zurückzahlen dürfen.
Oft besteht auch die Möglichkeit eines **Ratenkaufes.** Ratenkauf gibt es häufig bei Kleidung, Autos oder Möbeln. Die Ware wird in Raten abbezahlt, meist ist sie dann teurer als wenn sie direkt bezahlt wird. Also sollten Sie gut über die verlockenden Angebote nachdenken.

Verstehe. Aber was ist jetzt für mich das Beste?
Wenn Sie sich für eine Kreditform entschieden haben, sollten Sie verschiedene Angebote bei Banken einholen. Es gibt auch Kredite per Knopfdruck: Das Internet bietet ebenso Finanzierungsangebote. Dies spart zwar den Gang zur Bank, allerdings gibt es auch viele schwarze Schafe unter den Anbietern und nicht immer wird ein Kredit letztendlich wirklich ausbezahlt – also Vorsicht!
Damit Sie als Kreditnehmer die Gesamtkosten des Kredites mit anderen Angeboten vergleichen können, ist für Sie die Angabe des effektiven Jahreszinses wichtig. Dieser muss im Angebot und im Kreditvertrag vermerkt werden.

Prima, vielen Dank, Frau Klein, dann erkundige ich mich mal.

---

1 A R
Zuhause stellt Tom fest, dass ihm noch nicht alle Begriffe klar sind. Du kannst ihm helfen. Erstelle einen Beitrag für ein Onlinelexikon. Berücksichtige dabei: Kreditfähigkeit, Kredit, Zinsen, Tilgung, Bonität, Bürgschaft und SCHUFA.

2 A
Wie würdest du dich an Toms Stelle entscheiden? Notiere deine Entscheidung mit einer Begründung.

Du kennst...
Chancen und Risiken einer Kreditaufnahme.

Schulden – selbst schuld?!

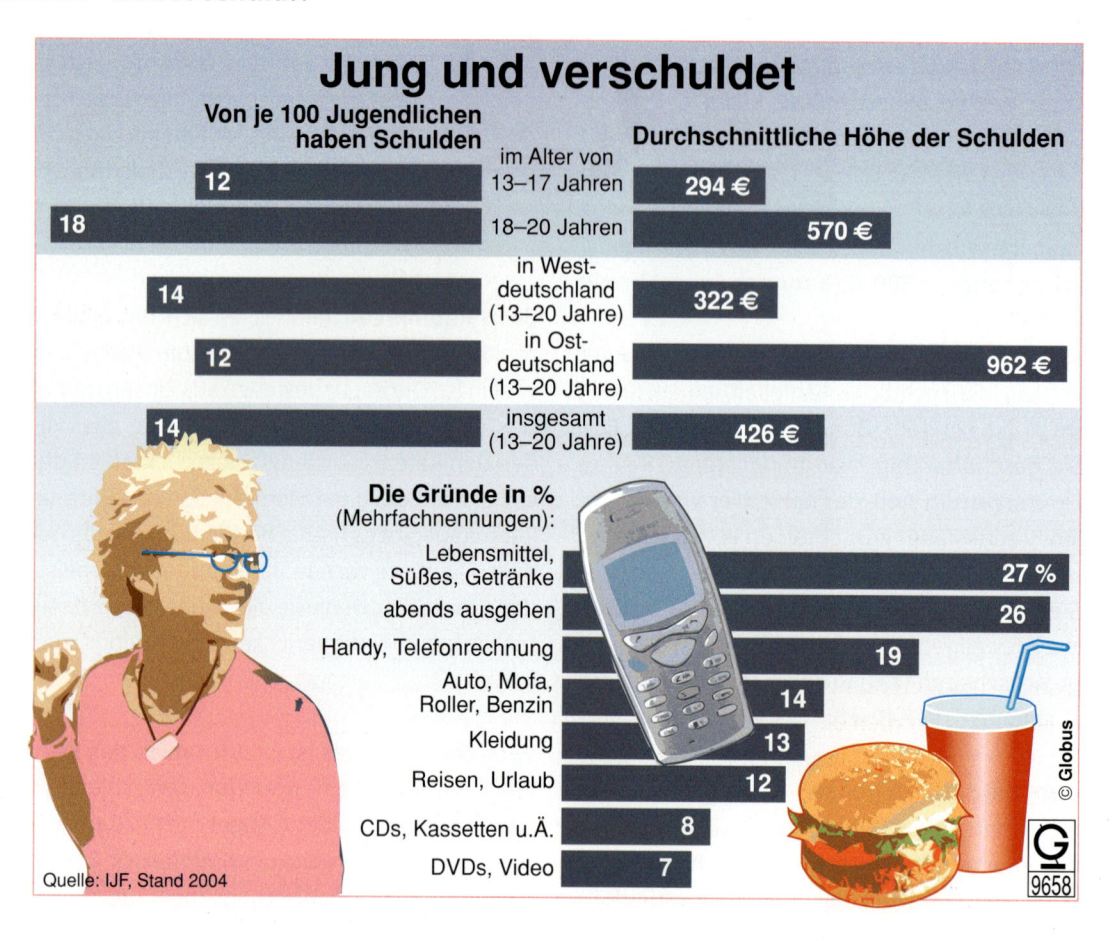

Jung und verschuldet

Von je 100 Jugendlichen haben Schulden / Durchschnittliche Höhe der Schulden

im Alter von
- 13–17 Jahren: 12 / 294 €
- 18–20 Jahren: 18 / 570 €

- in Westdeutschland (13–20 Jahre): 14 / 322 €
- in Ostdeutschland (13–20 Jahre): 12 / 962 €
- insgesamt (13–20 Jahre): 14 / 426 €

Die Gründe in % (Mehrfachnennungen):
- Lebensmittel, Süßes, Getränke: 27 %
- abends ausgehen: 26
- Handy, Telefonrechnung: 19
- Auto, Mofa, Roller, Benzin: 14
- Kleidung: 13
- Reisen, Urlaub: 12
- CDs, Kassetten u.Ä.: 8
- DVDs, Video: 7

Quelle: IJF, Stand 2004

© Globus 9658

Eine **Verschuldung** liegt vor, wenn Menschen Schulden haben. Der tägliche Lebensunterhalt ist noch nicht gefährdet. Geliehenes Geld oder aufgenommene Kredite können pünktlich, meist monatlich, zurückgezahlt (getilgt) werden. Bei einem privaten Kredit kann man sich heute mehr leisten, muss aber in Zukunft Zinsen und Tilgung beispielsweise an die Bank abzahlen. Deshalb muss man sich überlegen, ob es der Kauf einer Ware heute rechtfertigt, auch in drei Jahren noch Raten dafür abzuzahlen.

Wenn ein Haushalt trotz Einschränkungen der Lebenshaltung seinen Zahlungsverpflichtungen aus dem laufenden Einkommen nicht mehr vollständig nachkommen kann, spricht man von einer **Überschuldung**.

1 Ⓐ
Weshalb machen Jugendliche Schulden? Beantworte die Frage mithilfe der Grafik.

2 Ⓐ
Welche weiteren Aussagen zum Thema Schulden kannst du aus der Grafik ablesen? Notiere sie.

3 Ⓐ
Notiere dir in Stichworten, wofür du Schulden machst/machen würdest und in welcher Höhe du Schulden machst/machen würdest. Tauscht euch in der Gruppe über eure Einstellungen aus.

Du weißt...
wofür Menschen sich verschulden können.

LEBENSSTIL UND KONSUM

Vom Konsumerlebnis zum Finanzfrust

7 % der Jugendlichen und jungen Erwachsenen geben stets mehr Geld aus als sie einnehmen. Sie gelten deshalb als **überschuldet**. Ihre durchschnittliche Verschuldungshöhe wird mit 2.800 Euro angegeben.

Die **Schuldnerberatung** hilft Strategien zu entwickeln, um aus der Schuldenfalle herauszukommen. Um eine Beratungsstelle in der Nähe zu finden, kann man
- bei der Stadtverwaltung nachfragen,
- im Internet die Seite www.forum-schuldnerberatung.de aufrufen.

Wenn Schulden wachsen und der Überblick verloren geht, dreht sich die **Schuldenspirale** immer schneller und schneller. Oft kommen die Betroffenen hier alleine nicht mehr heraus. Sie benötigen Hilfe von einer Schuldnerberatung.

Ein Ausweg aus der **Schuldenfalle** stellt ein privates **Finanzmanagement** dar. Dazu müssen Kontoauszüge regelmäßig überprüft werden. Zudem ist es hilfreich, ein Haushaltsbuch zu führen (S. 153) und überlegt einzukaufen.
Dann kann sichergestellt werden, dass gegen Ende eines Monats noch ausreichend Geld zur Verfügung steht.

Informationen zum Thema Überschuldung gibt es
- beim Bundesministerium für Familie, Senioren, Frauen und Jugend www.bmfsfj.de
- beim Bundesministerium für Justiz
- bei der SCHUFA
- bei der Bundesarbeitsgemeinschaft Schuldnerberatung www.bag-sb.de

---

1 ≡ Ⓐ
Bildet eine Gruppe aus vier Personen. Teilt jeder Person eine Informationsquelle (Kasten) zu. Recherchiert und informiert euch gegenseitig über Überschuldung.

2 ≡ Ⓡ
Erstelle ein Buddybook, Plakat oder einen Informationsflyer zum Thema Überschuldung, Schuldenfalle oder Schuldnerberatung. Recherchiert dazu bei den angegebenen Internetadressen.

3 ≡ Ⓐ
Erörtere die Risiken eine Kreditaufnahme.

4 ≡ Ⓡ
Schreibe mindestens drei Tipps auf Karten, wie man sich vor einer Überschuldung schützen kann.

Du kennst...
die Notwendigkeit, die Chancen und die Risiken einer Kreditaufnahme.

Sicher ist sicher

Versicherungen sind wichtig. Heutzutage kann man nahezu alles versichern, beispielsweise lassen sich Musiker ihre Hände versichern. Doch nicht jede Versicherung ist für jede Person und jede Lebenssituation geeignet: Singles brauchen beispielsweise andere Policen als Familien. Versicherungen sollten immer auf die individuelle Lebenslage zugeschnitten sein. Abhängig von Alter, Geschlecht, Beruf, Familienstand und der eigenen Risikolage wählt man seine Versicherungen aus. Wer sich vor Vertragsabschluss gut informiert, kann viel Geld und Ärger sparen.

Versicherungen

Sozialversicherungen (gesetzlich): gesetzliche Krankenversicherung, Pflegeversicherung, Rentenversicherung, Arbeitslosenversicherung, Unfallversicherung

Individualversicherungen (freiwillig): z. B. Privathaftpflichtversicherung, Berufsunfähigkeitsversicherung, Hausratversicherung, private Altersvorsorge, …

Wer braucht was und wie versichere ich mich? Was die Verbraucherzentrale rät:

Singles, Ehepaare, eingetragene Partnerschaft und eheähnliche Gemeinschaften:
Privathaftpflichtversicherung, Berufsunfähigkeitsversicherung.

Familie mit Kindern:
Privathaftpflichtversicherung, Berufsunfähigkeitsversicherung, Kinderinvaliditätsversicherung, (Kinder-)Unfallversicherung, Risiko-Lebensversicherung

Alleinerziehende:
Privathaftpflichtversicherung, Berufsunfähigkeitsversicherung, Kinderinvaliditätsversicherung, (Kinder-)Unfallversicherung, Risiko-Lebensversicherung

Rentner:
Privathaftpflichtversicherung

Tipps zum Versicherungsabschluss
- Verschiedene Angebote von unterschiedlichen Versicherungsgesellschaften hinsichtlich Preise und Bedingungen vergleichen. Vor dem Vertragsabschluss unbedingt die Versicherungsbedingungen sowie Tarifbestimmungen aushändigen lassen und gründlich lesen.
- Beratung und Unterstützung von der Verbraucherzentrale einholen.
- Jeder Versicherungsschutz sollte den größten anzunehmenden Unfall absichern.
- Nie Versicherungsanträge sofort nach dem Gespräch mit einem Vertreter unterschreiben. Vor der Unterschrift lieber Vergleichsangebote anfordern. Hilfestellung gibt es bei der Versicherungsberatung der Verbraucherzentrale.
- Versicherungen regelmäßig überprüfen und anpassen.

1
Erstelle einen Steckbrief über eine freiwillige Versicherung: Was wird versichert? Wie hoch sind die Versicherungskosten? Was sind die Leistungen der Versicherung?

LEBENSSTIL UND KONSUM

Plan- und sorglos in die Zukunft

Die privaten Haushalte sind verschiedenen Risiken ausgesetzt. Alltags- und Lebensprobleme gehören zur Realität, weil Schicksalsschläge, persönliche Fehlentscheidungen und Fehlverhalten anderer nicht ausgeschlossen werden können. Privatpersonen müssen sich dagegen über Versicherungen absichern, da in vielen Schadensfällen die Kosten zu hoch sind. Eine Absicherung von Alltags- und Lebensrisiken erfordert zunächst, mögliche Risiken aufzuzeigen, die eigene Risikoneigung einzuschätzen. Nicht alles muss versichert werden. Die Entscheidung für oder gegen eine Absicherung hängt von der Wahrnehmung, Bewertung und Akzeptanz der Risiken ab.

Herr und Frau Bunte haben drei Kinder. Frau Bunte meistert den Haushalt und ist zurzeit nicht erwerbstätig. Sie macht sich Gedanken über ihre spätere Rente.

Martin hat bei den Eltern seines Freundes aus Versehen eine sehr teure Standuhr vom Tisch geschmissen. Martin muss die Uhr ersetzen.

Herr Hansmann ist seit drei Jahren berufsunfähig. Durch seine medizinisch diagnostizierte Allergie kann er seinen Beruf als Friseur nicht weiter ausüben.

Familie Klein hat einen Wasserschaden durch den Riss im Spülmaschinenschlauch. Sämtliche Küchenmöbel sind nun kaputt.

Kathrins Oma muss gepflegt werden, sie kommt alleine nicht mehr zurecht. Kathrins Eltern sind berufstätig und Kathrin in der Ausbildung zur Optikerin. Leider gelingt es der Familie zeitlich nicht, sich um Oma zu kümmern, das hat nun der Pflegedienst übernommen. Eine kostspielige Angelegenheit.

Jan hatte auf dem Weg zur Arbeit einen Fahrradunfall. Sein neues Rad hatte einen Totalschaden. Schlimmer jedoch war sein Schulterbruch. Durch seine Reha wurde es viel besser, seinen Beruf als Krankenpfleger kann er jedoch nicht mehr ausüben.

1 A
Notiere dir für jede Person, welche Versicherung weiterhelfen kann. Besprich dich anschließend mit einer/-m Partner/-in. Diskutiert eure Ergebnisse im Plenum.

2 R
Erkundige dich, wofür du versichert bist.

3 R
Erkundige dich bei einem Experten, welche Versicherungen dir bei Ausbildungseintritt empfohlen werden. Stelle dein Ergebnis im Plenum vor. Diskutiert die Gemeinsamkeiten und Unterschiede.

Du kennst...
Möglichkeiten der finanziellen Absicherung von Risiken.

Lebensstil und Konsum

Zeig, was du kannst

1
Was versteht man unter einer Lebensform?

2
Nenne fünf verschiedene Lebensformen.

3
Lea-Maries Eltern sind beide berufstätig. Ihre Mutter arbeitet als Erzieherin in einem Kindergarten, ihr Vater ist Elektroingenieur. Morgens können Lea-Marie und ihr jüngerer Bruder mit ihrem Vater zur Schule mitfahren, weil er auf seinem Arbeitsweg an der Schule vorbeifährt. Mittags fahren die beiden mit dem Schulbus nach Hause. Wenn die beiden nach Hause kommen, sind die Eltern beim Arbeiten. Meistens hat Lea-Maries Mutter aber bereits etwas zum Mittagessen vorgekocht und die beiden müssen das Essen nur noch aufwärmen. Manchmal reicht die Zeit der Mutter nicht zum Kochen und es gibt etwas, das schnell geht. Lea-Maries Bruder Valentin freut sich an solchen Tagen immer besonders. Er liebt Ravioli aus der Dose. Anschließend machen die beiden Hausaufgaben. Valentin fällt das oft noch schwer und seine große Schwester muss ihn oft ermahnen, konzentriert zu arbeiten. Um ca. 16.30 h kommt Lea-Maries Mutter nach Hause, der Vater kommt ungefähr zwei Stunden später nach Hause. Abends essen die vier gemeinsam zu Abend.
Welche Lebensform wird beschrieben?
Überlege dir möglichst viele Vor- und Nachteile der beschriebenen Lebensform.

4
In welcher Lebensform möchtest du einmal leben? Begründe.

5
Was versteht man unter einem privaten Haushalt?

6
Wie wird der Einpersonenhaushalt noch genannt?

7
Wann spricht man von einem Mehrgenerationenhaushalt?

8
„Haushalt ist und bleibt Frauensache!"
Nimm Stellung zu dieser Aussage.

9
Wie hat sich die Zusammensetzung der Haushalte in Deutschland in den letzten 65 Jahren verändert? Erläutere dies anhand von möglichen Ursachen.

10
a) Welche beiden Arten von Bedürfnissen werden unterschieden?
b) Gib jeweils mindestens drei Beispiele.

11
Beschreibe ökonomische Aufgaben des Haushalts.

12
Erstelle ein Lernbild zum Thema Einnahmen und Ausgaben im Privathaushalt.

13
Welche variablen Kosten fallen in deiner Familie monatlich an? Erstelle eine Übersicht.

14
Wie hoch schätzt du die festen Ausgaben eures Privathaushaltes ein? Frag zu Hause nach und notiere dann die festen Ausgaben.

15
Nenne verschiedene Möglichkeiten zum privaten Finanzmanagement.

LEBENSSTIL UND KONSUM

Lernbilanz

16
Führe mindestens einen Monat lang ein Haushaltsbuch. Für welche Form eines Haushaltsbuches entscheidest du dich? Begründe deine Wahl.

17
Du hast von deinen Großeltern als Startkapital für deine Ausbildung 3.000 € bekommen. Was machst du mit diesem Geld? Begründe deine Entscheidung ausführlich.

18
Erstelle ein Erklär-Video zum Thema Möglichkeiten des Sparens.

19
Welche Wünsche hast du? Wie kannst du sie dir erfüllen? Begründe deine Überlegungen und notiere dir, was du sofort finanzieren kannst, wann du sparen möchtest und wann es sich lohnt, einen Kredit aufzunehmen.

20
Erkläre die verschiedenen Möglichkeiten eines Kredites mit seinen Vor- und Nachteilen.

21
Erstelle einen Speedinput (Kurzpräsentation von drei bis fünf Minuten) zum Thema Schulden.

22
Erkläre, wie eine Überschuldung mit dem Lebensstil in Verbindung steht.

23
Ein Freund vertraut dir an, dass er sich aufgrund hoher Smartphone-Kosten und dem Kauf verschiedener Videospiele überschuldet hat. Wie kannst du ihm helfen?

24
Beschreibe verschiedene Versicherungen.

25
Tom ist in eine eigene Wohnung gezogen. Er überlegt sich, eine Hausratversicherung abzuschließen. Gib ihm dazu einen Rat.

26
Da du nicht mehr bei deinen Eltern krankenversichert bist, benötigst du eine eigene Krankenversicherung. Was beachtest du vor dem Vertragsabschluss? Beschreibe dein Vorgehen.

27
Beschreibe das Verhalten der Personen, die in der Karikatur dargestellt werden.

„Aber bei deinem Vermögensaufbau solltest du dich vielleicht beraten lassen…"

28
Was versteht man unter einer nachhaltigen Lebensweise?

29
Beschreibe vier verschiedene Verhaltensweisen, die zeigen, wie man nachhaltig leben kann.

Glossar

Abmahnung: mündliche oder schriftliche Aufforderung, ein bestimmtes Verhalten zu unterlassen.
Abstraktionsvermögen: die Fähigkeit eines Menschen das Denken auf Wesentliches zu konzentrieren.
Accessoires: Zubehör für die Kleidung, z. B. Schmuck, Schal.
Achtsamkeitsmodus: innere Bereitschaft, das wahrzunehmen, was einem begegnet.
Allantoin: ein pflanzlicher oder synthetisch erzeugter Stoff, der in Kosmetikprodukten verwendet wird.
Allurarot AC: mit diesem Lebensmittelzusatzstoff E129 werden Lebensmittel rot gefärbt.
Alternative: Wahl zwischen zwei Möglichkeiten.
Aluminiumsilikat: ein Abkömmling der Kieselsäure.
antioxidativ: der Sauerstoff geht keine Verbindung mit einem anderen Stoff ein.
Azorubin: ein roter Lebensmittelfarbstoff (E123).

Bedingungsfaktoren: Vorgaben die eine Sache/Situation bestimmen.
beschützende Werkstatt: eine Arbeitsstätte, an der Menschen mit Behinderung tätig sind.
Betriebsrat: eine institutionalisierte Arbeitnehmervertretung in einem Betrieb.
biologisches Geschlecht: die Gesamtheit der biologischen Merkmale bei der Geburt.
Bisabolol: ein Hauptbestandteil des Kamillenöls und es wirkt entzündungshemmend.
Bonität: Zahlungsfähigkeit, Kreditwürdigkeit.

Caranaubawachs: Trennmittel, das aus den Blättern einer Palme gewonnen wird.
Campher: ein Stoff, der natürlich oder synthetisch gewonnen wird. Er wird in der Industrie, Kosmetik und Medizin verwendet.
Carsharing; ein Auto wird mit anderen gemeinsam genutzt.
Chinolingelb: ein gelber Lebensmittelfarbstoff (E104), der in geringen Mengen verwendet werden darf.

chronische Krankheiten: Erkrankungen, die über einen längeren Zeitraum andauern.
Citronensäure: eine Fruchtsäure, die von der Zitrone oder synthetisch gewonnen wird.
Consumer citizenship: Bürger als Verbraucher.

dehydrieren: Abspalten von Wasserstoff aus einer chemischen Verbindung.
Demontagebetrieb: ein Betrieb, der Geräte oder Maschinen zerlegt.
Domestic worker: ein Mensch, der gegen Entlohnung im Haushalt arbeitet.

effizient: mit geringem Aufwand hohe Wirksamkeit erzielen.
Effizienzklasse: Klasse, der ein Gerät, ein Fahrzeug oder ein Gebäude aufgrund seines Energieverbrauchs zugeordnet wird.
Einflussfaktoren: Dinge, die auf etwas Einfluss nehmen.
Elektrosmog: bezeichnet die Strahlenbelastung, die durch elektrische, magnetische und elektromagnetische Felder entsteht.
Emanzipation: Befreiung aus einem Zustand der Abhängigkeit.
Emulgatoren: Mittel, durch die zwei Stoffe stabil miteinander vermischt werden können.
Entgeltstruktur: zeigt auf, woraus sich das Gehalt oder eine sonstige finanzielle Zuwendung zusammensetzt.
Enzyme: in der Regel Eiweißstoffe, die eine chemische Reaktion ermöglichen.

Faktoren: etwas, was in einem bestimmten Zusammenhang bestimmte Auswirkungen hat.
Feinstaub: der aus Staub bestehende Luftschadstoff.

Galaktose: Bestandteil des Milchzuckers.
gemeinnützig: für die Gemeinschaft nützlich.
Gewährleistung: die Sicherheit eine einwandfreie Ware beim Kauf zu erhalten.
Glycose: Traubenzucker.
Glycerin: Alkohol, der in Fetten enthalten ist.

GLOSSAR

Grundbedürfnisse: Bedürfnisse, die für den Menschen eine hohe Wichtigkeit haben z. B. Essen.

Haushaltsmanagement: die Art und Weise, wie im Haushalt die Aufgaben und Abläufe organisiert sind.

Hyaluronsäure: hat die Fähigkeit, in der Zelle Wasser zu binden. Sie wird in u. a. in der Kosmetik verwendet.

Impfstatus: aktueller Stand der Impfungen

imprägnieren: abdichten, z. B. wasserabstoßend machen.

Infrastruktur: zu ihr gehören materielle (Gebäude, Straßen) und immaterielle Angebote (Vereine, Feste) eines Dorfes oder einer Stadt.

innovativ: etwas neu schaffen.

Insulintherapie: eine Behandlungsmethode bei Erkrankung der Bauchspeicheldrüse.

Institution: öffentliche Einrichtung.

Inszenierung: etwas in Szene setzen.

Kapitalanlagen: Möglichkeiten, Geld anzulegen.

Kohlenmonoxid: chemische Verbindung von Kohlenstoff und Sauerstoff.

Kohlenwasserstoff: chemische Verbindung von Kohlenstoff und Wasserstoff.

kompetent: zuständig, befähigt sein.

Kompromiss: die Lösung eines Problems durch gegenseitige freiwillige Übereinkunft.

kognitiv: das Denken betreffend.

Konsumgüterproduktion: Herstellung von Waren zum Verkauf.

Konzept: vorläufiger Plan.

Konservierungsstoffe: Stoffe, um Dinge haltbar zu machen.

Kosmetikerin: Beruf zur Schönheit und Körperpflege.

kulinarisch: die Kochkunst betreffend.

Kunststoffmembran: eine künstlich erzeugte dünne Haut.

Laminatsystem: ein Produkt, das aus mehreren verklebten Schichten besteht.

Landeserziehungsgeld: Geld, das ein Land den Eltern von Kleinkindern bezahlt.

Low-Carb-Diät: eine Diät, bei der wenig kohlenhydrathaltige Lebensmittel gegessen werden.

Menthol: das Öl der Pfefferminze.

Micro-Flex Technologie: Zusatz in Kosmetika, der u. a. für besonders langen Halt sorgt.

motorische Fähigkeiten: zu ihnen gehört alles, was die Bewegung betrifft.

multikulturelle Gesellschaft: eine Gesellschaft, in der Menschen aus unterschiedlichen Kulturen zusammenleben.

musikalische Fähigkeiten: alle menschlichen Anlagen, Musik zu machen.

öffentliche Hand: Sammelbegriff für alle Behörden, die sich mit der Gestaltung der Öffentlichkeit beschäftigen.

Ökolabel: Umweltzeichen.

Osteoporose: Erkrankung der Knochen.

oxidativer Stress: Ungleichgewicht von Sauerstoffverbindungen in der Zelle.

oxidieren: eine Substanz verbindet sich mit Sauerstoff, z. B. mit Eisen, es entsteht Rost.

Panthenol: Stoff, der in der Kosmetik verwendet wird, zur Verbesserung der Hautelastizität.

Partikel: ein sehr kleines Teilchen eines Stoffes.

Pasteurisierung: die kurzzeitige Erhitzung einer Flüssigkeit zur Haltbarmachung.

Patentblau V: blauer Lebensmittelfarbstoff E131.

permanent: dauerhaft.

Pescetarier: eine Ernährungsweise, bei der auf Fleisch verzichtet wird, aber Fisch gegessen wird.

Police: Versicherungsurkunde.

Polidocanol: ein Arzneistoff, der in sehr geringen Mengen in Kosmetika verwendet werden darf.

Radikalfänger: chemische Verbindungen, die im Körper diejenigen Stoffe unschädlich machen können, die im Verdacht stehen, Krebs zu erzeugen.

Realität: Wirklichkeit.

Glossar

Rechtlicher Beistand: eine gerichtlich bestellte Person, die einem Hilfe bedürftigen Menschen beisteht und seine Interessen nach außen vertritt.
regenerativ: etwas schon einmal Vorhandenes wiederherstellen.
Ressourcen: ein materielles oder immaterielles vorhandenes Gut.
Retourenkosten: Kosten, die bei der Zurücksendung von Waren entstehen.
Rüstzeit: Zeit, die für den Aufbau eines Gerätes benötigt wird.

Schulpsychologische Beratungsstelle: eine Institution, bei der man Hilfe bei schulischen Problemen erhält.
Strategien: Vorgehensweisen.
sensorisch: mit den Sinnesorganen wahrnehmen.
Serviceleistung: Angebot, das man beim Kauf bzw. bei der Inanspruchnahme einer Dienstleistung erhält.
Silberdioxyd: eine Sauerstoffverbindung mit Silber.
Siliziumdioxid: Kieselsäure.
soziales Geschlecht: die durch Kultur und Gesellschaft geprägte Geschlechtseigenschaft eines Menschen.
Sozialisation: die Anpassung eines Menschen an die Denk- und Gefühlswelt seiner gesellschaftlichen Umgebung.
Sozialversicherung: durch sie werden Krankheit, Mutterschaft, Pflegebedürftigkeit, Arbeitsunfall, Berufskrankheit, Arbeitslosigkeit, Erwerbsminderung, Rente versichert.
standardisierte Produkte: gemäß einer Vereinbarung immer gleich bleibende Qualität.
Statistisches Bundesamt: erhebt, sammelt, analysiert und veröffentlicht statistische Informationen zu Wirtschaft, Gesellschaft und Umwelt.

Stickstoffoxid: chemische Verbindung zwischen Stickstoff und Sauerstoff, ist sehr giftig und belastet die Umwelt.
Stornierung: etwas rückgängig machen.
Tauschbörsen: Plattform bzw. ein Ort, bei dem Menschen die Gelegenheit haben, etwas zu tauschen.

Technologien: bezeichnen die Art und Weise, wie Roh- und Werkstoffe in fertige Produkte umgewandelt werden.
Tenside: Stoffe, z. B. in Waschmittel, die bewirken, dass Stoffe sich verbinden, die normalerweise nicht verbunden werden können, z. B. Öl und Wasser.
Titandioxid: Farbstoff (171).
Textilveredelung: Verfahren, durch die Textilien in ihrem Aussehen, den Trageeigenschaften und den Pflegeeigenschaften verändert werden.
Transferzahlung: eine staatliche Zahlung an Personen und Unternehmen, ohne dass der Staat eine Gegenleistung erwartet.
Trend: eine Veränderung, die beobachtbar ist und eine länger anhaltende neue Richtung vermuten lässt.
Tutorials: schriftliche oder filmische Gebrauchsanweisungen.

ultraviolette Strahlen: Teil des Sonnenlichts, das zu Hautschäden führen kann.
Unikat: etwas, was nur einmal vorhanden ist.

Verbraucherkommission: ein Zusammenschluss von Menschen von Verbraucherverbänden, Wirtschaft, Medien und der Wissenschaft, die sich um die Verbesserung der Verbraucheranliegen kümmern.
Vertragsklausel: Textbestandteil in Verträgen oder sonstigen Vereinbarungen.
virtuell: eine nicht vorhandene, sondern nur auf seiner Wirkung beruhende Sache.

Widerrufsrecht: innerhalb einer Widerrufsfrist hat der Verbraucher das Recht, vom Kauf eines Produktes zurückzutreten.
Work-Life-Balance: Zustand, in dem Arbeits- und Privatleben in Einklang gebracht werden.

Zellneubildung: die Zellen aller Lebewesen sterben ab und müssen neu gebildet werden.

Bildquellenverzeichnis

|123RF.com, Hong Kong: olegd 77 o.li. |Anders ARTig Werbung + Verlag GmbH, Braunschweig: 130 u.re. |Baaske Cartoons, Müllheim: Felmy, K. 163 re. |Berger, Andreas, Hameln: 74 u.re. |Bundesministerium der Justiz und für Verbraucherschutz, Berlin: 138 o.li. |Bundeszentrum für Ernährung (BZfE), Bonn: 115 Mi. |Caro Fotoagentur, Berlin: Sorge 41. |Colourbox.com, Odense: 47 Mi.li.; membio 84 u.li. |datenschutz cert gmbH, Bremen: 118 o.re. |de Martin, Susanne, Wien: 142 u. |Deutsche Gesellschaft für Ernährung e. V. (DGE), Bonn: 115 2. |Dümmel, D., Plochingen: 10 Mi., 10 li., 11 li., 12 Mi., 12 li., 12 re., 13 Mi., 13 li., 13 re., 18 li.o., 18 re.o., 21 o., 31 o., 31 u., 52, 53 re., 107 o.li. |EHI Retail Institute e.V., Köln: 118 o.li. |Europäische Kommission, Berlin: 109, 109 li., 121. |Eyferth, Konrad, Berlin: 160. |Fairphone, Amsterdam: 136 u. |foodwatch e.V., Berlin: 123 u.; foodwatch 138 u.li. |Fotex Medien Agentur GmbH, Hamburg: McCarthy, Dee Ann & Tom 81. |FOTODESIGN - HEINZ HEFELE, Darmstadt: 24 u.re. |fotolia.com, New York: 3Dmask 63; Africa Studio 78 o.re.; ajr-images 68 o.re.; alek_maneewan 159 li.u.; andras_csontos 116 re.; Andrey_Arkusha 84 Mi.li.; andriano_cz 91 li.; Annas, Karin & Uwe 19 u.; Art Photo Picture 54 2. v.u.; ArTo 155 u.; ArTo, Mit Genehmigung der Deutschen Bahn AG 99 o.; Atkins, Peter 101 re.; babimu 116 Mi.; belyjmishka 92 o.; Berg, Martina 95 o.re.; BildPix.de 4 Mi.; Bonn, Andre 46 u.re.; Bumann, Uwe 46 o.li.; by-studio 65; Byron, Rob 59 o.li.; carmeta 89 Mi.Mi.; ChriSes 61 3. v.o.; contrastwerkstatt 72 o.re., 90 o.li., 96 u.re., 142 2. v.u., 157; countrypixel 103 li.; d1sk 141 re.; demipawon 85, 139 Mi.Mi.; dessauer 142 2. v.o.; detailblick 82 2. v.o.; detailblick-foto 95 u.re.; Dierks, Janina 59 o.re., 73 u., 161 o. 2. v.re.; Dietl, Jeanette 150; Dionisvera 78 o. 2. v.re.; Donets 45; drubig-photo 88 o.li.; Dudzinska, Barbara 98 2. v.o.; Eisenhans 103 2. v.re.; elenabsl 33 1; elnariz 122 2. v.o.; emmi 24 u.li.; Engel, Jan 62 li., 62 re.; Eppele, Klaus 145, 151 re.o.; Ernst, Daniel 46 Mi.li.; eugenesergeev 124 li.; ExQuisine 79 li.; Fälchle, Jürgen 83 o.; farbkombinat 86 2. v.re.; Floydine 122 o.; Friedberg 61 2. v.o.; frogger 4 u.; fuchs-photography 6 u.re., 56; Fxquadro 84 Mi.re.; gajatz 70 u.li.; Gajic, Vladislav 6 re., 57; goodluz 26 o.; Gordon-Grand 3, 8; gradt 130 o.li.; grafikplusfoto 61 3. v.u.; Gregor, Adam 47 u.li.; Grissel, Scott 98 o; HaveZein 139 3. v.o.; Heim, Ramona 161 u.li.; highwaystarz 68 u.li., 68 u.re.; iordani 84 u.Mi.; JackF 82 o., 120 1; Jeanette Dietl 34; juefraphoto 100 li.; Jung, Christian 155 Mi.; Kaarsten 76, 86 2. v.li.; Kaljikovic, Amir 84 u.re.; karuka 96 u.li.; kir_prime 92 u.; Kneschke, Robert 19 o., 47 u.re., 61 u., 91 re., 106 re., 148 li.; Kzenon 3, 29, 32, 84 o.Mi., 91 Mi., 125 li.; Light Impression 161 li.; Lovrencg 89 u.re.; M. Iurii 90 u.re.; M.Drr & M.Frommherz 26 1; M.studio 78 o.li.; maho 155 o.; Mainka, Markus 105; Maridav 82 2. v.u.; Maszlen, Peter 34 Mi.; mma23 18 re.u., 90 o.re.; Monkey Business 16 o.li., 84 o.li.; Monkey Business Images 148 re.; Moscaliuk, Sergii 127 Mi.; mraoraor 159 re.u.; Myvisuals 100 re.u.; nadezhda1906 23 u.li.; nakedking 83 u.; nd3000 72 u.re.; nmann77 107 o.re., 137 Mi.; numax3d 134; Odua Images 73 o.; OlegDoroshin 126 re.; olgavolodina 144 u.; Paolese 161 u.re.; Patryssia 130 o.Mi.; pawusik 67 re.; Peredniankina 144 o.; photocrew 8 u.; Photographee.eu 125 re.; photophonie 9 u.; pico 78 Mi.; Picture-Factory 5 u.; Pogson, Norman 112; polkadot 72 o.li.; Popov, Andrey 119; portishead5 107 o. 2. v.re.; pressmaster 100 re.o.; PRILL Mediendesign 126 li.; puhhha 6 o.re., 56, 124 re.u.; Rademaker, Klaus 147 o.; rcx 80 li.; rdnzl 130 o.re.; Reine, Hassan Akkas 77 u.li.; Rodriguez, Andres 59 u.li., 86 li.; Rusakov, Sergey 127 li.; S.Kobold 61 2. v.u.; sabine hrdler 88 u.li.; Sanders, Gina 8, 72 u.li., 155 2. v.o., 159 o.; Schlierner 143 o.; Schwartz, Hendrik 113; Schwenk, Steffen/Light Impression 4 o.; Schwier, Christian 85 u.re.; Scisetti, Marco 136 o.li.; Sedlacek, Rostislav 77 M.; sergign 70 u.Mi.; sharryfoto 61 o.; shootingankauf 55 u.; Smith, John 85 u.li.; stefanpasch 73 Mi.; Studio M 161 o.re.; Sukharevskyi, Dmytro 78 o. 3. v.re.; swirk 23 u.re.; thomaslerchphoto 103 2. v.li.; Tinjaca, Juan Carlos 77 u.re.; Tobif82 111; toolklickit 8 2.v.o.; Troar, Avanne 95 u.li.; Trueffelpix 66, 69, 94 li.; tunedin 39; videnko 59 u.re.; vidoque_stock 85 Mi.li.; volkerr 78 o. 3. v.li.; vschlichting 106 li.; W-FOTO 154 re.; wellphoto 80 re.; WF Seydlbast 137 re.; wildworx 34 li.; Woodapple 46 u.li.; Wylezich, B. 110; xy 106 2. v.re.; yevgeniy11 86 2. v.re.; zhu difeng 94 re.; zwolafasola 47 o.li. |Getty Images, München: Fuse Titel li.o.; Images source Titel, Titel re. |Grigo, Pe, Bielefeld: 139 2. v.o. |Hebel, Anja, Hinterzarten: 77 o.re. |Herrmann-Glöckle, Uta, Herbolzheim: 54 2. v.o., 123 o., 128 u., 129 Mi., 129 o., 129 u., 136 o.Mi. |Honnen, Falko, Wesseling: 46, 47. |iStockphoto.com, Calgary: 2xsamara.com 23 o.re.; andresr 153 re.; anned-

Bildquellenverzeichnis

de 147 u.; art-4-art 54 u.; BartekSzewczyk 153 Mi.; cady, ann 127 re.; Daniels, Jonathan Austin 84 o.re.; Doyle, George 58 re.; gaffera Titel li.u.; gmast3r 124 re.o.; Josfor 131; ollikainen 151 li.u.; ozgurdonmaz 58 li.; PeopleImages 142 o.; SeanShot 143 u.; slobo 90 u.li.; SolStock 151 re.u.; WEKWEK 96 o.re. |Karnath, Brigitte, Wiesbaden: 93 u. |Kassing, Reinhild, Kassel: 139 5. |Klüppel, Ulrike, Gechingen: 9 o., 11 Mi., 11 re., 24 o.re., 32 u., 53 li., 103 re., 107 o. 2. v.li., 121 re. |laif, Köln: Redux 136 o.re. |Lammerhuber, Baden: www.verbraucherzentrale.de 98. |lindemann Fotodesign, Köln: 88 u.re. |Marckwort, Ulf, Kassel: 141 li. |Martens, S., Braunschweig: 132 o., 132 u., 140. |mauritius images GmbH, Mittenwald: Reuther, Joerg/imagebroker 55 o.; Ulmer, Jutta 126 Mi. |mediacolor's Fotoproduktion, Zürich: 139 o. |Meyer, Petra, Stuttgart: 28 re. |Minkus Images Fotodesignagentur, Isernhagen: 89 o.Mi. |Natterer, Martina, Freiburg: 25 o. |PantherMedia GmbH (panthermedia.net), München: 70 u.re.; Alexander R. 89 u.li.; Brock, Emmy 6 o.li., 56; dnaveh 7 o.; Hellwig, Horst 6 u.li., 56; Kzenon 89 Mi.li.; lostbear 54 o.; Michaudeau, Fabrice 162; Phovoi, R. 149 li.; sabphoto 144 Mi.; Schoenfeld, Jochen 10 re.; Simcock, Paul 7 u.; uriy2007 161 o. 2. v.li.; vadimphoto1@gmail.com 16 o.re.; Yeulet, Cathy 85 o.re.; Zaitsev, Vadym 78 o. 2. v.li |Picture-Alliance GmbH, Frankfurt/M.: abaca/Barket, B. 85 Mi.li.; Arco Images GmbH 16 Mi.re.; Berg, O. 21 u.; Beyond 68 o.li.; blickwinkel/ McPhoto 18 li.u.; Büttner, J. 5 o.; dpa-infografik 42, 43 li., 48 (2), 48 1, 112 u., 145 u., 158; Fellens, Romain 135; Gröning, M. 116 li.; Haas, Robert 93; Haas, Robert/ SZ Photo 99, 101 li.; Hase, Tobias 98 2. v.u.; Helga Lade GmbH/Powell, John 16 o.Mi.; Lehtikuva/Ulander, M. 16 Mi.li.; Naupold, Daniel 138 o.re.; Photoshot 106 2. v.li.; Pleul, Patrick 28 li.; Rumpenhorst, F. 154 li.; Rüsche, A. 122 2. v.u.; Sauer, Stefan 32 o.; Spata, Ole 79 re.; Süddeutsche Zeitung Photo/ Schellnegger, A. 151 li.o.; Vennebernd, R. 82 u.; Völker, C. 149 re.; Weissbrod, Bernd 30; ZB/Settnik, Bernd, (c) VG Bild-Kunst, Bonn 2017 122 u. |Priestersbach, Kathrin, Münster: 60. |RAL gGmbH, Bonn: 109 re.o. |Rixe, Dieter, Braunschweig: 74 u.li. |Schmidt, Katharina, Kiel: 139 2. v.u. |Shutterstock.com, New York: AlenKadr 128 o.re.; Alexander Y 89 o.re.; Carey, Rich 137 li.; ChameleonsEye 138 u.re.; Gemenacom 75; Karandaev, Evgeny 128 o.Mi.; MJTH 85 o.li.; Sehenswerk 88 o. re.; victoriaKh 128 o.li. |Stills-Online Bildagentur, Schwerin: 74 o.; anac 95 o.li. |stock.adobe.com, Dublin: Adler, K.- P. 22; Eppele, Klaus 163 li.; Kayhan, Hayati 16 u.1; Race, Dan 114; Rozhnovsky, Denis 16 u.3; schankz 16 u.2; Tobif82 155 2.v.u. |Studio Schmidt-Lohmann, Gießen: 25 u. |TCO Development, Stockholm: 109. |Tegen, Hans, Hambühren: 96 o.li. |Trusted Shops GmbH, Köln: 118 u.re. |TÜV SÜD AG, München: 118 u.li. |VEBU - Vegetarierbund Deutschland e.V., Berlin: 78 u. |Verbraucherzentrale Baden-Württemberg e.V., Stuttgart: 115 o. |Verbraucherzentrale Bundesverband e.V. (vzbv), Berlin: 115 re.u. |Verbraucherzentrale Nordrhein-Westfalen e.V., Düsseldorf: 153 li. |Verlag Aenne Burda GmbH & Co. KG, Offenburg: ©burda style, 2017 50 1, 50 2, 50 2, 50 3, 51, 51 1, 51 2, 51 3. |© Marie Marcks, München: 36.